Christine Bouguet-Joyeux
Préface du professeur Henri Joyeux
de la Faculté de médecine de Montpellier

GUIDE PRATIQUE DE GASTRONOMIE FAMILIALE

ART et PLAISIR pour la SANTÉ

F.-X. de Guibert
3, rue Jean-François-Gerbillon, 75006 Paris

ISBN 2-86839-782-4

Sommaire

Chapitre II

Qualités nutritionnelles des aliments

Chapitre III

L'art de choisir et de préparer sans nuire pour conserver les qualités nutritionnelles

Chapitre IV

Le choix de cuisson

Chapitre V
Menus-Santé, Menus-Plaisir

Chapitre VI
Jeux de recettes

Biographie

Christine Bouguet-Joyeux est diplômée d'Études supérieures de Droit Européen de l'Université Panthéon-Sorbonne. Après un court passage à la Communauté Européenne à Bruxelles, elle épouse en 1974, Henri Joyeux, chirurgien de l'Institut du Cancer de Montpellier, spécialiste dans le domaine de la Nutrition et du Cancer.

Commence alors une étroite et fructueuse collaboration familiale. Près de trente années d'observation, de recherche et de créativité. Christine, passionnée par les implications de ce qu'elle découvre de la recherche médicale, met en application, jour après jour, au gré de son inspiration, tous les principes et préceptes d'une « alimentation prévention santé ». Celle établie scientifiquement par l'équipe médico-chirurgicale d'Henri Joyeux.

Une authentique « Gastronomie familiale » est ainsi née. Leurs six enfants seront les premiers à en profiter et à se former au contact d'une mère aussi attentive à apprendre qu'à transmettre.

Tous cuisinent avec conviction, succès, art et plaisir, au grand étonnement d'un père dépassé par les développements inattendus de ses recherches. Et plus à l'aise au bloc opératoire que devant les casseroles.

De là à former les familles par le biais des associations, il n'y a qu'un pas. D'abord réticente, Christine Bouguet-Joyeux finira par le franchir sous la pression des nombreux courriers et demandes de tous ceux que rencontre le professeur Henri Joyeux dans l'exercice de sa profession.

Son engagement dans le mouvement familial l'amène vite à animer bénévolement des sessions théoriques et ateliers sur différents thèmes pratiques [1] en métropole et outre-mer.

Là commence l'aventure de ce livre.

---

1. « *Nutrition et Ménopause* », « *Nutrition et Adolescence* », « *Nutrition et Prévention de l'Obésité* », « *Nutrition pendant la Grossesse – Allaitement et Premier âge* » avec atelier pratique pour chaque session.

Préface

Le voilà, ce Guide *tant attendu de « Gastronomie familiale ».*

Depuis près de 20 ans, il m'était demandé. Personne mieux que Christine n'était aussi proche de mes recherches dans le domaine de la nutrition. Elle est allée plus loin que je ne pensais. Cuisiner devient un art familial, un plaisir familial, et maintient une belle santé pour tous les membres de la famille.

Constatant que ses messages non seulement passaient, mais correspondaient à une réelle attente lors des sessions qu'elle a animées pour les familles, Christine a affiné mois après mois sa pédagogie. Convaincre de passer à l'acte pour le bien de tous, de votre famille, petite ou grande.

La cuisine à la vapeur douce, un art pour la Santé. Et le plaisir assuré !

Tout le Guide *est destiné à vous faire* « Manger mieux et meilleur[1] »*. Choisissez bien vos aliments, traitez-les comme il se doit, en les respectant.*

Un vrai plaisir vous attend.

Un concept nouveau : finis les régimes, les restrictions pour les diabétiques, les obèses, les insuffisants cardio-vasculaires, les hypertendus, les hypo ou les hypercholestérolémiques, les petits insuffisants rénaux...

Une belle cohérence santé, car tout ce que ce Guide *vous apporte c'est surtout la Prévention.*

La Prévention dite primaire.

Les plus grands spécialistes l'affirment : la Prévention commence par l'Alimentation... ; les médicaments, si vous êtes malade.

---

1. 88 % des Français (mais seulement 58 % des Allemands) estiment qu'un repas doit être partagé avec d'autres. La plupart des Français : 85 % (seulement 58 % des Anglais) connaissent une recette familiale. La bataille du « bien manger » est bel et bien engagée.

Et sur la planète entière.

En 2050, 80 % des plus de 60 ans vivront dans les pays en développement et le nombre de personnes âgées dans le monde dépassera celui des jeunes. La population des plus de 60 ans s'accroît de 2 % chaque année.

Et l'espérance de vie gagne partout du terrain: au-delà de 60 ans les hommes peuvent atteindre 78 et les femmes 83 ans.

Et comme le disait la directrice de l'OMS, Gro Harlem Brundtland à la deuxième Assemblée mondiale sur le vieillissement à l'initiative de l'ONU, « les pays développés sont devenus riches avant de devenir vieux, les pays en développement seront vieux avant de devenir riches ».

Belle démonstration que la richesse n'est pas synonyme de Santé[2].

Régalez-vous en Famille, et la Santé de toute la famille n'en sera que meilleure.

Professeur Henri Joyeux,
Faculté de Médecine de Montpellier.

---

2. Plus que jamais, il est impératif d'avoir l'air jeune, d'être en forme. Aux alicaments (délire de l'industrie qui a pu croire un temps que l'on pouvait présenter des aliments sous forme de médicaments) ont succédé le mirage des OGM ou des AGM (aliments génétiques modifiés) qui auraient des vertus thérapeutiques. Toutes orientations que certains voulaient et voudraient voir devenir des modes et même des habitudes quotidiennes ne sont que la parodie du précepte d'Hippocrate: « Que ton aliment soit ton médicament. »

Je ne dirai pas la même chose pour les compléments alimentaires qui peuvent dans des circonstances particulières, après une opération, pendant et après des traitements pour cancer avoir des indications bien précises. Je ne vise pas la DHEA probablement plus dangereuse que bénéfique, mais les vitamines C, A avec le bêta carotène, les phytohormones, les acides gras oméga 3 qui ont chacun des indications précises.

Attention cependant aux marchands d'illusion qui se préparent avec les gélules pour rajeunir le visage et les cheveux ou les produits solaires ou minceur qui garderont une grande efficacité télévisuelle et publicitaire, et risquent de ne pas être sans danger pour la santé. En parapharmacie, déjà 36 % des compléments nutritionnels vendus servent à rester mince et 17 % à bronzer sans souci. En pharmacie, 34 % sont destinés à garder la ligne, 18 % à être tonique et 13 % à lutter contre la ménopause.

Avant-Propos

Faisons entrer les familles dans la Prévention

« ... Il est bon de connaître qui vous fait du bien.
... Que votre aliment soit votre médicament. »

Hippocrate

La parution du livre Changez d'Alimentation *en 1985 et ses 5 éditions successives ont été suivies de nombreuses questions pratiques. Une très forte demande pour une « suite » devait réunir des conseils précis pour préparer chez soi une « alimentation – santé » au quotidien. Il est certain que la théorie ne suffit pas. Elle a besoin d'être confrontée au réel.*

Dès les années quatre-vingt, la démarche scientifique du cancérologue et nutritionniste[1] *nous avait lancés dans une véritable aventure familiale très concrète. Moins de viande, plus de poissons et fruits de mer, plus de fruits et légumes, découverte de nouveaux menus à forte tendance végétale, de la cuisson à la vapeur douce... et ouverture de nouveaux horizons culinaires et gastronomiques.*

Une collaboration ponctuelle avec Michel Guérard pour le journal Tribune Santé[2]*, des échanges de techniques et de concepts culinaires avec des médecins chinois en stage à Montpellier, un travail de recherche avec André Cocard, inventeur du « Vitaliseur », ont été des étapes marquantes de cette évolution.*

Avec un recul de près de vingt ans, nous pouvons affirmer que nous avons progressé à tous égards : bien-être et santé pour toute la famille, qualité, goût et variété ; et dans la pratique quotidienne, au-delà des plaisirs de la table, facilité, rapidité et efficacité. Ainsi nous vérifions chaque jour en famille qu'il est possible d'allier gastronomie et santé. Et cette expérience très créative, voire artistique, est devenue passionnante.

---

1. *Changez d'Alimentation*, Prévention des cancers, Professeur Henri Joyeux, 2002, 5e édition, éditions F.-X. de Guibert.

2. Rubrique « Toque blanche et Blouse blanche » du magazine *Tribune Santé*.

Aujourd'hui, la recherche culinaire et la recherche scientifique se rejoignent, pour le plaisir et la santé de tous.

Éthique et esthétique, la cuisine que je vous propose allie la délicatesse des saveurs, des odeurs, des couleurs, permet de se faire plaisir en faisant plaisir à tous ceux qui nous entourent, par une cuisine rapide, légère et propre qui équilibre votre santé.

À la demande de plusieurs associations féminines ou familiales, j'ai été amenée à donner bénévolement des entretiens et des sessions sur la « cuisine santé », toujours appuyées de démonstrations pratiques : expliquer, démontrer, goûter…

Lors de ces rencontres, j'ai pu constater l'intérêt croissant que portent les femmes, même très jeunes, (et beaucoup d'hommes de plus en plus concernés…) à leur santé et à celle de leur famille. Tous ont ouvertement témoigné leur satisfaction de retrouver une autonomie créatrice – le plaisir d'inventer ! – dans leur quotidien, tout en gardant leurs bonnes recettes, mais en les rendant plus saines.

« Il y a une véritable éthique dans cette façon de cuisiner ! » ai-je parfois entendu. Beaucoup ont redécouvert l'art de présenter – pour le plaisir des yeux – des plats pleins de couleurs. D'autres se sont étonnés de pouvoir assumer sans contraintes ni restrictions excessives, et sans exclure une vraie gastronomie, des exigences diététiques conseillées par la médecine. La plupart cherchaient comment adapter leur alimentation aux besoins spécifiques de leur corps : grossesse, convalescence, ménopause, surpoids et diabète… mais aussi problèmes digestifs (et suites des traitements pour cancers) ou cardio-vasculaires (suites d'infarctus du cœur), croissance des enfants et grand âge, maladies de l'immunité avec cancer et sida à tous les stades de la maladie.

Ce livre constitue une approche pédagogique et familiale. Il veut aider à aborder l'art culinaire d'une façon simple, naturelle, accessible à tous. N'importe qui est capable d'acquérir un savoir-faire, une attitude positive devant chaque aliment, en prenant conscience de toutes ses qualités esthétiques et nutritives, et en explorant ses innombrables possibilités gastronomiques.

… Alors, ne jetez surtout pas vos bonnes recettes,
mais apprenez à les réinterpréter,
de manière à ne pas dénaturer les aliments que vous utilisez,
mais plutôt à les révéler dans toute leur identité.
Elles peuvent s'adapter à votre santé.
Et comme l'écrivait Jean Rostand,
« Un bon menu vaut mieux qu'une ordonnance ! »

Chapitre premier

LA NUTRITION : UNE SCIENCE DE LA SANTÉ POUR TOUS

« Cinq fruits, cinq légumes et cinq kilomètres de marche, c'est la bonne équation santé »
Lawrence Powers, *Lancet*, 1998

I. Pourquoi changer d'habitudes alimentaires ? – II. Quelques notions fondamentales en Nutrition Humaine : excès ou carences.

Actuellement, c'est notre chance, les études scientifiques, répercutées ou publiées sur de nombreux sites Internet, foisonnent quant aux incidences des habitudes alimentaires sur notre santé. Il est souvent possible d'en tirer des conclusions qui nous ramènent à des goûts plus simples, aux besoins réels et inconscients de notre organisme. Parfois, elles réservent même la surprise de justifier certains comportements adoptés par nos ancêtres, preuve que l'expérience des anciens et la science des modernes peuvent se rejoindre. Les anciens exploitaient leurs cinq sens, les modernes les étudient scientifiquement.

La santé n'est pas un luxe. L'assurer au jour le jour par une alimentation adéquate, et de qualité, sans excès et surtout bien préparée, est la prévention la plus économique et la plus efficace. Donner à notre corps une énergie de qualité, cette réalité est devenue une évidence pour le grand public. Cette exigence rejoint les chercheurs en nutrition et influence positivement le corps médical.

Il est aujourd'hui prouvé que les mauvaises habitudes alimentaires sont à l'origine d'un grand nombre de maladies : 30 à 40 % des cancers (digestifs, mais aussi ceux qui dépendent des hormones fabriquées ou apportées en excès: sein, utérus, ovaire, testicule, prostate...), atteintes cardio-vasculaires multiples, troubles métaboliques divers: diabète, obésité, goutte, polyarthrite chronique, maladies de l'immunité aussi qui ne sont autres souvent que des effets de la mal-nutrition.

«Manger mieux et meilleur» est devenu un objectif et une réalité scientifique accessible à tous [1].

I. Pourquoi changer d'habitudes alimentaires?

1. Des études épidémiologiques convaincantes

Dès 1975, A. Keys [2] a montré que les «Mediterranean Countries», pays du bassin méditerranéen (Grèce, Yougoslavie, sud de l'Italie, sud de la France, Espagne, Turquie, pays d'Afrique du Nord...), avaient moins de cancers et de maladies cardio-vasculaires, que d'autres pays comme la Finlande, les U.S.A., l'Allemagne, la Hollande, le Japon... Si la consommation de fruits et d'huile d'olive est très élevée en Grèce, à l'inverse, en Hollande ou en Finlande, c'est la consommation de lait, de pommes de terre, de graisses animales et de produits et boissons sucrés qui domine. Depuis une trentaine d'années, les comparaisons de populations ayant des habitudes alimentaires très différentes, (végétariens et végétaliens américains, européens ou asiatiques comparés aux grands consommateurs de viandes) ont permis d'affirmer que manger n'importe quoi et n'importe comment a des conséquences néfastes pour la santé à plus ou moins long terme. C'est logique.

Aux Etats-Unis, l'alarme a été vite donnée. Depuis 1980, les spécialistes recommandent de manger moins gras, moins de graisses saturées, de cholestérol (les aliments «cholesterol free» font un «tabac»), moins de sodium et de viande rouge, et de consommer des aliments riches en hydrates de carbone et en fibres provenant des fruits, légumes et céréales. Trois enquêtes conduites en 1965, 1977 et 1990, montrent qu'en 25 ans la qualité de l'alimentation s'est améliorée, en particulier dans les classes socio-économiques les plus élevées qui avaient l'alimentation la moins saine en 1965. En 1990, les différences se sont estompées entre les groupes raciaux et socio-économiques [3].

---

1. Les Français évoluent dans le bon sens: «La consommation des produits de la mer a quadruplé en 40 ans. Les salades toutes préparées ont augmenté de 19% en volume et de 22,4% en valeur en 2001. Le thé est la deuxième boisson sans alcool la plus consommée dans le monde avec 15000 tasses seconde, soit 9000 milliards par an.» Décembre 2002.

2. A. Keys, «*How to eat well and to stay well: the Mediterranean Way*», 1975.

3. *New England Journal of Medicine*, 5 septembre 1996, p. 716.

Un tiers des décès provoqués par les tumeurs de l'appareil digestif[4] *est relié aux mauvaises habitudes alimentaires*

C'est en partant de ce constat scientifique que l'Union Européenne organisait en 1994 une campagne de prévention : « Modérez votre consommation de boissons alcoolisées, évitez tout excès de poids et mangez sans réserve fruits, légumes et autres aliments riches en fibres », et que le nouveau Code Européen de Prévention contre le Cancer réactualisait ses dix règles d'hygiène de vie[5] : « La consommation régulière de fruits et de légumes réduit la fréquence des épithéliomas », affirme le Pr M. Tubiana », « celle d'alcool ou de vin en excès aggrave les cancers du poumon ou du sein[6] ».

Les cancers de l'estomac, même s'ils sont moins fréquents en nos pays du fait de la conservation au froid des aliments et donc grâce au développement de l'électroménager, sont observés chez des personnes stressées et qui mangent tellement mal qu'elles favorisent le développement d'un germe, l'hélicobacter pylori, qui peut faire le lit d'une inflammation chronique de l'estomac (gastrite) à l'origine d'ulcère, lequel (quand il est mal placé dans l'estomac) peut malheureusement se transformer en cancer.

Les cancers du côlon et du rectum, en dehors des causes génétiques (retrouvées dans 20 % des cas), sont surtout observés chez des personnes en surpoids, qui mangent trop de viandes rouges, pas assez de fibres végétales, boivent trop d'alcool ou de boissons sucrées et ne font pas assez de sport.

Les maladies cardio-vasculaires qui ont pour origine l'association stress et mal-nutrition, constituent encore la première cause de décès en France

Après le tabagisme, l'excès de cholestérol sanguin d'origine alimentaire est un des facteurs de risque majeurs des maladies cardio-vasculaires ; la première mesure à prendre avant tout traitement est donc de corriger l'alimentation des patients : les résultats de l'étude lyonnaise

---

4. *Cancers digestifs : de la prévention aux traitements*, Pr H. Joyeux, Éd. F.-X. de Guibert, 2000.

5. Liste de recommandations « susceptibles de réduire de 50 % le risque de présenter un cancer », et en ce qui concerne l'alimentation : « Consommer fréquemment des fruits et des légumes frais et des aliments riches en fibres » ; « évitez l'excès de poids et limitez la consommation en matières grasses », s'ajoutent au conseil de limiter « boissons alcoolisées : bières, vin ou alcool ».

6. Programme « l'Europe contre le Cancer », présidé par le Pr Maurice Tubiana, plan 1995-1999.

menée par Serge Renaud en 1994[7] montrent une réduction de 70 % de la mortalité cardio-vasculaire chez des malades ayant déjà vécu un accident cardio-vasculaire, tout simplement par l'effet d'une alimentation méditerranéenne, enrichie en acide alpha-linolénique[8], au lieu du régime classique préconisé normalement après un premier infarctus.

Le calcium dans les aliments
pour prévenir l'ostéoporose et les cancers du côlon et du rectum

Dans le livre *Femmes si vous saviez…* Henri Joyeux précise : « Un apport de calcium à raison de 1 g par jour est conseillé de préférence par l'alimentation, et selon l'ensoleillement un éventuel apport en vitamine D[9] pendant l'automne et l'hiver. Chez les femmes qui reçoivent le THS (Traitement Hormonal Substitutif) une supplémentation de 1 gramme de calcium par jour est nécessaire... Idéalement, on considère que l'apport en calcium doit être de 1,5 g par jour… Il n'y a aucun doute, il faut choisir de consommer 1,5 g de calcium chaque jour. »

Et il cite *« d'abord des aliments qu'on oublie souvent et qui contiennent chacun des quantités précises de calcium dans une portion de 100 grammes :*
290 mg de Ca dans 100 g de sardines fraîches
250 mg de Ca dans 100 g d'amandes
255 mg de Ca dans 100 g de soja en grain
200 mg de Ca dans 100 g de persil frais
200 mg de Ca dans 100 g de crevettes
175 mg de Ca dans 100 g de noix et noisettes
160 mg de Ca dans 100 g de cresson
160 mg de Ca dans 100 g de figues sèches
150 mg de Ca dans 100 g de pois chiches
100 mg de Ca dans 100 g d'olives vertes
104 mg de Ca dans 100 g d'épinards
100 mg de Ca dans 100 g d'endives

Il y a aussi évidemment tous les fromages et laitages :
1 000 mg de Ca dans 100 g de gruyère.

7. Lyon Heart Study, *The Lancet*, 1994, 343 : 1454-59.
8. Huile de colza ou de soja.
9. La vitamine D a une double source. Celle fabriquée grâce au soleil au niveau de la peau : les ultraviolets de 2 300 à 3 130 nm transforment la provitamine D présente dans le derme en vitamine D. L'autre source est alimentaire, provenant du jaune d'œuf : 200 UI pour 100 g, des huiles de foie de poisson : 8 000 à 30 000 UI/100 g chez la morue, 20 000 à 400 000 UI chez le flétan…

700 mg de Ca dans 100 g de roquefort. Dans nos études de recherche[10]*, nous avons pu démontrer que le roquefort labellisé AB, c'est-à-dire provenant de lait de brebis de l'Agriculture Biologique contient presque deux fois plus de calcium que celui provenant des laits de brebis élevées en Agriculture Conventionnelle (AC).*

190 mg de Ca dans 100 g de fromage de chèvre. Soulignons ce que nos travaux ont permis de démontrer. Les fromages de chèvre AB contiennent en moyenne deux fois plus d'acide gras essentiel (alpha-linolénique) que les fromages de chèvre provenant de l'Agriculture Conventionnelle.

140 mg de Ca dans 100 g de yaourt maigre.

140 mg de Ca dans 100 g de jaune d'œuf. »

Chez la femme en période de ménopause qui prend trop de poids, il est recommandé de diminuer la consommation de fromages tandis que les spécialistes poussés par les laboratoires pharmaceutiques la supplémentent en calcium. Alors qu'il suffirait de changer le type de fromage consommé, en abandonnant les fromages de vache (dont le calcium est mal assimilé, du fait de la prépondérance des acides gras saturés, cf. chap. II : *lait et produits laitiers*). Et ainsi l'idéal est de passer aux fromages de chèvre ou de brebis, (que l'on consomme en moins grande quantité parce qu'ils ont plus de goût et rassasient donc plus), associés à l'huile d'olive : l'acide oléique qu'elle contient transporte le calcium et l'aide à se fixer sur l'os. Mais le calcium ne sera absorbé, c'est-à-dire ne passera facilement du tube digestif dans le sang que si vous augmentez la consommation de végétaux et de protéines végétales (légumineuses, graines,...) dans votre alimentation. Les fruits et légumes apportent les fibres, les vitamines et les oligo-éléments. Évidemment cela implique de réduire fortement la consommation des viandes rouges (graisses saturées).

Selon les derniers travaux, l'huile d'olive protégerait du cancer colo-rectal et améliorerait les diabétiques.

Par ailleurs les recherches de l'INRA[11] ont démontré que « certains micronutriments contenus dans les fruits et légumes pouvaient limiter la dégradation de l'os ». Ils mettent en évidence le rôle protecteur de micronutriments tels les polyphénols qui ont des activités phytoœstrogènes et « pourraient limiter la perte osseuse du fait aussi de leurs

10. Projet ABARAC dirigé par le Pr H. Joyeux avec le Dr Mariette Gerber mené en coopération avec l'INSERM à l'Institut du Cancer de Montpellier, visant à comparer les qualités nutritionnelles de 20 aliments provenant des 3 procédures culturales : Agriculture Biologique AB, Agriculture Raisonnée AR et Agriculture Conventionnelle AC (voir le site www.professeurjoyeux.com).

11. Paris, AFP, 29 01 2002 : étude à partir d'enquêtes épidémiologiques recensant une distribution géographique marquée des fractures de la hanche en Europe, avec une moindre incidence dans les pays du pourtour méditerranéen.

propriétés antioxydantes et anti-inflammatoires». Ils pourraient alors du fait de propriétés analogues aux œstrogènes humains, «être conseillés comme alternatifs à l'hormonothérapie substitutive».

Les notions les plus récentes publiées par l'ECP (European Cancer Prevention Organisation) démontrent que le calcium peut protéger du cancer colo-rectal, en particulier à son début, surtout dans les populations qui consomment peu de calcium. Le carbonate de calcium, utile pour favoriser la digestion serait le plus intéressant en terme de médicaments, mais les céréales du petit déjeuner feraient encore mieux.

2. Risques liés à la suralimentation : obésité et surpoids, avec toutes leurs conséquences

Un Français sur dix est obèse[12] (9,6 % en 2000, en progression de 665 000 personnes et de 800 g par personne et par an depuis 1997, soit 8,2 %). Adultes ou enfants, hors jeunes hommes de 15 à 24 ans, le poids moyen des populations augmente régulièrement chaque année dans tous les pays industrialisés[13].

Les causes: les trois grands métabolismes, glucidique, protidique et lipidique, peuvent être en cause.

– Mauvaise régulation du métabolisme des sucres: du *prédiabète* au *diabète*.

Dans le diabète non insulino-dépendant[14], s'il existe un terrain familial – les habitudes alimentaires font partie de ce terrain – (mais rien de décelable sur le plan des chromosomes, donc pas d'hérédité), il y a surtout un phénomène de résistance à l'insuline lié à la surcharge pondérale[15]. «Le changement d'alimentation et l'exercice physique sont les éléments essentiels du traitement» (éviter sucres et graisses et *perdre du poids*[16]).

---

12. 15 % des enfants et 9 % des adultes souffrent de surpoids.

13. Enquête Sofres et chercheurs de l'INSERM sur 26 982 Français de plus de 15 ans du 1er avril au 12 mai 2000.

14. Ce diabète n'est pas traité par l'insuline qui est l'hormone qui maintient normalement le taux de sucre stable à 1 g par litre de sang quand l'alimentation contient trop de sucre.

15. Supplément à la revue *Équilibre* de septembre 1990, p. 59: *Réduire le poids... «sans guérir totalement la maladie, fait disparaître le facteur de résistance à l'insuline que représente la surcharge graisseuse et l'améliore considérablement.»*

16. «Le diabète, maîtrise, soin et équilibre», *Association Française des diabétiques*, 1994.

– **Mauvaise régulation du métabolisme des protéines surtout présentes dans les viandes.**

Il y a formation d'acide urique en excès à partir de la consommation excessive de viandes et de gibier en particulier. Quand le taux d'acide urique devient trop élevé dans le sang et de façon prolongée, c'est la *goutte* qui peut apparaître avec dépôt d'acide urique au niveau des articulations : douleurs en particulier au gros orteil, le matin au « chant du coq ». Les excès alimentaires se stockent dans l'articulation et l'enflamment.

– **Mauvaise régulation du métabolisme des graisses en excès** : stockage très important dans le tissu adipeux, *surpoids* et *obésité,* avec répartition des graisses par zones (« culotte de cheval », glandes mammaires, ventre...), vergetures par distension du tissu élastique de la peau... Pour les spécialistes : « Surpoids et obésité sont à l'origine d'un tissu gras de réserve autour et dans le sein qui joue le rôle d'une glande endocrine "négative", donc à effets négatifs pour la santé. Le tissu graisseux mammaire en excès stocke et transforme, par actions enzymatiques spécifiques, des hormones inactives ou peu actives en leurs dérivés dangereusement actifs. » Ceci est particulièrement vrai pour le tissu graisseux du sein après la ménopause quand il est en excès. Il y a alors augmentation du risque de cancer du sein.

Les conséquences en dehors des désordres psychologiques de la surnutrition

– **Augmentation du risque de cancer du sein,**
par accumulation hormonale dans les graisses et surproduction d'hormones endogènes délétères dans les tissus graisseux. Il faut remarquer que les études faites depuis plus de vingt ans n'ont décelé de lien véritablement étroit entre l'alimentation et le risque de cancer du sein, que pour une consommation d'alcool excessive, certains produits laitiers, et l'effet protecteur de certains antioxydants. Ce risque existe aussi chez les femmes de forte taille, comme l'indique le livre *Femmes si vous saviez...* : *« Un poids ou un indice de masse corporelle élevé augmente aussi le risque de cancer du sein avant la ménopause. La taille élevée de la femme semble être aussi un facteur de risque. Une étude de* l'American Journal of Epidemiology *(1996, 143 : 698-706) réalisée chez 1 588 femmes ayant développé un cancer du sein* in situ *ou invasif et 1 394 femmes contrôles toutes âgées de moins de 45 ans a montré que le risque de cancer du sein est multiplié par 2 chez les femmes les plus grandes ayant de « fortes » glandes mammaires. » Mais le risque vise plus la "forte glande mammaire" que la taille.*

Les œstrogènes stéroïdiens classés carcinogènes (janvier 2003)

Le gouvernement américain vient d'ajouter les œstrogènes stéroïdiens, utilisés dans le traitement hormonal substitutif (THS) et contraceptif oral, dans la liste des produits carcinogènes reconnus.
L'été 2002, l'étude Women's Health Initiative (WHI) qui s'intéressait aux effets des THS, a été brutalement arrêtée. Motif : l'accroissement du risque de cancer du sein et de maladies cardio-vasculaires. Certes, depuis plusieurs années, la relation entre un taux élevé d'œstrogènes et le risque de cancer du sein est affirmée par plusieurs équipes. Ainsi la décision du gouvernement américain ne s'est-elle pas seulement appuyée sur l'étude WHI, mais sur un ensemble de travaux scientifiques et de revues médicales. (Sources : *The Lancet*, vol. 360, p. 2053.)

Cependant, le risque relatif de cancer du sein est réduit de 4,3 % par année d'allaitement maternel, qui s'ajoute à une réduction de 7 % à chaque naissance. Selon le *Lancet* (2002, 360, 187-95) (*re-analyse de 47 études épidémiologiques dans 30 pays*, comparant 50 302 patientes atteintes d'un cancer du sein et 96 973 femmes indemnes), l'allongement de l'allaitement maternel, à nombre de grossesses égal, pourrait réduire l'incidence du cancer du sein jusqu'à 40 % dans les pays occidentaux.

– Augmentation du risque de cancer du côlon et du rectum, due à plusieurs facteurs alimentaires : excès de poids (plus de 10 % du poids normal), consommation de graisses saturées (viandes grasses), cholestérol, cuisson à haute température (plus de 100°), consommation de sucres raffinés (sucreries, boissons, sodas, coupe-faim…), insuffisance de fibres qui perturbe l'évacuation des matières.

– Essoufflement, insuffisance cardiaque progressive, la surcharge pondérale peut être difficile à assumer par le cœur qui tend à se fatiguer de plus en plus. L'obésité a des conséquences cardiaques néfastes à la longue (plus de 10 ans).

3. La nutrition « méditerranéenne », c'est ce qu'il y a de mieux

« La Nutrition méditerranéenne n'a pas de définition très stricte. Elle correspond à des habitudes alimentaires (peu de graisses saturées c'est-à-dire animales : charcuterie, viandes, beurre…, plus de glucides complexes (à absorption lente) et naturels sous forme de fruits, légumes, et plus de protéines végétales avec les céréales et les légumineuses), habitudes spécifiques des régions du pourtour de la Méditerranée, et à des aliments produits, cultivés ou préparés (poissons, huile d'olive, vin) sous le climat du sud de l'Europe[17]. »

Une analyse de la composition du régime alimentaire de 16 pays méditerranéens, du sud de l'Europe à l'Afrique du Nord, montre une « très forte prépondérance des fruits, des légumes et des céréales » ainsi qu'une consommation importante de produits de la mer.

Tous ces aliments ont un effet protecteur, et pas seulement non-toxique ; c'est par exemple la composition en acides gras de l'huile d'olive qui la rend efficace pour la prévention des maladies cardio-vasculaires (action sur la répartition des lipides dans le sang), et de l'ostéoporose (absorption du calcium) ; c'est la richesse en antioxydants naturels du vin qui lui donne un effet protecteur des vaisseaux et une action sur le taux de cholestérol (à doses modérées).

Il faut ajouter que d'autres habitudes alimentaires sont aussi très bénéfiques. Ainsi en Asie, la consommation importante de soja, légumineuse très riche en phytohormones et en protéines végétales, de thé vert, et la pratique très répandue de la cuisson à la vapeur douce, expliqueraient en partie le taux très faible de cancers du sein, et des ménopauses avec le minimum de troubles.

Est-ce seulement un problème de composition des menus ? Et la cuisson ?

La composition des repas, dont le subtil équilibre assurerait les besoins de base, n'est pas seule en cause.

En effet, les études scientifiques réalisées sur la transformation des aliments lors de leur cuisson, ont montré l'importance de techniques de cuisson qui ne dénaturent pas les aliments. On peut parler de cuisson « écologique », lorsque la température et les procédés respectent la composition macro (eau, glucides, protéines et lipides) et micronutritionnelle (vitamines, minéraux et oligo-éléments), des aliments qui conditionnent notre santé.

Observons que les habitudes méditerranéennes sont originales dans leur mode de consommation : les pâtes se mangent « al dente », les légumes et les fruits le plus souvent crus, brocolis, courgettes, choux et carottes peu cuits et craquants même pour accompagner une viande ou un poisson grillés le plus souvent, voire à peine marinés. Les cuissons à l'huile privilégient l'huile d'olive, symbole de santé et de prospérité, huile vierge et la plus stable à la cuisson. Vinaigre ou citron sont très utilisés, ainsi qu'aromates et épices, relevant les goûts… et les valeurs nutritives.

---

17. Pr H. Joyeux, *Changez d'Alimentation,* 5e édition, 2002, éd. F.-X. de Guibert.

Ces traditions alimentaires sont très anciennes. On les retrouve au long de l'histoire du bassin méditerranéen chez les Phéniciens, les Étrusques réputés pour leur longévité et leur art de vivre (ils pratiquaient la cuisson à la vapeur), en Afrique du Nord… Et vingt siècles plus tard, la science démontre que les anciens étaient sur la bonne voie !

On peut aujourd'hui affirmer que la coïncidence des effets préventifs de l'alimentation méditerranéenne sur les cancers et les maladies cardio-vasculaires ne s'explique pas uniquement par la composition des aliments, mais aussi par le fait qu'ils sont très souvent consommés crus, ne subissent pas ou peu de transformations ou de conditionnements, et, s'ils sont cuits ou préparés, c'est selon des techniques qui respectent au mieux leur composition et leur valeur nutritive.

Ainsi, l'huile d'olive, qui est stable à la cuisson (ne fume pas) jusqu'à 210° (production tardive des benzopyrènes cancérigènes), est beaucoup moins toxique que les autres huiles végétales lorsqu'elles sont chauffées. Elle nous offre la grande chance de pouvoir être consommée et utilisée sans avoir besoin d'être raffinée. Or les techniques de raffinage des huiles ne sont pas sans effets sur la qualité de ces dernières, et notamment sur leur digestibilité.

II. Quelques notions fondamentales en Nutrition humaine : excès ou carences

Notre alimentation est-elle devenue si mauvaise pour notre santé ? Vache folle, viande aux hormones, aux antibiotiques, engrais et pesticides dans les fruits, légumes et céréales, mercure dans la mer, listéria dans les fromages et plus récemment les OGM dont on ne sait pas bien quoi penser. Loin de nous l'idée de nier tous ces excès de l'agroalimentaire. Ils sont heureusement déjà combattus et le seront de manière de plus en plus efficace. Quant à savoir si les aliments issus de l'Agriculture Biologique sont nutritionnellement meilleurs que ceux provenant des autres procédures culturales (raisonnée ou conventionnelle), des travaux sont en cours. Les réponses sont déjà très claires.

Concernant les *suppléments alimentaires*, souvent apportés sous la forme concentrée de micronutriments de toute sorte, il faut savoir que ces ajouts ne sont pas sans conséquences sur notre santé. En effet, les éléments essentiels, indispensables à certaines doses (dites doses physiologiques), mal assimilés lorsqu'ils sont isolés, peuvent être mal tolérés si on les consomme en excès, voire toxiques si les doses sont trop importantes (Rapport du Conseil supérieur de l'hygiène publique de France sur les « Limites de sécurité dans les consommations alimentaires des vitamines et minéraux », février 1996).

Les 26 micronutriments de la ration alimentaire et les notions de nutriments essentiels et non essentiels

Les 26 micronutriments présents dans une ration alimentaire normale chez l'humain sont aujourd'hui parfaitement répertoriés et testés sous toutes leurs formes dans de nombreuses études expérimentales chez le petit animal (rat ou souris) comme chez des animaux plus proches de l'homme (chèvre, cochon, babouin). Des études sont également réalisées chez des personnes tests, étudiants, ou bénévoles qui acceptent de consommer tel ou tel type d'aliment pendant un temps relativement bref. Les résultats biologiques des prélèvements effectués chez ces « cobayes humains » permettent de mieux appréhender les rôles spécifiques de chacun des micronutriments.

Il faut distinguer les micronutriments **dits « essentiels »** – il est indispensable de les apporter à l'organisme, car il ne les fabrique pas – **des non-essentiels** que l'organisme peut fabriquer, souvent à partir des premiers.

Parmi les 3 grands nutriments essentiels (glucides, protides, lipides), il y a pour les sucres, le glucose ; pour les protéines, au minimum 7 acides aminés ; pour les graisses, au moins 2 acides gras, et le cholestérol enfin (trop souvent oublié ou diabolisé) sans lequel l'organisme ne peut fabriquer les hormones sexuelles et celles qui permettent de lutter contre le stress.

*En 2001 (*Lancet *du 4 août), les chercheurs démontraient qu'un taux sanguin faible en cholestérol augmente la mortalité des hommes de plus de 70 ans, y compris par mort violente (suicide, accident). La consommation de noix à forte dose (48 grammes par jour pendant certaines périodes sur une durée d'un an) réduirait le taux de mauvais cholestérol de 27 %. Cet effet hypocholestérolémiant des noix est dû à la présence d'une bonne quantité de calcium dans la noix, 61 mg/100 g, une grande richesse en vitamines B1, B2, B5, en vitamine E surtout, 7 mg pour 100 grammes.*

La teneur en lipides de la noix est particulièrement intéressante : avec 90 % d'acides gras insaturés, dont 72 % d'acides gras poly-insaturés. Elle est également très riche en protéines végétales et en phytohormones ce qui la rend utile pour prévenir les troubles de la ménopause.

Il ne faut pas oublier l'eau, les vitamines, minéraux et oligo-éléments. Notre organisme contient plus de 40 litres d'eau qui circulent, dont les 5 à 6 litres dans les vaisseaux, ajoutés à l'eau présente dans les cellules (eau intracellulaire) et entre les cellules (eau dite extracellulaire) indispensable aux échanges entre les cellules et les tissus.

Chez les personnes âgées, c'est souvent la déshydratation qui est en premier responsable des troubles psychologiques : pertes de mémoire, désorientation, fatigue permanente. Cette déshydratation ne se mesure pas malheureusement à la soif. Ces personnes ne se plaignent pas de soif plus ou moins intense ; de plus dans leur enfance, on leur a appris à ne pas boire entre les repas, ce qui est une grave erreur en particulier l'été, sous fortes chaleurs.

Les rôles des principaux nutriments

1) L'eau

Dans son livre sur la prévention des cancers digestifs, H. Joyeux précise l'énorme rôle de l'eau « indispensable à la vie. On ne peut pas vivre plus de 4 jours sans boire. Notre organisme contient une grande quantité d'eau, puisque l'eau représente chez le nourrisson 65 % du poids du corps et pas plus de 45 % chez le vieillard. Chez l'adulte de 70 kg, l'eau totale représente 50 à 70 % du poids du corps, soit 35 à 49 litres d'eau. Chez une femme de 55 kg, l'eau totale du corps représente 45 à 65 % du poids du corps, soit 24 à 36 litres d'eau. Il existe une relation entre la quantité d'eau totale du corps et la quantité totale des graisses corporelles. La masse aqueuse occupe une place d'autant moins grande que la graisse est plus abondante. »

De même, il faut signaler « les mouvements de l'eau dans le tube digestif qui sont à la base du fonctionnement de toute la circulation sanguine et de la pression artérielle, créée par le cœur et nécessaire pour envoyer à tous les tissus, y compris à ceux qui sont les plus éloignés du cœur, le sang dont ils ont besoin. Le système digestif par l'alimentation reçoit entre 1,5 litre à 2 litres de liquide par l'intermédiaire des boissons et de l'eau présente dans les aliments. Les différents organes du système digestif fabriquent chacun leur liquide spécifique, appelé "suc" qui jouent un rôle particulier en fonction des enzymes présents dans chacun d'eux. Chaque suc représente environ 1 litre par jour, sauf pour l'intestin grêle qui fabrique à peu près 1 litre par mètre et par jour, soit au total au moins 4 litres. »

Et les spécialistes peuvent compter les différentes sécrétions :

(salive	= 1 litre)
+ (gastrique	= 1 litre)
+ (bile	= 1 litre)
+ (pancréatique	= 1 litre)
+ (intestin grêle	= 4 litres) (car longueur au moins 4 mètres)
Total	= 8 litres de liquide qui sont présents et circulent dans le tube digestif.

« Ainsi le tube digestif voit transiter chaque jour 8 litres + les 1,5 à 2 litres de l'alimentation, soit 9 à 10 litres de liquide, et à la sortie on ne retrouve que 180 à 200 millilitres d'eau mélangés aux matières fécales. Le tube digestif est donc capable de réabsorber plus de 9 litres des liquides digestifs, ce qui permet de maintenir un volume de sang essentiel au fonctionnement de l'organisme. À la vitesse du sang (4 à 6 litres par minute), les reins filtrent chaque jour environ 150 litres de liquides et en réabsorbent 148,5 litres, excrétant ainsi 1,5 à 2 litres d'urine. »

L'eau, quelle quantité chaque jour ?

Pour Henri Joyeux « La consommation d'eau est en général toujours insuffisante, en particulier chez les personnes âgées, qui ne savent pas suffisamment que la déshydratation est souvent à l'origine de troubles de la mémoire et de dépression plus ou moins larvée. L'idéal pour un adulte serait de consommer, surtout en dehors des repas, 1 à 1,5 litre d'eau par jour. Cet apport d'eau peut se faire sous différentes formes, agrémentées selon les goûts de chacun. La consommation de thé vert est un bon moyen de combiner l'eau et une substance aux vertus anticancéreuses, dans la mesure où elle est prise de façon régulière. »

2) Les sucres ou hydrates de carbone (1 g apporte 4 calories)

On distingue :

– les sucres dits simples ou « rapides » qui sont rapidement et facilement absorbés par l'estomac et le tube digestif, ils ont une saveur fortement sucrée. Ce sont les monosaccharides : glucose, fructose, galactose, et les disaccharides qui associent 2 sucres simples, les saccharoses = (glucose + fructose), lactose = (galactose + glucose) et maltose = (glucose + glucose) ;

– les sucres dits complexes ou « lents » qui sont des molécules glucidiques plus complexes, (polysaccharides) type amidon pour le règne végétal (dans la pomme de terre) ou glycogène pour le règne animal (dans le foie ou les muscles) qui stockent les molécules simples de glucose en les associant les unes aux autres. Ces derniers n'ont pas de saveur sucrée. Or après ingestion de pain qui contient de l'amidon, ou de saccharose, qui est un sucre simple, les réponses glycémiques, (la (glycémie[18] c'est-à-dire ce que devient le sucre dans le sang) sont à peu près les mêmes.

En réalité on s'est rendu compte que le fructose, sucre simple par excellence des fruits frais, était peu hyperglycémiant, pas plus que les

18. Le taux de glycémie normal est de 1 g de sucre par litre de sang. On parle d'hyperglycémie quand le taux de sucre est supérieur à 1 gramme par litre de sang et hypoglycémie quand le taux est inférieur à 1 g par litre de sang.

sucres complexes des lentilles par exemple. Cette découverte relativement récente, de la fin des années quatre-vingt, permet de comprendre les erreurs diététiques des médecins qui interdisaient à un malade diabétique de manger des fruits frais sous prétexte qu'ils contenaient un sucre simple comme le fructose.

La personne diabétique ou prédiabétique doit donc bien savoir quels sont les aliments sucrés qui font vite et fort monter sa glycémie : le morceau de sucre que l'on met dans son café qui n'est autre que le glucose, comme les sucres du pain ou de la purée de pomme de terre.

Les glucides moyennement hyperglycémiants sont le saccharose (sucre simple) de la betterave ou de canne, le riz ou les pommes de terre (sucres complexes).

Les glucides peu hyperglycémiants sont le fructose des fruits et les sucres complexes des lentilles.

On préfère aujourd'hui distinguer les sucres en fonction de ce que l'on appelle l'Index Glycémique (IG). Les aliments à IG élevé font monter rapidement le taux de sucre dans le sang, ceux à IG faible au contraire sont absorbés plus lentement et donc font monter plus lentement la glycémie. L'IG est donc la méthode de référence pour évaluer l'effet hyperglycémiant des sucres dans les 2 heures après l'ingestion.

Les sucres à IG bas sont ceux présents dans tous les fruits frais (fructose en particulier), les légumes frais, lentilles, légumineuses.

Les sucres à IG élevé sont ceux présents dans le pain, purée, riz, pommes de terre, ce sont surtout le glucose et le saccharose. C'est pour cette raison qu'ils sont conseillés aux sportifs qui ont besoin de grandes quantités de sucres au cours des efforts musculaires en particulier, d'un jour à l'autre en période de compétition.

La présence de fibres dans les aliments réduit l'IG du repas, en ralentissant la vidange de l'estomac, de même que la présence de lipides ou de protéines à partir de 30 à 50 g par repas.

Les aliments crus, solides, en morceaux doivent subir le temps de la digestion, ce qui diminue l'IG. À l'inverse, la cuisson des aliments glucidiques facilite l'action des enzymes de la digestion et augmente l'IG. L'IG d'une purée de carottes est très supérieur à celui de la même quantité de carottes râpées.

Chaque jour l'apport en calories devrait comporter 50 à 55 % de glucides soit 220 à 250 grammes de glucides, dont les 2/3 serviront aux besoins exclusifs du système nerveux (en effet les cellules nerveuses ne fonctionnent bien qu'avec des sucres simples, elles préfèrent le glucose). Le reste sera stocké dans le foie et les muscles à un niveau stable de 500 grammes sous forme de glycogène pour une utilisation en urgence qui sera épuisée sur une journée si elle n'est pas renouvelée.

Valeurs de l'Index Glycémique (référence pain blanc 100)			
Sucre pur : glucose	140	Riz blanc (5'de cuisson)	60
Pain blanc et complet	100	Pâtes (spaghetti – 15'de c.)	60
Pain de seigle	90-95	Fruits – Pomme, Orange	55-60
Pommes de terre – Purée	100	Yaourt nature	50
Banane	85	Lait écrémé	45-50
Pommes de terre – bouillies	80	Pois chiches – haricots secs	40-50
Jus d'orange	70	Légumineuses – Lentilles	30-40
Riz blanc (15'de cuisson)	80	Sucre pur : fructose	30

Un apport minimum de 10 à 12 grammes de fibres est indispensable, contenues dans les fruits, les légumes verts et les légumineuses.

3) Les acides aminés des protides ou protéines

(1 g de protides apporte 4 calories si l'alimentation ne contient pas suffisamment de glucides et de lipides. Alors l'organisme va puiser sur les réserves de muscle.)

Dans une alimentation équilibrée, les protides ne doivent pas entrer dans le compte des calories. Les acides aminés sont destinés à fabriquer les protéines de la circulation sanguine, des fibres musculaires, des tendons, tout ce qui fait marcher le squelette.

Les acides aminés sont les constituants de base des protéines ou protides. Associés entre eux ils constituent les peptides, di, tri... ou polypeptides qui assemblés entre eux deviennent des protéines. Il y a 7 acides aminés à noms barbares que l'organisme doit absolument recevoir de l'extérieur par les aliments, ce sont les acides aminés dits « essentiels ». Ces 7 acides aminés sont présents dans notre sang à des taux très précis. Le sang les apporte aux tissus pour qu'ils s'assemblent entre eux et avec d'autres acides aminés non essentiels et constituent ainsi des protéines comme *l'albumine* qui est fabriquée par le foie et sert à maintenir l'eau dans les vaisseaux, *le fibrinogène* qui est nécessaire à la coagulation du sang en cas d'hémorragie de petite quantité à tel ou tel endroit du corps. Une petite plaie du doigt ne saigne pas longtemps. La compression de la zone blessée permet au sang de coaguler rapidement, grâce aux protéines de la coagulation fabriquées par le foie.

Dans notre alimentation, les protéines sont présentes dans les viandes rouges ou blanches. Meilleures sont les viandes blanches car les rouges sont trop riches en graisses saturées.

Mise en cause dans les maladies cardio-vasculaires, les cancers digestifs, les cancers de la prostate [19], la viande doit-elle être bannie de notre alimentation ? Tout dogmatisme peut être dangereux, y compris dans le domaine de l'alimentation.

L'*excès* de viande rouge (très riche en acides gras saturés [20]) est en cause et s'y associe la présence de certains produits de la cuisson (benzopyrènes, nitrosamines). Sa suppression totale, sans compensation par les viandes blanches, les œufs, laitages et mieux par les poissons et coquillages, pourrait entraîner des carences en protéines (tous les acides aminés sont présents) et en minéraux (fer, zinc...).

En réalité, les végétariens, à l'inverse des végétaliens [21], consomment des protéines animales par l'intermédiaire des œufs et laitages, et ne font pas de carences protéiques.

Ainsi la viande rouge doit être consommée avec modération et en alternance avec du poisson (les gros mangeurs de poisson [22] – plus de 38 g par jour – sont plus protégés contre le risque de mortalité cardio-vasculaire) *ou des protéines végétales.*

Rappelons qu'une alimentation végétarienne équilibrée demande une grande variété de sources, pour éviter des carences en acides aminés ou en minéraux (fer et zinc notamment), et que dans certains cas l'apport en viande rouge doit être augmenté (convalescence, croissance, dépenses physiques importantes) ou remplacé par des fruits de mer.

4) Les acides gras : quels sont les meilleurs ? (un gramme de lipides apporte 9 calories)

Ce sont les constituants de base des graisses. Réunis entre eux et au nombre de 3 acides gras, ils s'associent à un alcool des graisses, le glycérol, pour constituer des triglycérides. Selon le nombre des acides gras, donc la longueur des chaînes d'acides gras, on distingue les acides gras à chaîne courte, ceux à chaîne moyenne et les acides gras à chaîne longue.

On distingue donc plusieurs familles d'acides gras :

---

19. Institut National Américain de Cancérologie, 1994.

20. Manger 5 fois par semaine un bon steak saignant multiplie par 2,6 le risque par rapport à un seul repas par semaine de viande rouge. *Équipe du Dr Edward Giovannuci, Harvard School of public Health, étude sur 4 ans et 47 000 patients.*

21. Les végétaliens ne consomment que des végétaux, donc excluent de leur alimentation œufs et laitages sous quelque forme que ce soit. Ils sont toujours maigres et souvent carencés en particulier en fer (anémie ferriprive), cholestérol (hypocholestérolémie).

22. Étude sur trente ans et plus de 2 000 hommes (40 à 55 ans), *New England Journal of medicine*, 10 avril 1997 : la **relation inverse** entre consommation de poisson et risques cardio-vasculaires est spécialement nette pour les morts non subites : baisse de 7.

– **Les acides gras saturés**, caractéristiques des graisses animales :

- ils augmentent le taux de cholestérol [23] et en particulier le « mauvais » cholestérol (LDL), qui se dépose dans les vaisseaux et peut bloquer à la longue la circulation du sang. Le tabac augmente ces risques ;
- ils sont contenus dans les graisses d'origine animale (produits laitiers, viande rouge, charcuterie… et aussi les huiles de noix de coco) ;
- ils sont dangereux pour le système cardio-vasculaire. Par ailleurs il existe une relation entre graisses animales, y compris pendant la croissance et l'adolescence, et les cancers du côlon ou du sein [24].

– **Les acides gras mono-insaturés,** dont le plus important est *l'acide oléique* qui intervient dans la formation osseuse (prévention de l'ostéoporose) et que l'on trouve dans les huiles végétales vierges (en particulier *l'huile d'olive*, au taux de 75 à 80 %), et raffinées (colza 56 %, arachide 60 %…). Il faut toutefois préciser que les techniques de raffinage altèrent les qualités nutritionnelles et les acides gras des huiles.

– **Les acides gras poly-insaturés** ont des noms « à coucher dehors », les bons sont ceux de la série oméga 3 [25], les acides gras de la famille *linolénique*, l'acide alpha-linolénique, l'acide eicosapentaenoïque (EPA) et l'acide docosahexaenoïque (DHA), et ceux de la famille *linoléique.*

Les acides gras « marins » ont une action préventive et protectrice des maladies cardio-vasculaires, et en particulier les acides gras

---

23. Les phytostérols ou stérols végétaux sont des composés naturels essentiellement présents dans les huiles végétales : les noix, les graines (sésame, tournesol), les fruits et les légumes. L'apport alimentaire moyen en stérols végétaux dans une alimentation occidentale est autour de 200 mg par jour.

C'est en augmentant cet apport que l'on peut baisser le taux de cholestérol du sang. Les phytostérols agissent principalement par inhibition de l'absorption intestinale du cholestérol. Cette inhibition est due à la grande similitude des propriétés physico-chimiques des phytostérols avec celles du cholestérol. Une augmentation importante de la quantité de phytostérols entraîne une diminution de la solubilité du cholestérol et provoque une augmentation de sa précipitation et de son excrétion fécale. L'absorption du campestérol (chaîne carbonée moins longue et moins complexe) est 3,2 fois plus importante que celle du sitostérol (présent dans les asperges). Cependant l'absorption des stérols végétaux est très inférieure à celle du cholestérol. L'augmentation du LDL cholestérol augmente les risques cardio-vasculaires. Les facteurs de risques en plus du taux de LDL cholestérol sont le tabagisme, le diabète, l'obésité, l'hypertention artérielle et les antécédents cardio-vasculaires.

Les hypercholestérolémies moyennes peuvent régresser en « mangeant mieux et meilleur ». La consommation de phytostérols dans son alimentation permet de réduire les taux de LDL cholestérol de 12 à 17 % et ainsi de normaliser le taux de cholestérol.

24. *Revue du praticien*, médecine générale t. 10, n° 353 du 7 oct. 1996, « Facteurs alimentaires de la carcinogenèse ».

25. Il s'agit du nombre d'atomes de carbone situés sur la chaîne terminale oméga portant le radical méthyl : CH3.

poly-insaturés de la série oméga 3, EPA et DHA, dont les huiles de poisson sont très riches.

Ils sont considérés comme essentiels pour l'organisme. Celui-ci n'est pas capable de les fabriquer, il doit les recevoir de l'extérieur. Ces deux acides gras essentiels constituent ce que certains nutritionnistes appellent la vitamine F, ils sont :

– indispensables à la constitution des cellules nerveuses (grossesse, premières semaines de la vie) et au fonctionnement du système nerveux et hormonal,

– présents surtout dans les *poissons*, en particulier gras ; dans les algues et le plancton qui nourrissent les poissons, mais aussi dans les huiles, de tournesol, de maïs et de soja, à consommer *modérément et non raffinées.*

Contenu en mg des acides gras EPA et DHA des poissons
(pour une portion de 100 g de poisson cru)
J. Am. Diet. Assoc., 1986, 86 : 788

Poissons	EPA	DHA	TOTAL
Maquereau de l'Atlantique	900	1 600	2 500 mg
Hareng de l'Atlantique	700	900	1 600 mg
Saumon de l'Atlantique	300	900	1 200 mg
Crevette	200	100	300 mg
Limande	100	100	200 mg
Eglefin	100	100	200 mg
Espadon	100	100	200 mg
Thon	100	400	500 mg

Ces huiles marines semblent *inhiber la croissance tumorale* ainsi que celle des métastases dans des modèles d'étude expérimentaux de la cancérogenèse mammaire (E. Riboli, « Acides gras alimentaires et cancérogenèse », page 289, chap. XVI).

À l'opposé, existent les acides gras de la série oméga 6 (*tournesol et maïs sont impliqués dans les cancers du côlon* chez le rat et peut-être chez l'homme, par les acides gras poly-insaturés de la série oméga 6[26]).

Il est donc logique de recommander de remplacer les viandes le plus souvent possible par du poisson, et au minimum deux ou trois fois par semaine.

26. *Olive oil and cancer*, A. Giacosa, in ECP News, Jan 1995, (Institut National Italien de Recherche en Cancérologie de Gênes).

Quand l'alcool des graisses est le cholestérol, il est la molécule de base des hormones stéroïdes qui sont les hormones sexuelles de l'homme et de la femme, et de celles du stress (corticoïdes) et de la régulation des sucres (les glucocorticoïdes).

La « chasse au cholestérol », facteur causal établi des maladies cardio-vasculaires, hante nos consciences de spécialistes familiales soucieuses de la santé des nôtres : *toute graisse est-elle dangereuse ?* Le cholestérol serait synonyme de surnutrition, d'infarctus, de thrombose, ou même de cancer du sein, du côlon, de la prostate. Dans ce domaine, on est passé d'un extrême à l'autre. Les cas d'hypocholestérolémie aujourd'hui ne sont pas rares, liés à la surconsommation de médicaments hypocholestérolémiants, qui sont prescrits dès que le taux du cholestérol sanguin dépasse à peine le taux normal, ce qui est logique après un repas gras.

On a depuis longtemps constaté que certains peuples très forts consommateurs de graisses animales pour des raisons climatiques (lutter contre le froid, les Esquimaux), n'avaient ni trop de cholestérol, ni maladies cardio-vasculaires : *tout dépend du type de graisses que l'on consomme, et des acides gras qui les composent.*

5) Les vitamines

L'assimilation des différentes vitamines et minéraux étant étroitement interdépendante et liée aussi aux autres nutriments (acides gras, enzymes...), il importe d'avoir une alimentation la plus diversifiée possible pour que les composants de chaque aliment consommé puisse compléter ceux auxquels il est associé, et la plus naturelle possible pour que ces composants soient préservés et assimilables.

Les vitamines sont présentes naturellement dans beaucoup d'aliments. L'organisme ne sachant pas les fabriquer, c'est à notre alimentation qu'il revient de nous fournir la quantité de ces substances répondant à nos besoins.

Si notre alimentation ne les contient pas – ou ne les contient plus du fait d'une mauvaise conservation ou préparation des aliments –, alors peuvent survenir des carences à plus ou moins long terme.

Notre époque est très sensibilisée à la fois aux carences et aux excès. De graves pathologies en découlent. Le scorbut vient d'un déficit en vitamine C (acide ascorbique) et le rachitisme d'un déficit en vitamine D (voir note 9) et en soleil, lequel en permet sa fabrication par la peau [27]. Certains lobbies ont intérêt à promouvoir des ***suppléments ali-***

---

27. La vitamine D stimule directement l'absorption active du calcium et du phosphore au niveau de l'intestin. Le calcium est ensuite transporté vers l'os où il peut

mentaires, supposés dotés de toutes les vertus, les derniers micronutriments à la mode... Alors qu'ils sont naturellement présents dans une saine alimentation, et qu'il ne faut ni les isoler des autres ni les consommer de manière excessive et non naturelle.

Remarquons, ce qui n'est pas sans intérêt au plan scientifique et même philosophique, que toutes les études apportant de fortes doses de telle ou telle vitamine (C, A et E) chez des patients à risque de cancer, n'ont pas démontré ce que l'on espérait, à savoir une réduction des risques, ni chez ceux qui étaient atteints de cancer une diminution de l'évolution de la maladie cancéreuse.

Tableau des limites de sécurité, et des apports nutritionnels conseillés par le CSHPF (complété selon consommation classique *)

Vitamines	Limites de sécurité en plus de l'apport alimentaire	Apports nutritionnels conseillés
Vitamine A (rétinol)	1 000 µg ou 3 300 UI	identique = 50 g **carottes** *
Vitamine D	25 µg ou 1 000 UI	2,5 fois moins = 80 g **saumon** *
Vitamine E	40 µg ou 60 UI	4 fois moins = 5 g **huile olive** *
Vitamine B6	5 mg	2 fois moins = **riz complet** *
Vitamine PP (Niacine)	33 mg	2 fois moins = **3 avocats** *
Acide Folique (B9)	600 µg	2 fois moins = **100 g persil** *
Vitamine C	1 000 mg	12 fois moins = **1 kiwi** *
Minéraux	Limite de sécurité y compris l'apport alimentaire	Apports nutritionnels conseillés
Sélénium	150 µg	2 fois moins = **ail + échalote** *
Zinc	15 µg	identique = **huître + lentilles** *
Fluor	0,04 mg/kg de poids corporel	2 fois moins = **vin + épinards** *

Ainsi des études précises montrent que ***les comprimés de suppléments vitaminés n'ont pas d'effet préventif*** sur l'apparition de divers cancers et maladies cardio-vasculaires. Ils peuvent même « avoir un *effet négatif* » (risque apparemment plus élevé), tandis *qu'une* ***alimentation riche en vitamines antioxydantes – par définition apportées***

se fixer. L'apport en vitamine D chez le pré-adolescent et l'adulte jeune est assuré par l'ensoleillement. Chez la plupart des adultes, les conditions habituelles d'ensoleillement suffisent à assurer les quantités de vitamine D nécessaires aux besoins de l'organisme. Le 7 déhydro-cholestérol présent dans les couches profondes de la peau se transforme en vitamine D3 naturelle et active.

naturellement – s'accompagne d'une diminution de la morbidité et de la mortalité cardio-vasculaire et cancérologique [28]**.**

La prévention de ces maladies passe par des comportements qui ont depuis longtemps fait leurs preuves : pas de tabac et une large consommation de fruits et légumes ! Ces médicaments préventifs que certains ont appelé « alicaments » n'y feront rien. C'est à la fois logique et rassurant quant aux capacités de l'organisme à se défendre contre l'envahisseur qu'est le cancer, au stade de pré-cancer, comme face au cancer déclaré.

L'étude en cours « Su.Vi.Max [29] » montre, sur l'état nutritionnel des 13 735 personnes suivies, après 3 ans d'observation, un progrès relatif : une baisse de l'apport énergétique, de la ration lipidique, qui reste cependant supérieure à l'apport idéal (30 % de la ration totale) et trop chargée en graisses saturées (graisses animales) ; trop de carences en fer surtout chez la femme, et des apports insuffisants en vitamine D, en magnésium, et en calcium. Cette étude apporte aussi la preuve d'une consommation insuffisante de fruits et légumes frais chez les Français.

Le rôle des vitamines A, C, E : antioxydants, anti-vieillissement, stimulants de l'immunité

La vitamine C, aussi fragile qu'utile

Il faut citer de manière particulière cette vitamine au rôle physiologique stratégique et fondamental. Elle se retrouve à doses différentes dans tous les végétaux, mais reste particulièrement sensible à la cuisson qui, au-delà d'un certain seuil, la détruit.

En plus de son rôle *immunitaire* et *anti-infectieux* reconnu (prévention des affections respiratoires saisonnières, action antivirus), de ses qualités antioxydantes et de son rôle adjuvant dans la *prévention* des cancers, la vitamine C intervient dans de nombreux *métabolismes* :

– au niveau des tissus et cellules (protection contre les radicaux libres qui abîment les cellules, entretien du collagène, c'est-à-dire du tissu de soutien),

– fonctionnement des neurotransmetteurs (transmission de l'influx nerveux au niveau du cerveau ; ce qui est essentiel pour la mémoire),

---

28. *New England Journal of Medicine*, 2 mai 1996 : Physician Health Study, portant sur 12 ans et 22 071 médecins, et *New England Journal of Medicine* ; 1994, vol 330, p. 1029-1035 (cancer du poumon et ß-carotène).

29. Étude épidémiologique, Supplémentation en Vitamines, Minéraux et Antioxydants, de 1994 à 2002, vise à préciser les relations existant entre l'alimentation et la santé, et à tester contre placebo l'impact d'un apport de vitamines (C, E, ß-carotène) et de minéraux (sélénium et zinc). *Impact Médecin-Hebdo*, n°s 432 et 455, décembre 1998 et juin 1999.

– rôle dans la fabrication des hormones du stress (la vitamine C naturelle n'énerve pas mais donne du tonus),

– absorption du fer et élimination des métaux toxiques,

– inactivation des substances allergènes, à l'origine d'allergie et fabrication d'anticorps…

Fatigue, stress, croissance, grossesse ou convalescence augmentent nos besoins en vitamine C, qui varient entre 60 et 100 mg par jour pour un adulte ou adolescent.

Une crudité, un légume vert peu cuit, deux fruits frais, à chaque repas, sont une bonne et suffisante source de vitamines quotidienne. En hiver et dans les cas cités ci-dessus, de même que dans les états infectieux ou grippaux, privilégiez les sources les plus riches en vitamine C : pour 100 g : le persil à feuilles plates (170 mg), le poivron (140 mg), les kiwis (100 mg), le chou vert (80 mg), les fraises (60 mg), les jus de cassis, les salades de cresson (51 mg), en sont au moins autant ou plus riches que les agrumes (50 mg), et la tomate pas beaucoup moins (40 mg et l'on en mange plus).

Mais il ne faut pas confondre vitamine C et comprimés de vitamine C.

Attention une fois encore aux suppléments en comprimés, surtout en excès, qui ont des effets inverses à ceux qu'on leur attribue : *absorber chaque jour 500 mg de vitamine C peut provoquer des altérations de l'ADN*, au niveau du noyau de la cellule, par *effet oxydant*, comme l'a montré une étude britannique[30]. Les vitamines naturelles, seulement présentes dans les aliments, sont mieux assimilées, plus efficaces. Ainsi il n'y a pas de risque de surdosage. Les excès en vitamine A, quant à elles, peuvent avoir des graves conséquences pour le foie.

Nous avons eu l'occasion de rencontrer une jeune femme consommant plusieurs kilogrammes (cageots) de carottes chaque jour. Le teint de sa peau était devenu comme les carottes. Elle se rendit compte de son erreur alimentaire, quand très fatiguée elle consulta un médecin qui mit en évidence un début d'insuffisance hépatique. Son foie était abîmé par un stockage excessif en vitamines du groupe A.

---

30. Université de Leicester, département de pathologie chimique, in *Nature*, 8 avril 1998, découverte d'une action potentiellement mutagène de la vitamine C (500 mg par jour pendant 6 semaines, et augmentation de la 8-oxo-adénine) sur la cellule… cette action est temporaire et réversible, mais la douteuse efficacité de la supplémentation régulière chez des personnes ne souffrant pas de carences vaut-elle le risque ?

La vitamine A et la provitamine A ; les caroténoïdes (lycopène, lutéine)

Ces pigments (jaune, orangé, rouge) agissent sur les radicaux libres : l'augmentation des taux de caroténoïdes entraîne une diminution du risque de maladie cardio-vasculaire ; les suppléments en ß-carotène, lycopène et tocophérol diminuent l'oxydation des LDL.

Le ß-carotène ou provitamine A se trouve principalement dans les fruits et légumes : *carottes (6 à 10 mg/100 g) potimaron (17 mg), pissenlit (8,5 mg), persil (7 mg)...*

Aux Etats-Unis une étude sur 4 ans a montré que le risque de cardiopathie coronarienne est diminué de 25 % chez les 20 % de malades qui consomment le plus de ß-carotène[31]. De même il a été montré une action des caroténoïdes sur la prévention des cancers du poumon[32], sein[33], col de l'utérus, cancers digestifs (pharynx, larynx, œsophage, estomac, côlon, rectum) ; sur la stimulation des défenses immunitaires[34], le bon fonctionnement de la division cellulaire, de la reproduction.

Le lycopène, pigment rouge de la tomate, piège les radicaux libres à 70 % mieux que le ß-carotène[35] ; il a de grandes propriétés antimutagènes : d'après une étude sur 48 000 volontaires suivis pendant 7 ans, la consommation de lycopène réduit le risque d'apparition du cancer de la prostate.

La lutéine, caroténoïde extrait du kiwi, présent dans la laitue, a une action antioxydante dans les tissus rétiniens, et prévient la dégénérescence et donc la cécité chez la personne âgée, elle réduit la dégénérescence maculaire par faiblesse pigmentaire en augmentant la pigmentation[36], et présente un intérêt dans les cas de photosensibilisation ou photodermatose (urticaire solaire, lucite, photosensibilité médicamenteuse) en interférant avec les processus de photo-oxydation. *Un mélange de caroténoïdes* ***naturels, présents dans l'alimentation****, est plus efficace et agit en synergie en fonction de leurs propres caractéristiques de solubilité et de leurs activités antioxydantes spécifiques.*

---

31. Gaziano JM and Hennekens CH, *Antioxydant vitamins in the prevention of coronary disease,* Cont. Int. Med., 1995, 7 : 9-14.

32. Tawar, Dinesh, et al., *American Journal of Clinical Nutrition*, 11997 ; 66 : 1283-1285.

33. Rock, Cheryl, L, et al.., *Nutrition and Cancer*, 11996, 25 (3) : 281-296.

34. *« Carotenoïds and Immune Function »,* Nutrition Week, March 28, 1997 ; 27 (12) : 7/Proceeding of the UNJR Protein Resources Panel.

35. *«Antioxydants and Lycopene »,* NutritionWeek, Marcch 21, 1997 ; (11) : 7.

36. *Lutein supplement & macular pigment* : Exp. Eye Res, 11997 ; 65 : 57-62, *and* Advances in Pharmacology, 1997 ; 38 : 537-555.

Nutritionaal Needs of Seniors : Journal of the American College of Nutrition, 11997 ; 16 (6) : 517-523.

La vitamine E

Ce sont les alpha et bêta tocophérols et tocotriénols.

Les tocophérols sont des antioxydants protecteurs de la surface des lipoprotéines et des membranes cellulaires, des neurones, des maladies cardio-vasculaires [37], surtout en présence de ß-carotène et de vitamine C qui potentialisent leurs effets.

La vitamine E (alpha et bêta tocophérols ensemble) augmente la réponse immunitaire, inhibe l'agrégation plaquettaire et a un effet anti-inflammatoire ; elle ralentit l'évolution de la cataracte, semble agir dans la prévention de l'épilepsie ; de nombreuses études expérimentales montrent que la vitamine E naturelle, celle de l'alimentation, est plus efficace et mieux utilisée par l'organisme, donc plus bio-disponible [38].

6) Les minéraux et oligo-éléments

Les rôles des minéraux et oligo-éléments : la clé de certains dérèglements à tous les âges de la vie.

Des carences accumulées en divers minéraux et oligo-éléments sont responsables de symptômes en cascade chez la femme par dérèglements hormonaux.

Le premier réflexe devant un trouble du cycle (règles irrégulières ou trop abondantes, migraines, fatigue générale, déprime, malaises prémenstruels...) est actuellement d'aller voir un gynécologue. En général celui-ci suit les schémas thérapeutiques pharmaceutiques et médicaux qui tendent à médicaliser les moindres troubles, à traiter pour une carence hormonale sans faire de dosage préalable [39], alors que c'est la nutrition

---

37. *Étude MONICA* de l'OMS.

38. *Relative Bioavalabilitties of natural and synthetic Vit E...* Internat. J Vit Nutr Res 1999 ; 69 (2) : 92-95.

39. Avant la ménopause deux dosages sont nécessaires, le premier immédiatement après les règles qui représente le début du cycle, c'est la phase estrogénique (le taux des estrogènes est haut et de la progestérone faible) ; le deuxième immédiatement avant les règles qui représente la phase progestéronique où le niveau de progestérone est haut et celui des estrogènes relativement bas. Quatre hormones seront dosées dans le sang : les hormones fabriquées par l'hypophyse, FSH – folliculo-stimuline hormone – et LH – lutéine hormone qui stimulent respectivement la fabrication des deux hormones ovariennes : estrogène et progestérone.

À partir de la ménopause, les taux d'estrogène et de progestérone sont nettement plus faibles, dans des limites bien connues de tous les laboratoires de biologie (sur la fiche de résultats, le laboratoire doit indiquer les taux normaux pour chaque phase de la vie féminine, ce qui permet à toute femme de comprendre ses propres niveaux hormonaux).

qui est en cause ! Les taux hormonaux sont le plus souvent dans des limites normales. C'est pour cette raison qu'ils ne servent à rien et que les prescripteurs d'hormones ne veulent pas faire ces dosages, car ils ne pourraient pas justifier la prise hormonale sous forme de médicaments.

Or les femmes sont plus exposées aux carences minérales et en oligo-éléments du fait : d'une part de leurs cycles qui les appauvrissent et de la sensibilité de ces cycles à différents facteurs environnementaux ; d'autre part des carences successives dues aux grossesses, accouchements et allaitements, souvent aggravées par de mauvaises habitudes alimentaires.

Tout déséquilibre en fer, zinc, cuivre et autres oligo-éléments essentiels peut entraîner des dérèglements hormonaux. Ceux-ci aggravent les pertes en minéraux et oligo-éléments (règles hémorragiques, troubles du métabolisme...), et installent un cercle vicieux de fatigue chronique, anémie, malaises et migraines prémenstruels, flux menstruels trop abondants... D'où les fragilités de la réponse aux stress ou aux moindres agressions des systèmes de défense (hormones, immunités locale, régionale, générale[40]).

Il convient donc de veiller à notre équilibre minéral par une alimentation bien choisie.

Minéraux

Le calcium

– Produits laitiers[41] : de préférence de chèvre ou de brebis, pour leurs meilleurs acides gras, favorisant une bonne assimilation (voir laits et produits laitiers, pp. 161 et 168) : tomme de brebis et de chèvre, roquefort (700 mg/100 g) toujours associés à :

– *une forte consommation de végétaux, riches en calcium bien assimilé (dont légumineuses, graines : céréales complètes) et d'huile d'olive*, avec du soleil ; les sardines et les haricots secs (380 mg), les pruneaux (216 mg), le persil et les amandes (200 mg), les noix et noisettes (175 mg), le pissenlit (136 mg)...

– Signalons que dans un jaune d'œuf, il y a autant de calcium que dans un yaourt, et de meilleurs acides gras pour l'assimiler, sans oublier le cholestérol nécessaire à la fabrication des hormones dont le corps a besoin. À condition de ne point trop le cuire, et surtout pas frit dans la graisse, l'huile raffinée, la margarine, ou le beurre.

40. Cf. pour le fer, *Revue du Praticien*, 1er mai 2000, T. 50, n° 9, p. 943 à 947.
41. Cf. Lait et produits laitiers, chap. II, p. 168, « calcium et ostéoporose ».

Le calcium le plus bio-disponible (le mieux utilisé par l'organisme) est le calcium végétal (p. 172).
– Pour qu'il soit absorbé par le tube digestif, il doit être accompagné de vitamine C et de fibres présentes dans les fruits frais et les légumes cuits à la vapeur douce.
– Pour qu'il se fixe sur l'os et évite l'ostéoporose, il a besoin de l'acide oléique de l'huile d'olive et de vitamine D naturelle fabriquée par notre peau sous l'influence du soleil.

Le magnésium

Le cacao en poudre (400 mg/100 g), la noix de cajou (252 mg), la quinoa (204 mg), le petit épeautre (132 mg), les pois cassés (130 mg), le riz complet et le pourpier (106 mg), l'oseille (103 mg), les bananes sèches (90 mg), les figues sèches (72 mg).

Oligo-éléments

Le fer

L'absence de fer est à l'origine d'anémie dite « ferriprive » : le fer maintient l'oxygénation des globules rouges, et donc l'oxygénation générale du sang.

Ajoutons que si la vitamine C facilite l'absorption du **fer**, il faut donc consommer des légumes riches en vitamine C comme les choux-fleurs ou les brocolis, du persil, riche aussi en **fer**, en calcium et en provitamine A, mais qu'une supplémentation chez des enfants non carencés pourrait, d'après certains, entraîner un retard de croissance.

Les liens fer-calcium-vitamines D et C

Trop de calcium gêne l'absorption du fer[42]

Les relations entre le calcium, nécessaire à l'ossification (et prévention de l'ostéoporose), et le fer, minéral indispensable au fonctionnement normal des globules et à leur rôle de transporteur de l'oxygène (pour prévenir l'anémie), sont importantes à signaler. Un apport trop important en calcium peut être à l'origine d'anémie par manque de fer

42. Professeur H. Joyeux, *Changez d'alimentation* », éd. 2002. « Il est à remarquer que, si les consommateurs de viande ressentent souvent un grand besoin de boissons contenant de la caféine (café, thé noir, cacao, cola), c'est parce que l'absorption de ces boissons fait baisser la teneur en fer de leur organisme, trop élevée du fait de la consommation de viande. Et chez eux la prise de vitamine C est le plus souvent insuffisante. » « Il faut souligner que chez les végétariens ayant consommé toute leur vie une nourriture végétale équilibrée, on ne constate pas de manque de fer. L'organisme des végétariens assimilerait-il mieux le fer que celui des consommateurs de viande ? »

(concentrations de ferritine sérique révélatrices d'un mauvais bilan en fer), et vice versa.

Les végétariens ne consommant pas de viande seraient carencés en fer. Ce n'est pas si sûr. Dans son étude sur le végétarisme, l'Office fédéral allemand de la santé, basé à Berlin, affirme : « *Nos recherches ont montré que les femmes végétariennes ont un niveau plus faible de fer et d'hémoglobine. Cependant, aucune conséquence clinique n'a pu être démontrée. Récemment d'autres théories ont fait leur apparition au sujet des besoins en fer : certains scientifiques considèrent qu'un niveau plus faible de fer dans le sang est plus sain.* »

Une étude de l'Institut des sciences de l'alimentation de l'Université Justus Liebig de Giessen souligne que : « Le niveau de fer chez les végétariens est généralement plus bas que la moyenne. Mais comme la valeur standard se base sur celle des consommateurs de viande, il faut se poser la question de savoir si cette norme est valable pour les autres. Cette discussion repose sur la constatation qu'un niveau de fer plus bas que la moyenne offre une meilleure protection contre les maladies infectieuses et les infarctus. »

Certaines études sur la *maladie d'Alzheimer* constatent une teneur très élevée en fer dans le cerveau des personnes atteintes de cette maladie.

En moyenne une personne omnivore absorbe 25 à 30 % de la quantité totale de fer ingérée avec des aliments d'origine animale (viande, poisson, œufs, lait...). Cela signifie que les consommateurs de viande tirent la plus grande part de fer d'aliments végétaux. Le fait que la viande soit la seule source alimentaire de fer est faux.

La vitamine C est indispensable pour absorber le fer en particulier des végétaux.

Les aliments à haute teneur en vitamine C doivent être consommés en grande quantité, car la vitamine C facilite l'assimilation du fer.

Le soleil pour la fabrication de la vitamine D chez l'homme, et de la vitamine C dans les végétaux

Calcium et vitamine D : la vitamine D est indispensable à l'absorption du calcium pour maintenir un taux normal de calcium dans le sang (la vitamine D est synthétisée sous la peau grâce aux effets des rayons solaires). L'ensoleillement est donc indispensable autant à notre peau pour fabriquer la vitamine D, qu'au mûrissement des fruits et des légumes. Ce qui permet de mieux comprendre l'importance de la nutrition méditerranéenne. Le risque de cancer colorectal est inversement proportionnel à l'apport en vitamine D et en calcium alimentaire.

Vous trouvez du fer dans 100 grammes d'aliments : ortie 41 mg ; moules 24 mg ; levure de bière 17,5 mg ; gingembre 17 mg ; cacao en poudre 12 mg ; graine de sésame 10 mg ; farine de soja 10 mg ; millet 9 mg ; seigle 9 mg ; graine de soja 8,6 mg ; persil 7,80 mg ; lentilles 7,70 mg ; jaune d'œuf 7,60 mg ; pois chiches 7,50 mg ; graine de blé 7,5 mg ; pistache 7,3 mg ; chanterelles 6,5 mg ; avoine 5,8 mg ; amande 4,40 mg ; quinoa 9 mg ; noisette 3,8 mg ; épinard 3,60 mg ; froment 3,3 mg ; le cresson et le pissenlit 3,1 mg ; riz 2,6 mg ; asperge 2 mg ; maïs 1,5 mg…

Le zinc

Indispensable pour les problèmes de peau, pour les **défenses immunitaires** (nécessaire au fonctionnement du thymus : la supplémentation en zinc permet de stimuler le thymus et d'accroître le nombre de lymphocytes T), pour **l'équilibre hormonal** – croissance, grossesse, convalescence –, pour la cicatrisation ; le meilleur apport est par l'alimentation de façon naturelle et diversifiée, plutôt que par compléments alimentaires pharmaceutiques

Le zinc, dans quels aliments ? (en mg pour 100 g) les fruits de mer, en particulier huîtres (jusqu'à 100 mg), les harengs (80 mg), la viande rouge, les légumes secs (lentilles 5,5 mg) et céréales complètes (pain complet 5 mg, germe de blé 8 mg), le foie de canard (7 mg), le jaune d'œuf (4 mg), les graines : quinoa 3 mg, noix 2 mg, amandes et noisettes 1,5 mg ; le pissenlit (1,2 mg), l'ail et les petits pois (1 mg)…

L'iode

Nécessaire au fonctionnement de la thyroïde (hormones thyroïdiennes), l'iode est naturellement contenu dans les produits de la mer, dont le sel, les poissons, les algues, les fruits de mer… Les carences en iode (goitre) sont plus fréquentes loin de la mer, régions continentales et montagnes. Le besoin quotidien en iode (150 µg) est assuré par 100 g de morue (cabillaud) ; 2,5 g de laminaires sèches (6 000 µg/100 g).

Le sélénium

Oligo-élément indispensable à l'action de l'enzyme **antioxydante**, et nécessaire au fonctionnement de notre système immunitaire et thyroïdien.

Des taux bas en sélénium sont associés à un risque plus élevé de cardiopathies ischémiques. Or la teneur en sélénium du sol européen est très affaiblie (cultures intensives et pluies acides), ce qui appauvrit notre alimentation.

Une étude a montré que 200 µg de sélénium par jour permettent d'accroître de 118 % la capacité des globules blancs à éliminer les cellules cancéreuses, tout en accroissant de 82,3 % l'activité des cellules tueuses.

Le sélénium, dans quels aliments ? L'ail (0,02 mg), l'endive (0,013 mg), le champignon et le poireau (0,01 mg), la figue sèche (0,006 mg), la pêche (0,004 mg), l'oignon (0,003 mg), la figue fraîche, la laitue et le radis (0,002 mg), la groseille, les épinards, les haricots verts, le pâtisson, et le persil (0,001 mg) ; le vinaigre de cidre.

Nos besoins en vitamines et minéraux sont très larges. Mais si notre alimentation est variée, fraîche et bien préparée, elle nous les fournira selon nécessité, en évitant carences ou excès, sachant que les apports naturels sont bien mieux assimilés et tolérés, biodisponibles (c'est-à-dire utilisables), que les compléments de synthèse, en comprimés ou ampoules buvables.

Une vaste étude a comparé les populations de Belfast et de Toulouse, les premiers ayant une incidence quatre fois supérieure de maladies de cœur par rapport aux seconds, pour une consommation de graisses peu différente : c'est la consommation de fruits et légumes *frais*, riches en vitamines antioxydantes – ß-carotène, A, C et E –, en particulier de tomates (lycopène[43]) et de pommes (flavonoïdes, vitamine C), et de *vin rouge* (flavonoïdes), tous riches en antioxydants, qui fait la différence.

7) Les antioxydants

Les antioxydants : le « *French Paradox* »... un verre de bon vin à chaque repas.

– **Définition**

Les antioxydants sont des substances qui neutralisent directement ou indirectement les radicaux libres, lesquels peuvent venir de l'extérieur de l'organisme (radiations, produits toxiques) ou sont produits par les cellules. Les radicaux libres risquent d'atteindre les cellules pour

---

43. Le lycopène, pigment naturel de la tomate, est un caroténoïde. Il a un rôle antioxydant en piégeant les radicaux libres (produits d'oxydation de la cellule qui sont toxiques). Il est particulièrement actif contre les agents mutagènes : tabac, pollution, rayonnement, les cancérigènes. Multiprotecteur, le lycopène protège l'ADN, les membranes des vaisseaux, inhibe la formation de nitrosamines, composé cancérigène formé dans l'estomac à partir des nitrates alimentaires. Il abaisse le taux du LDL cholestérol, protégeant contre le développement de l'athérosclérose.

Sa source essentielle est la tomate qui en contient plus dans la peau que dans le fruit.

perturber leur fonctionnement. Ainsi les cellules peuvent devenir cancéreuses quand la cellule ne meurt pas après une durée de vie normale (les globules blancs vivent 7 jours – s'ils vivent trop longtemps il y a risque de leucémie –, les globules rouges 120 jours, les cellules du foie plus d'une année…) ou peuvent voir leurs métabolismes perturbés en les rendant capables de vieillir plus rapidement ou de fabriquer des substances dangereuses pour d'autres cellules.

– **Présence dans les aliments**

Les antioxydants sont présents dans de nombreux aliments que l'on trouve dans l'alimentation méditerranéenne : fruits frais, légumes, légumineuses, huile d'olive, vin, thé…

Une alimentation trop riche en graisses saturées provoque un dépôt de cholestérol LDL (par oxydation de ces graisses) sur les parois des artères[44] : les antioxydants contenus dans le vin et les végétaux de la nutrition méditerranéenne consommés régulièrement ont un rôle préventif en empêchant cette oxydation. Oxydation qui s'exprime par le rancissement oxydatif (odeur, goût désagréables)[45].

Pour Lewis Perdue qui a publié en Californie en 1992 un livre intitulé *Le Paradoxe français*, « *De nombreuses études indiquent que les gens vivant autour de la Méditerranée qui émigrent aux États-Unis, perdent bientôt l'atout protecteur de leur cuisine et de leur style de vie d'origine, et commencent à souffrir des mêmes maladies que les Américains lorsqu'ils se mettent à se nourrir de manière identique.* »

Besoins quotidiens minimum en antioxydants

Vitamine E : 12 mg, vitamine C : 50 mg, polyphénols : 50 à 100 mg, caroténoïdes : 5 mg.

– **Les effets des antioxydants**

Les antioxydants ont un effet protecteur contre l'athérome (dépôt de graisse dans la paroi des artères, l'athérome est favorisé par l'oxydation des lipides du sang).

– **Les polyphénols**

Les polyphénols ou flavonoïdes sont des composés biologiques présents dans le vin rouge, certains fruits et légumes (pomme, oignon,

44. La pilule prise longtemps augmente les taux de cholestérol, ce qui explique des risques cardio-vasculaires accrus.

45. Rancissement oxydatif : Cf. Jean Morelle, *Radicaux libres, Alimentation et santé*, éd. F.-X. de Guibert, 2003.

ail...), les boissons à base de fruits (dans l'ordre décroissant : merise, sureau-cassis-cerise, raisin-myrtille, groseille, passion, mangue, pomme) et d'autres boissons à base de plantes comme la bière brune ou les thés : le *thé, vert* surtout, et en ordre décroissant les thés noir ou rouge, l'hibiscus, le cynorrhodon et la camomille[46]...

S'il n'y a pas d'oxydation, le cholestérol ne peut se déposer sur la paroi des artères : c'est le «***French Paradox***», qui a conduit l'American Heart Association, en 1993, à préconiser «***un verre de vin à chaque repas***», pour ramener le taux trop important de morts par maladie cardio-vasculaire des USA : 200/100 000 habitants, à celui (très inférieur) des Français, 75/100 000 habitants, pour une consommation totale en viande comparable. «*Cela devrait devenir une excellente habitude*», souligne le Dr R. Curtis Ellison (Boston)[47].

Il resterait à inverser la très mauvaise (habitude) [48] ***de consommer de plus en plus de viande (surtout rouge), à tous les repas (200 à 300 g par jour en France), «pour l'énergie», et trop peu de fruits et de légumes. Cette surnutrition fatigue l'organisme, et pousse à consommer de plus en plus de sucres, à la recherche de forces immédiates, expédients dangereux pour notre santé...***

– Explication biologique du «*French Paradox*» et extension de son intérêt pour prévenir le vieillissement

Ce sont les flavonoïdes composés biologiques présents dans le vin rouge, certains fruits et légumes (pomme, oignon, ail...), et d'autres boissons à base de plantes comme la bière brune ou le thé (cf. travaux de S. Renaud, INSERM), qui « semblent agir pour éliminer le mécanisme de coagulation » et, selon les recherches du Pr John Folts (Wisconsin – communication à l'Association américaine de diététique, 1998), « leur efficacité pourrait être plus régulière que l'aspirine » (l'aspirine est en effet connue pour avoir un rôle d'anti-agrégation des plaquettes, donc fluidifie le sang).

46. Étude du Centre de Recherche Nestlé – J.-P. Marion, Pouvoir antioxydant des boissons à base de thé et de fruits – Lausanne, 9 février 2000.

47. Cette étude est confirmée par celles de S. Maxwell (Birmingham, *Lancet*, 16 juillet 1994 : activité antioxydante immédiate après prise de vin), de Renaud (*Lancet*, 11 juin 1994, vin + régime méditerranéen et réduction du taux de récidive d'infarctus du cœur), et de Ricker (JAMA, 28 nov 1994, action anti-agrégante des flavonoïdes du vin)...

48. La consommation de viande est passée de 38 à 110 kg/an/personne entre 1900 et 1985.

Effet associé du régime méditerranéen

L'alimentation de type méditerranéen a été reliée à une longévité plus grande : « *On vieillit mieux et plus longtemps en Languedoc-Roussillon* », explique le Pr Jacques Touchon (neurologue au CHU de Montpellier – États généraux de la santé, colloque sur la maladie d'Alzheimer, 23 janvier 1999), « *ce phénomène est essentiellement dû à une alimentation de type méditerranéen qui, pense-t-on, protège... On a parlé du paradoxe français* ».

Le régime alimentaire des pays d'Asie a lui aussi un agent anti-cholestérol, le soja, dont les protéines font baisser le taux de cholestérol[49].

Que penser des antioxydants comme suppléments pharmaceutiques ?

Les antioxydants (vitamine C, vitamine E, provitamine A, lycopène, lutéine, sélénium...) préviennent la carcinogenèse (genèse des cancers) en réduisant les lésions de l'ADN liées aux stress oxydatifs (atteintes de l'oxydation), mais seulement par apport alimentaire habituel : en effet, les supplémentations pharmacologiques n'ont, selon des études récentes, pas d'effets bénéfiques, et peut-être même des effets inverses[50].

Notons que la pratique d'un régime végétarien – par définition pauvre en graisses – a pour effet, outre une diminution importante du cholestérol, et malgré un apport calorique *ad libitum, « une certaine perte de poids ou la prévention de la prise de poids liée à l'âge*[51] *»*.

8) L'alcool (1 g apporte 7 cal)

Méfaits d'une consommation excessive d'alcool. Une consommation excessive d'*alcool* (au-delà d'un verre par jour[52]) augmente :

– le risque de cancer du sein[53], quel que soit le type d'alcool, vin, bière, ou alcools forts ; ce risque est *proportionnel à la dose*

---

49. Voir p. 96, *légumineuses*, note 14, p. 98.

50. Colorectal adenoma, N. Engl. J. Med. 1994, 331 : 141-7 ; *Malignant neoplasms and cardiovascular disease*, N. Engl. J. Med. 1996, 334 : 1145-1149 ; effet positif de la vitamine E sur le cancer de la prostate : *Journal of the National Cancer Institute*, mars 1998, mais effets dangereux de la vitamine C sur les mutations des bases de l'ADN, – in *Nature* d'avril 1998.

51. 21e Congrès mondial de la Société Internationale pour la Recherche sur les Graisses, La Haye, 1995, Pr Ernst J. Schaefer (Boston, Massachussets, États-Unis).

52. *New England journal of Medicine*, 11 déc. 1997 : « Alcohol consumption and mortality among middle aged and ederly US adults. »

53. *British Journal of Cancer*, mai 1996.

moyenne d'alcool absorbée chaque jour et s'additionne aux autres facteurs de risque[54]. C'est surtout l'alcoolisme mondain qui est en cause ;

– les risques hépatiques (cirrhose), de cancers des voies aéro-digestives supérieures, de problèmes neurologiques (polynévrite…) ;

– les risques d'accidents et de mort violente (pour soi, mais aussi pour les autres…) ;

– la perte de mémoire et les perturbations de l'intellect.

Mais une consommation modérée et régulière de *vin* surtout rouge a un *rôle préventif* sur la maladie d'Alzheimer, les maladies cardio-vasculaires, et contribue à l'équilibre nutritionnel, facteur essentiel de bonne santé[55] (cf. « le vin », p. 126).

L'alcool est une drogue à forte dose,
Le vin est un bienfait à petites doses,
Un verre de bon vin à chaque repas est excellent pour la santé.

Quelles boissons alcoolisées ?

Il faut distinguer : les vins classiques, les apéritifs, la bière, le cidre et les alcools forts.

Les abus de la consommation alcoolique sont évidemment néfastes pour la santé et en particulier pour le tube digestif, pour le foie (risque de cirrhose alcoolique, plus ou moins chronique et de dégénérescence cancéreuse), mais aussi augmentation du risque de cancer colo-rectal et même du pancréas.

En alcoologie, il est essentiel de pouvoir apprécier de façon rigoureuse la consommation alcoolique. Pour cela on utilise « **l'Unité Alcool Internationale (UAI)** » qui correspond à 10 grammes d'alcool pur.

Équivalences d'apport alcoolisé selon le breuvage : volume et degré alcool	
Apéritif à 18°	= 70 ml
Digestif à 45°	= 25 ml
Champagne à 12°	= 100 ml
Cidre sec à 5°	= 250 ml
Whisky à 45°	= 25 ml
Pastis à 45°	= 25 ml
Bière à 6°	= 250 ml
Vin rouge ou blanc à 12°	= 100 ml

54. 1995, S. M. Gapstur, « *Cancer Epidemiology* », 4, 313-318 : effet synergique entre consommation d'alcool et traitements substitutifs de la ménopause.

55. Étude de l'American Heart Association comparant les taux de mortalité par maladies cardio-vasculaires en France (75/100 000 habitants) et aux USA (200/100 000), la différence étant attribuée à la consommation régulière de vin, « un verre à chaque repas principal ».

Les contenus alcool dans une bouteille de vin, whisky, pastis, bière		
1 bouteille de vin à 12°	= 750 ml	= 80 g d'alcool pur
1 bouteille de whisky à 40°	= 700 ml	= 220 g d'alcool pur
1 bouteille de pastis à 45°	= 1 000 ml	= 360 g d'alcool pur
1 bouteille de bière à 6°	= 750 ml	= 40 g d'alcool pur

Définition de l'Unité Alcool Internationale (UAI) 10 grammes d'alcool pur	
dans une bouteille de vin à 12°	8 UAI
dans une bouteille de whisky à 40°	22 UAI
dans une bouteille de pastis à 45°	36 UAI
dans une bouteille de bière à 6°	4 UAI

La consommation quotidienne conseillée en vin ne doit pas dépasser un quart de litre de vin *par jour*, un verre de bon vin à chaque repas.

La consommation régulière, quotidienne de vin (un verre au milieu de chaque repas) a au moins ***4 avantages santé*** *:*

1 – il participe par sa partie alcool à l'antiseptie digestive (et aussi urinaire) aidant à la régulation de l'équilibre de la flore intestinale,

2 – il aide par ses minéraux (calcium : 8 mg pour 100 ml, magnésium, oligo-élément) la contraction de la musculature lisse intestinale prévenant ainsi la constipation,

3 – il participe faiblement à la nutrition de l'organisme en apportant le taux minimum d'acides aminés essentiels (même taux dans un litre de vin que dans un litre de sang humain) pour la fabrication des protéines,

4 – il apporte le resvératrol présent dans les polyphénols, utiles à la dilatation des petits vaisseaux cardiaques (prévention des récidives d'infarctus du myocarde) et même cérébraux (prévention des troubles de la mémoire).

9) Les fibres

Importance des fibres : rôle mécanique et métabolique

Les fibres alimentaires sont présentes dans les aliments. Elles sont à l'origine des résidus alimentaires. Certaines fibres sont solubles donc dégradables, d'autres insolubles ne peuvent être dégradées par les mécanismes enzymatiques du tube digestif.

Les fibres jouent le rôle mécanique de fine brosse à l'intérieur du tube digestif et participent à la contraction et à l'évacuation intestinale. Non absorbées par le tube digestif, les fibres facilitent et accélèrent le transit intestinal. Elles évitent ainsi la prolifération bactérienne dans le côlon (excès de gaz malodorants) responsable d'infections intestinales et urinaires, trop souvent et inutilement traitées par antibiotiques auxquels les germes finissent par résister. Elles subissent une dégradation partielle ou totale (fibres solubles) sous l'action de la flore intestinale (fermentation et putréfaction) et participent à la synthèse d'acides gras volatils (à chaîne courte) qui représentent l'énergie principale des cellules du côlon. C'est tellement vrai que certains ont proposé d'apporter sous forme de lavement ces acides gras à chaîne courte dans les maladies inflammatoires du côlon et du rectum.

Apportées par les végétaux, les fibres sont associées, outre les nutriments énergétiques (amidons, sucres, protéines, lipides), à de nombreuses autres substances (vitamines, oligo-éléments, flavonoïdes) qui élargissent leur rôle.

– Les fibres joueraient un double rôle dans la prévention des cancers du côlon et du rectum.

1 – Elles abaissent le ph colique (donc l'acidité), diminuent la conversion des acides biliaires primaires en acides biliaires secondaires et la concentration fécale d'acide désoxycholique, promoteur de tumeurs bénignes puis malignes du côlon.

2 – Elles jouent un rôle métabolique pour fabriquer les acides gras à chaîne courte (butyrate en particulier), qui sont essentiels à la nutrition des cellules du côlon, et inhibent la carcinogenèse *in vitro*.

– Elles joueraient aussi un rôle dans la prévention des cancers du sein,

en diminuant l'arrivée aux seins d'une trop grande quantité d'estrogènes alimentaires : « L'apport quotidien de 15 g de fibres a pour conséquence une réduction des taux d'œstradiol et d'estrone [56] » ; le régime végétarien augmente l'excrétion fécale d'œstradiol, quantité qui est ainsi soustraite aux glandes mammaires.

– Dans le domaine de l'excès de poids, elles ont une action sur la satiété,

par l'effet de volume dans l'estomac, qui peut aider à réduire la prise calorique et retarder la sensation de faim (traitement de l'obésité) [57].

56. Goldin dès 1986, et Rose en 1991.
57. Cah. Nutr. Diét., XXVII, 6, 1992.

Mis à part le son de blé, qui présente des inconvénients fréquents d'intolérances digestives ou allergiques, ce sont les légumes, les fruits et les légumineuses qui apportent le plus de fibres solubles ou insolubles.

10) Les phytohormones

Ostéoporose et femmes

Aujourd'hui, on fait peur aux femmes avec les carences en hormones, c'est le spectre de la décalcification et de l'ostéoporose à la ménopause et au-delà... Et certains spécialistes font croire que seul un THS (Traitement Hormonal Substitutif) est capable d'éviter de telles carences. Alors que, nous le verrons, de saines habitudes alimentaires sont tout aussi efficaces pour rester en forme et ne pas vieillir prématurément. Avec économies pour la Sécurité sociale et aucun danger pour la santé.

Les phytohormones, « l'homéopathie hormonale physiologique alimentaire »

Ce sont des nutriments d'origine végétale représentant un groupe hétérogène dont les effets peuvent être différents : ils peuvent s'avérer agonistes ou antagonistes des estrogènes, de la progestérone chez la femme ou de la testostérone chez l'homme.

On recense actuellement plus de 600 produits végétaux capables de fournir des précurseurs des estrogènes, des progestatifs, des androgènes, tous n'étant pas comestibles.

On peut distinguer deux catégories principales de phytohormones :

1° **Les isoflavones (genistéine et daidzéine)**, présentes en particulier dans le soja, et à des taux variables selon le degré de concentration des préparations dérivées de cette graine, mais aussi dans les pois chiches et la bière. Leur structure est proche de l'œstradiol.

2° **Les lignans**, transformés en entérodiol et entérolactone par la flore intestinale, et éliminés dans les urines. On les trouve dans les céréales, pépins, graines en particulier de lin, les légumes surtout secs : lentilles, pois chiches, cacahuète,..., mais aussi frais : concombres, céleri, tomates..., dans les fruits : pamplemousse (resvératrol), poires, pommes, prunes, bananes, oranges, fraises...

Aliments concernés

Ils sont nommés par la recherche américaine « Natural cancer protective compounds » ; ils sont présents dans les habitudes alimentaires asiatiques, en particulier dans les régimes végétariens.

Parmi les végétaux les plus riches en phytohormones (tous en contiennent plus ou moins), l'un des plus intéressants est le soja, (en particulier sous la forme de « tofu » ou fromage de soja), riche en isoflavones, et base de l'alimentation des populations asiatiques, dont on sait le faible pourcentage de cancers hormonodépendants[58] : endomètre, sein[59], prostate...

Légumineuses et leurs graines (dont *soja*, haricots secs, pois cassés, *pois chiches*, lentilles, arachides).

Noix, noisettes, amandes, baies, graines (lin, sésame, tournesol...)

Céréales complètes (blé, orge, seigle, maïs, avoine, épeautre), surtout germées.

Plantes fourragères (luzerne, trèfle, lupin).

Thé vert (flavonoïdes), sauge...

À des degrés divers, tous les végétaux contiennent des phytohormones, et même le vin rouge est riche en flavonoïdes (effet phytohormonal reconnu).

Taux de flavonoïdes (5 composés) *et aliments contenant des phytohormones*	
Faible (< 10 mg/kg ou < 10 mg/l)	Choux, carottes, champignons, petits pois, épinards, pêches, vin blanc, café, jus d'orange.
Moyen (10-50 mg/kg ou 10-50 mg/l)	Laitues, tomates, poivre rouge, fèves, fraises, pommes, raisins, vin rouge, thé, jus de tomate.
Élevé (> 50 mg/kg)	Oignons, choux frisés, haricots verts, brocolis, endives, céleris, canneberge.

Besoins quotidiens minimum en antioxydants	
Vitamine E : 12 mg, Vitamine C : 50 mg,	Polyphénols : 50 à 100 mg, Caroténoïdes : 5 mg.

– La demi-vie (temps au bout duquel il ne reste que 50 % du produit) des polyphénols n'est que de 2 à 48 heures, alors qu'elle est de

58. Tous les chiffres sont dans le livre *Femmes si vous saviez... Hormones, Ménopause, Ostéoporose... Rester jeune naturellement.*

59. *Carcinogenesis*, septembre 2002, 23 (9) : 1491-6 : « *Les Américaines d'origine asiatique protégées du cancer mammaire par le soja.* » Selon cette étude épidémiologique, les plus grandes consommatrices de soja durant l'adolescence et la vie adulte (Chinoises : 26,8 g de soja/jour) ont un risque réduit de 47 %, et celles qui en consomment peu adultes mais régulièrement durant l'adolescence, ont un risque réduit de 23 %.

16 à 20 jours pour la vitamine C, 10 jours pour la vitamine E, 8 à 16 jours pour les caroténoïdes.

– Consommation quotidienne en flavonoïdes : en 1993, Hertog en Hollande a montré que l'ingestion moyenne de 5 flavonoïdes correspond à 23 mg/jour de phytohormones ; les sources principales étant la consommation de thé, d'oignons et de pommes : au Japon le thé vert (7 tasses par jour : plus de 80 %), le vin rouge en Italie (40 %), les fruits et légumes (oignons, pommes) en Finlande et en Grèce.

Parmi les phytohormones à activité œstrogénique *en plus du soja et de tout ce que nous avons dit plus haut, cinq plantes peuvent être consommées selon les goûts : le soja, la sauge, le houblon, l'avoine et l'actée à grappes, auxquelles il faut ajouter une huile, l'onagre.*

– ***Le soja*** est cultivé de façon intensive presque partout dans le monde surtout sous les climats chauds. Le fruit est une gousse contenant des graines qui sont battues à maturation. Les haricots de soja contiennent les principes actifs. Des pseudo-médicaments, sans AMM (autorisation de mise sur le marché) sortent régulièrement en Europe contenant 30 à 75 mg d'isoflavones de soja. Il faut s'en méfier car d'une part la quantité inscrite sur la boîte n'est pas toujours celle qui est retrouvée dans les contrôles, d'autre part la quantité apportée par le comprimé n'est pas toujours « biodisponible », c'est-à-dire utilisée par l'organisme.

– ***La sauge officinale*** (Méditerranée). On utilise ses feuilles pour les médications occidentales, et la racine en décoction en Chine (règles douloureuses). Il existe près de 500 variétés de sauge, les deux plus connues sont la sauge officinale du Midi de la France et la sauge sclarée. Considérée comme une panacée permettant longue vie, d'où son nom en latin « salvia », sauver. Calmante, favorise la digestion, stimule les défenses immunitaires, prévient des inflammations ORL et des voies respiratoires. Elle diminue la transpiration excessive, les bouffées de chaleur et les sueurs nocturnes, calme les règles douloureuses, régularise le cycle, augmente la libido chez les femmes. *« Qui a la sauge dans son jardin n'a pas besoin de médecin. »*

– ***Le houblon*** (bière : la bière favorise la lactation). Sédatif, légèrement hypnotique, séché il a été longtemps caché sous les oreillers pour favoriser un meilleur sommeil. Il possède une activité estrogénique et anti-androgénique. Il permettrait de lutter contre le duvet, (appelé d'un terme très péjoratif en médecine, l'hirsutisme). En infusion.

– ***L'avoine***, céréale du nord de l'Europe sert à fabriquer les célèbres flocons ou le très nourrissant porridge (flocons cuits dans le lait) : calme la nervosité, la déprime ; fortifiante, stimule l'appétit et les réactions de défense immunitaire ; gynécologie.

– ***L'actée à grappes***, (ou cimicifuga racemosa) : traitements doux de la ménopause ; antispasmodique et anti-migraineuse, anti-inflammatoire et anti-rhumatismale, efficace contre les vertiges et l'hypertension modérée.

– ***L'huile d'onagre*** ou « belle de nuit », (huile extraite des graines par première pression à froid). Elle diminue les symptômes gênants autour de la période des règles (déprime, irritabilité, tension mammaire, douleurs abdominales, rétention d'eau, maux de tête) ou de la ménopause (bouffées de chaleur, troubles de l'humeur...) Elle réduirait les kystes dans les seins en quelques mois de traitement. Sous forme de capsules de 400 à 600 mg. En période de ménopause, 2 capsules par jour.

Phytohormones à activité progestérone : *cinq plantes sont capables de stimuler ou de suppléer en partie la production de progestérone : l'igname sauvage ou wild yam, l'achillée millefeuille, l'alchemille, le gattilier, la salsepareille, auxquelles on peut ajouter une huile, la bourrache :*

– ***Le yam sauvage (dioscorea mexicana)*** [60] : plante la plus riche en précurseurs de la progestérone (Amérique centrale). Il existe près de 800 espèces de yam contenant des quantités variables d'hormones végétales. Les yams de plus haute altitude contiennent une forte concentration de diosgénine, le précurseur de la progestérone. *Attention, l'igname comestible des marchés africains ne possède pas le même taux d'activité hormonale.*

– ***L'achillée millefeuille*** : plante anti-spasmes et cicatrisante. Spasmes de l'utérus et règles douloureuses. En infusion.

– ***L'alchemille commune*** : la plus progestative (fibrome, douleurs de règles, tension mammaire). En infusion.

– ***Le gattilier (agnus cactus)*** activité progestative, anti-estrogénique et anti-FSH. En infusion.

– ***La salsepareille*** (Méditerranée). Racine, en infusions (troubles des règles).

---

60. C'est en 1936 que les chercheurs japonais ont expliqué l'efficacité de l'igname sauvage pour soulager les douleurs des ovaires et des règles. Ils ont isolé une substance chimique contenue dans les racines et les tubercules, la diosgénine, précurseur de la progestérone naturelle.

En 1943, Russel Marker aux USA parvient à fabriquer de la progestérone à partir de la diosgénine, issue de l'igname mexicaine (dioscorea mexicana). Cette plante contiendrait aussi les précurseurs de la DHEA produite par les glandes surrénales.

Le yam est présenté sous forme de comprimés ou de pommades. Chaque comprimé contient 30 mg d'extrait d'igname, 110 mg d'extrait de mélisse, du ß-carotène et de la vitamine B6. Les homéopathes le prescrivent à raison d'un comprimé deux fois par jour en seconde partie du cycle.

– ***La bourrache*** (Bassin méditerranéen), huile, activité phytohormonale, de type progestérone naturelle : troubles des règles et ménopause, méfaits du soleil, dessèchement de la peau, des ongles et des cheveux (capsules).

Certains facteurs modifient l'effet des phytohormones

Leur efficacité peut être **contrariée** par les *traitements* des fruits et légumes (insecticides ou pesticides), les altérations de la flore intestinale (par une insuffisance de fibres), la consommation de *protéines animales*, de *graisses*, d'*alcool*, de *micronutriments*, **stimulée** (pamplemousses, carottes, épinards, choux-fleurs, brocolis...), **modifiée** (fibres, xéno-estrogènes), ou **influencée** selon leur biodisponibilité qui peut varier (sexe, variations individuelles, microflore intestinale, clairance urinaire, prise d'alcool, tabagisme...).

Il est important de noter que les phytohormones ne sont pas altérées par les meilleures cuissons (jusqu'à 208° Celsius).

L'expérimentation animale a démontré leurs multiples actions :

– sur les métabolismes hormonaux (des hormones sexuelles ou de leurs stimulines : SHBG, FSH, LH surtout),

– action antiproliférative sur les tissus cible (seins, endomètre, prostate),

– action antitumorale, anti-angiogénique qui empêche la formation de nouveaux vaisseaux, inhibition de facteur de croissance, action antioxydante et antiradicaux libres,

– action positive sur le bilan calcique, donc utile à la ménopause pour prévenir l'ostéoporose,

– action bénéfique sur le système cardio-vasculaire (action directe sur les vaisseaux, et indirecte sur le métabolisme des lipides) et les troubles du climatère (bouffées de chaleur)...

– Chez l'homme, l'action des phytohormones a fait l'objet de multiples études, action estrogene-like ou anti-estrogènes, et anticarcinologique :

• **Phyto-estrogènes et prévention des cancers hormonodépendants**

Les risques de cancer du sein sont liés au taux d'estrogènes dans le sang.

Ces taux représentent 40 à 50 % fixés sur les globulines, 50 % sur l'albumine, et 1 à 4 % qui restent « libres », ou « biodisponibles » ; lorsque les taux d'estrogènes libres sont trop élevés, c'est-à-dire au-dessus de 4 à 5 %, le risque s'accroît du fait de leur interaction sur les glandes mammaires.

L'alimentation joue un rôle important.

Une consommation importante en calories et en sucres augmente la fraction des estrogènes libres (dangereux).

Par contre la composition des repas peut jouer un rôle très positif : consommés de manière habituelle, les légumes + céréales améliorent la situation métabolique du corps : Élio Riboli, du CIRC de Lyon, affirme que *« les légumes pourraient représenter un cocktail utile pour intervenir biochimiquement dans la régulation hormonale par l'intermédiaire des phyto-estrogènes »* ; l'étude de New York porte sur des femmes consommatrices de légumes, chez qui l'on a observé une baisse du risque de 30 % [61]. De même, on a observé que les femmes asiatiques, fortes consommatrices de soja, présentent un faible pourcentage de cancers de l'endomètre et du sein [62].

Les phytohormones agissent en compétition avec les hormones cancérigènes (testostérone et dérivés pour les hommes, estrogènes et dérivés pour les femmes) :

– Ils combattent l'absorption d'estrogènes animaux en excès et favorisent leur élimination.

– Ils ont un rôle protecteur par leur action antipromotion de la croissance des cancers hormonodépendants.

– Ils ont un rôle préventif des maladies cardio-vasculaires, cela du fait de leur action estrogénique faible, qui corrige les effets des estrogènes en trop.

• Phytohormones et Ménopause

Effets de la ménopause

Les ovaires se mettent au repos :

1. Arrêt des règles.
2. Arrêt de l'ovulation.
3. Diminution des sécrétions cervicales et vaginales (« sécheresse vaginale de la ménopause »).
4. Bouffées de chaleur dues à la diminution des taux d'œstrogènes dans le sang.

Effets des phyto-estrogènes sur les symptômes de la ménopause

1. Pas d'effet sur les règles et l'ovulation.

---

61. Une étude (EPIC) est en cours.

62. Mille fois moins puissants que l'estradiol, les phyto-estrogènes se fixent sur les mêmes récepteurs… Les isoflavones contenus dans les graines de soja inhibent *in vitro* la croissance des cellules cancéreuses mammaires, *idem* pour l'endomètre (*Impact Médecin Hebdo*, n° 407, 1er mai 1998).

2. Effet sur les troubles du cycle et les mastodynies (douleurs ou tension mammaire), l'os et le métabolisme lipidique[63].

3. Diminution à 50 % des effets indésirables (sécheresse et bouffées de chaleur).

Leur efficacité sur la ménopause a pu être chiffrée :

– Réduction des bouffées de chaleur importantes (2 accès/jour)

45 g de farine de soja/jour = réduction de 50 % ;

45 g de farine de blé/jour = réduction de 25 %.

– ***Ostéoporose*** : elle est directement inhibée par les isoflavonoïdes, (phyto-estrogènes), qui freinent fortement la perte de calcium osseux ; leur efficacité est équivalente à celle des traitements médicaux à base d'estrogènes : en effet, au cours de la digestion, les protéines animales augmentent l'excrétion urinaire du calcium, les protéines végétales font très fortement baisser cette excrétion.

(Taux urinaires d'isoflavones de 10 à 1 000 fois supérieurs à celui des femmes américaines chez les Japonaises indemnes de bouffées de chaleur, outre la faible incidence de l'ostéoporose au Japon.)

C'est pourquoi un régime à tendance végétarienne, sans viande rouge, sans excès de fromages, avec poissons et protéines végétales (ces dernières sont fortement présentes dans les aliments riches en phyto-estrogènes), *légumineuses, graines, fruits secs, céréales complètes…*, et une grande abondance et variété de fruits et légumes frais, qui apportent beaucoup de fibres : *telle est la façon la plus saine et efficace de traiter les symptômes de la ménopause*[64].

• ***Phyto-estrogènes et Syndrome prémenstruel***

Le cycle féminin est essentiellement hormonal, son fonctionnement repose sur des combinaisons extrêmement sensibles entre estro-

---

63. *Ibidem.* « Peut-on dès lors envisager un nouveau THS alimentaire ? » La plus grande prudence reste encore de mise, souligne le Dr Trévoux, après avoir dépouillé plus de 900 publications sur le sujet. (En cas de consommation de 60 g par jour de protéines de soja, il est observé un allongement de la phase folliculaire, et du cycle, une suppression du pic ovulatoire de FSH et de LH, et paradoxalement un taux de progestérone inchangé.)

64. 10 % de Françaises sont ménopausées,

- 1/3 en souffrent beaucoup, 1/3 modérément, 1/3 peu ou pas.
- 30 % des femmes démarrent un THS entre 50 et 65 ans.
- 3 % le poursuivent après 65 ans.
- 30 % optent pour un traitement avec règles (10 % il y a 10 ans).
- 64 % des hommes de 30 à 65 ans souhaitent que leur femme bénéfice du THS (la ménopause en chiffres, *Notre Temps*, août 2002).

gènes et progestérone, variant au gré des individus, des moments du cycle, des émotions, des voyages et des maladies, et selon que l'on est près de la puberté ou de la ménopause.

Le syndrome prémenstruel est la conséquence d'une rupture de l'équilibre entre les hormones féminines ; un à plusieurs jours avant les règles, il se manifeste en général par des troubles physiques – migraine, vertiges, nausées, insomnies, prise de poids (seins, ventre), modifications de la libido, – ou psychologiques : stress, irritabilité, dépression, instabilité et crises de larmes ou de colères subites... toutes les variantes existent et peuvent, si elles sont en général très bien assumées, prendre des proportions importantes, voire graves, si l'état général (carences, soucis, maladies, suites d'un accouchement...) ou le contexte familial et professionnel sont perturbés.

Une alimentation adaptée peut aider à rééquilibrer et mieux passer ces moments délicats du cycle féminin : et en particulier, riche en phytohormones et en fibres, donc en végétaux (cf. profils, p. 216).

Rôle préventif en outre sur différentes autres maladies

Maladie d'Alzheimer : prévention due au rôle des phytohormones sur les réseaux nerveux.

Maladies du Sein : 14 jours avec un apport de 60 g de soja/j = bonne maturation des cellules du sein.

Prévention des cancers : (outre le sein et le corps de l'utérus), de la prostate, du côlon (fibres), du foie. En outre, il a été observé que les phyto-estrogènes passent dans le lait maternel, ce qui explique une prévention étendue à des populations entières (Asie). C'est la conclusion de travaux non seulement sur le soja, mais aussi sur l'huile d'olive, très riche en ß-sitostérol[65], principal stérol d'origine végétale.

Maladies cardio-vasculaires : réduction du taux de cholestérol.

65. Étude du groupe AAWAD, 6e Conférence Internationale de la Recherche anti-cancer, Kallithea (Grèce). Le ß-sitostérol inhibe, *in vitro*, la croissance des cellules cancéreuses du côlon, de la prostate et du sein. Ce phyto-stérol n'a rien à voir avec les stérols d'origine animale. Au contraire, les phyto-stérols ont été essayés, comme médicament, pour réduire le taux excessif de cholestérol. Le ß-sitostérol est présent en grande quantité dans les asperges.

En guise de conclusion

Les atouts de l'Alimentation Méditerranéenne

Les fibres d'origine végétale essentiellement : fruits, légumes, céréales complètes et dans les protéines végétales (légumes secs, graines…) .

Les vitamines, surtout dans les crudités.

Les minéraux (calcium, magnésium, phosphore…) dans les fruits et les légumes et les fromages méditerranéens (chèvre et brebis).

Les phytohormones présentes dans les fruits, les légumes, légumineuses, huile d'olive, thé, vin rouge surtout…

Les graisses végétales vierges (acide oléique de l'huile d'olive).

Les poissons (acides gras essentiels, vitamines et minéraux).

Les viandes blanches (pauvres en graisses).

Un verre de bon vin à chaque repas (vin méditerranéen en priorité).

Les laitages sans excès, de préférence fermentés, et en particulier de chèvre et de brebis.

Une proportion de protéines animales (volailles et poissons, fruits de mer, plutôt que mammifères, produits laitiers et surtout viandes et charcuteries) *a minima* en quantité nettement inférieure aux apports végétaux,

permettant une alternative entre :
- **repas à forte tendance végétale**[66]**, afin d'alléger nos habitudes alimentaires,**
- **repas naturellement équilibrés dans leur composition.**

Couleur, odeur, saveur dans un cadre convivial.

66. 20 % de mortalité en moins, sur une période de 12 ans, selon une étude du *British Medical Journal* de 1994.

Chapitre II

QUALITÉS NUTRITIONNELLES DES ALIMENTS

I. L'eau et le sel – II. Aliments d'origine végétale. – III. Aliments d'origine animale

La Méditerranée

Un climat, une terre, une mer : douceur et soleil, grande variété et permanence des cultures, richesse et proximité des produits de la mer…

Mais aussi un art de vivre, proche de la nature, et répondant aux besoins de convivialité et de communication des hommes.

Car un repas assis, familial ou en bonne compagnie, bien conçu et préparé pour le bien-être de ceux qui vont le partager, est l'un des piliers de la santé physique et psychique de l'homme, tant il est vrai que le bonheur de vivre s'articule autour de nos sources d'énergie affectives autant qu'alimentaires.

L'alimentation méditerranéenne

Richesse et variété des légumes et des fruits frais de saison.

La douceur du climat autour de la Méditerranée permet à ses riverains de bénéficier de fruits et de légumes frais presque toute l'année, ils ont donc toujours conservé l'habitude de consommer chaque jour, sans restriction et comme aliments de base, des végétaux fraîchement cueillis, garants d'un apport régulier en vitamines, minéraux, et d'une bonne part de l'eau qui nous est indispensable.

I. L'eau et le sel

1. L'eau

Ne vous privez pas de l'eau, principe de vie et première garantie de votre vitalité.

Soulignons tout d'abord l'importance de *l'apport en eau* que constituent tous les végétaux, l'eau principe de vie et de régénération des cellules, et dont nous devrions absorber *1 litre et demi par jour en sus de ce que nous fournit notre alimentation.*

L'eau ne fait pas grossir. Plus on en boit plus on en élimine. Si les reins ou le cœur ne fonctionnent pas correctement, il peut s'ensuivre des œdèmes des membres inférieurs, de l'eau stockée dans ce qu'on appelle les « séreuses », celle située dans le ventre nommée le péritoine, celles du thorax, les plèvres qui entourent les poumons, le péricarde qui entoure le cœur.

Un manque d'eau (déshydratation) se traduit par de la fatigue, une détérioration de l'état général, une perte de mémoire, mais aussi un dessèchement visible de la peau du visage, du dessus des mains, des jambes… Une peau déshydratée est une peau qui se ride très visiblement, mais le fait de boire permet une récupération tout aussi visible.

Il faut boire de l'eau pendant les repas, surtout si c'est de l'eau minérale riche en calcium : le meilleur coefficient d'absorption du calcium obtenu au cours de la digestion serait dans une association eau + spaghetti… [1] : « *Une source méconnue est l'eau ; certaines sont très riches en calcaire, d'autres fortement minéralisées.* »

Sans eau, c'est à un vieillissement prématuré que nous condamnons notre corps, par empoisonnement insensible et progressif, et notre fatigue est souvent liée à l'insuffisance de notre consommation d'eau.

Bien boire, c'est éliminer correctement les déchets qui passent par les reins, c'est maintenir une bonne pression artérielle et un fonctionnement cardiaque capable de s'adapter aux efforts que l'organisme peut lui imposer.

2. Le sel

Origines

Le sel a depuis toujours été très prisé, en Orient et en Occident, comme valeur d'échange, de conservation (viande et poisson), outil technique pour le traitement des cuirs et des peaux.

1. *Calcium : des sources et des femmes*, Br. J. Nutr 1996 ; 75 : 893-903.

Le sel ou chlorure de sodium (NaCl) peut être récolté de diverses façons :

– Le sel marin : (40 % : par évaporation dans les marais salants, gris de l'océan avec plus de magnésium et de flore marine, ou presque blanc de la Méditerranée). Le plus riche en oligo-éléments et donc en qualités nutritionnelles et gustatives.

– Le sel gemme : (10 % : mines à ciel ouvert ou en galeries de gisements marins fossiles).

– Les sources d'eau salée : (30 % : par chauffage).

Raffinage

– Le sel blanc, gros ou fin, est lavé et raffiné.

Le sel naturel retient l'humidité. Il convient donc, pour le rendre plus sec, fin et conditionnable, de le traiter par procédés physiques et chimiques (cf. raffinage du sucre) pour isoler le chlorure de sodium, le blanchir, l'enrichir enfin de substances éliminées par le raffinage.

– Le sel « gris », non raffiné, garde sa composition originale et donc tous ses minéraux et oligo-éléments (sodium 35,2 mg/100 g, chlorure 56,4 mg, magnésium 500 à 600 mg, calcium 120 mg, potassium, soufre et tous les autres minéraux au moins à l'état de traces ; *oligo-éléments :* fer, manganèse, zinc, cuivre, fluor, iode…).

Un nutriment indispensable

Nous devons ingérer un minimum de sel pour avoir une tension artérielle suffisante et être en forme.

Tous les aliments en contiennent plus ou moins, à commencer par l'eau ; le sérum sanguin en contient 9 g/l.

Mais l'excès de sel entraîne hypertension (pas plus de 6 g de sel par jour selon l'OMS, or notre consommation moyenne est de 10 g/j), et maladies cardio-vasculaires [2].

En particulier lorsque les reins ne remplissent pas bien leur rôle de filtre (insuffisance rénale), il faut limiter l'apport de sel dans l'alimentation (surtout ajouté) pour éviter rétention d'eau, œdèmes et hypertension artérielle. Donc éviter conserves et plats tout prêts : manger des produits frais.

2. P. Meneton, chercheur à l'INSERM : « Il existe un lien direct entre un apport chronique excessif de sel dans l'alimentation et l'hypertension,… quant au risque cardio-vasculaire,… plus on mange salé, plus (il) augmente » : ceci à l'appui de « plusieurs centaines d'études ».

Sels spéciaux **(sels avec ajouts)**

– Sel iodé : incorporation d'*iodure de sodium* (1 à 1,5 g d'iode) pour la prévention des problèmes thyroïdiens (populations éloignées de la mer consommant peu d'iode par l'alimentation : produits de la mer). Noter que le sel de mer non raffiné contient de l'iode naturel. L'excès d'iode peut aussi provoquer des déséquilibres thyroïdiens.

– Sel fluoré : pour limiter le taux de caries dentaires on ajoute du *fluorure de potassium.* Si l'eau de boisson contient plus de 0,5 mg/l de fluor (1 mg/l dans la Badoit par exemple), éviter les suppléments : risques de fluorose (taches sur les dents).

– Sel désodé : destiné aux personnes souffrant d'œdèmes et d'hypertension artérielle : très allégé en sodium (10 mg/100 g), et composé de *chlorure de potassium*, qui *rappelle le goût salé et dont l'action équilibre celle du sodium.*

II. Les aliments d'origine végétale [3]

1. Les légumes

Outre les légumes de base (carottes, pommes de terre…), certains légumes sont plus spécifiques des pays méditerranéens ou tropicaux qui les produisent et les consomment en abondance. Ils font, surtout en été, la joie de nos yeux et de nos palais. La multiplication et la facilité des échanges internes et internationaux ont considérablement élargi et enrichi l'éventail des végétaux disponibles tout au long de l'année, et atténuent l'effet des saisons sur la variété des composants de notre régime alimentaire.

Rappelons que les légumes possèdent *tous*, comme les fruits, dans la mesure où ils sont consommés le plus frais possible, un capital santé très appréciable : par leur richesse en eau, sucres pour certains d'entre eux (pour 100 g : pomme de terre : 19 g, petit pois : 12 g, carotte : 6 g) en fibres, en vitamines et en minéraux différemment dosés selon leur espèce, leur couleur, leur maturité… Tous sont donc dignes d'intérêt, et si nous nous arrêtons sur quelques-uns, c'est uniquement pour présenter les plus intéressants des protagonistes de notre santé, et pour souligner des qualités dont on mesure rarement toute la portée.

3. Parmi nos sources, nous tenons à signaler le travail de synthèse réalisé dans les fiches de l'APRIFEL sur les fruits et légumes.

Ajoutons en outre qu'ils seront meilleurs en goût et en qualités nutritionnelles s'ils sont issus de l'Agriculture Biologique[4].

Légumes d'automne et d'hiver

La carotte

Légume racine progressivement amélioré depuis quelques siècles et de plus en plus apprécié, la carotte n'est colorée, tendre et savoureuse que depuis… cent cinquante ans.

C'est un légume de base, qui peut être présent presque quotidiennement dans notre alimentation : très bien toléré, il régularise le transit intestinal par ses fibres aussi efficaces contre la constipation que contre les diarrhées (purée). En cas d'intolérances alimentaires, d'indigestion ou d'allergies, c'est un excellent légume de repos digestif à tout âge.

4. Revue *New Scientist* juillet 2002 : Les soupes de légumes provenant de l'Agriculture Biologique contiennent six fois plus d'acide salicylique (composant de l'aspirine) que les soupes de légumes provenant de l'Agriculture Conventionnelle.

La carotte est modérée en calories (33 cal/100 g) et d'autant moins sucrée qu'elle est jeune (6,7 g env.), pauvre en protéines (0,8 g). Son principal atout est sa *très grande richesse en provitamine A (carotène),* 10 mg aux 100 g, utile pour le bon état de la vue (vision crépusculaire, mais surtout fatigue oculaire : manque de sommeil, excès de travail intellectuel, examens), de la peau, des muqueuses… Cette vitamine est *antioxydante* (lutte contre radicaux libres et athérosclérose, stimulation de l'immunité), elle a aussi un rôle *préventif* des maladies cardio-vasculaires (200 g crus par jour = baisse de 11 % du cholestérol) et des cancers (100 g régulièrement diviseraient par 2 le risque de cancer du poumon).

L'apport quotidien en vitamine A est totalement assuré avec 200 g par jour de carottes seules, très bien assimilées et sans les effets toxiques ou surcharges que l'on peut constater avec les traitements à la vitamine A.

Peu de vitamine C (10 mg), un assez bon éventail de vitamine B (1, 2, PP, 5, 6, 9) et de vitamine E, et un assez bon apport en minéraux (potassium 300 mg, calcium 30 mg, phosphore 25 mg, magnésium 14 mg et fer 0,3 mg/100 g), contribuent à notre équilibre acido-basique (effet alcalin) et alimentaire.

À volonté, en entrée, en légume (à la vapeur douce), en purée, à la croque au sel, en coupe-faim… et de provenance bien choisie, la carotte ne doit jamais être absente de nos menus. En particulier c'est un des légumes crus préféré des enfants et qu'il ne faut pas leur mesurer : il leur sert souvent d'initiateur au goût pour les crudités, fruits et légumes. À ne pas oublier dans les pique-niques.

La pomme de terre

Ramenée d'Amérique du Sud par les conquistadores au début du XVIe siècle, elle est mal considérée en France jusqu'à Parmentier, et pourtant : fidèle, économe, c'est elle que l'on met à toutes les sauces, aussi bien en légume d'accompagnement que comme plat principal… Et lisse, jeune, fondante, elle tient très bien sa place en gastronomie.

À vrai dire, on la consomme surtout en hiver : elle est plus digeste chaude ou tiède.

Pas très calorique bien qu'énergétique (86 kcal/100 g, avec 20 g de glucides pour 100 g et 2 % de protéines), elle est légère nature, avec seulement un filet d'huile d'olive ou de noix.

Riche en vitamine C (les nouvelles surtout : 40 mg/100 g, 10 à 15 mg pour les autres), en magnésium (25 mg/100 g) (pour la préparation des examens !), en potassium (500 mg/100 g), en vitamines B, en oligo-éléments, fer 0,8 mg, zinc 0,3, cuivre 0,15, sa cuisson idéale est la vapeur douce qui permet de la consommer avec la peau (attention au « vert » de pommes de terre, qui contient de la solanine, substance toxique à fortes doses ; la peau des pommes de terre nouvelles peut aussi en contenir un peu).

La pomme de terre est, pour toutes ces raisons, très conseillée aux sportifs, aux enfants ; elle est réhabilitée dans une alimentation équilibrée, même dans les régimes minceur (moins les sauces et corps gras). Sa consommation, qui a baissé régulièrement depuis le début du XXe siècle, tend à se stabiliser au profit des espèces plus raffinées :

1925 : 488 g/pers/jour
1969 : 212 g/pers/jour
1991 : 88 g/pers/jour (source INSEE)

La betterave

Racine de bette, comme le dit son nom, la betterave est consommée depuis la Renaissance en légume d'accompagnement avec viandes fines, et cuite.

Par sa richesse en glucides (8 à 10 g/100 g, saccharose), la betterave est assez calorique, 40 cal/100 g ; elle possède peu de protides – 1,5 g – et encore moins de lipides – 0,1 g.

Elle apporte beaucoup de fibres insolubles, 2,5 à 3,1 g, et plus de 100 g de minéraux : 300 mg de potassium, 60 mg de sodium (ne pas re-saler), 29 mg de calcium, 25 mg de magnésium, fer, cuivre, zinc, fluor...

Ses vitamines sont variées, elles vont de la vitamine C (5 à 10 mg) aux vitamines B, surtout B9 (acide folique, 0,083 mg), et de la vitamine E.

Ce légume racine est un légume mal utilisé : on a en effet le grand tort de la cuire pour la mettre en salade, froide. Sachons donc la découvrir fraîche, surtout si elle est bio, pour la manger râpée avec vinaigre de cidre ou citron et huile d'olive, et un peu de ciboulette ou oignon doux : elle sera encore plus moelleuse et riche en arômes.

Les Alliacés, ou Liliacées : oignons, ail, poireaux, échalotes...

Souvent décriés ou rejetés pour leur parfum trop fort ou leur acidité qui les rend parfois difficiles à tolérer, voire désagréables, les alliacés ou liliacées ont pourtant de grandes qualités digestives. Ils évitent nombre de troubles digestifs courants à ceux qui savent les apprécier. Ils possèdent des qualités nutritives et gustatives exceptionnelles reconnues de tout temps. Cuits à la vapeur douce, ils deviendront très légers et respectueux de votre haleine, et vous feront découvrir les saveurs les plus raffinées et les plus douces : vous ne devez pas vous en priver. Ils ont, en effet, un rôle de détoxifiant et de « balai » intestinal fort utile, auquel s'ajoute celui de stimulant de la croissance des bifidobactéries[5] (bifidus) dans l'intestin (ail, oignon, comme l'asperge et la banane) par l'action des fructo-oligosaccharides à chaîne courte qu'ils contiennent. Ils jouent un rôle positif pour le maintien de l'immunité et pourraient participer à la prévention des tumeurs coliques chez l'homme[6].

L'ail

Aussi efficace (cœur, équilibre digestif…) que « fort en gueule ».

L'ail serait originaire de l'Asie Centrale ou du désert de Kirghizie ; ramené par les tribus nomades il s'est répandu partout dans le monde – apprécié et cultivé surtout autour de la Méditerranée, mais aussi aux États-Unis, et en Chine, premier producteur mondial.

Très riche en vitamines (A, B1, B3, C), et en minéraux (pour 100 g : potassium 446 mg, phosphore 144 mg, calcium 38 mg, magnésium 21 mg, fer 1,4 mg, zinc 1 mg, sélénium 7 mg, iode 3 mg), l'ail est un aliment reconstituant (et un condiment) aux nombreuses possibilités, autant gustatives qu'antibactériennes, antiseptiques et pulmonaires (par l'intermédiaire du soufre, 200 mg, sulfure et oxyde d'allyle, qui expliquent son odeur particulière – et particulièrement forte – ; vitamine C, 14 mg. Il a aussi une action antibiotique naturelle à l'état frais. Ces qualités sont reconnues depuis l'Antiquité la plus lointaine, dès 4 500 av. J.-C. en Égypte, et démontrées par Pasteur avant nos études modernes. Il est un *stimulant circulatoire* et *hypotenseur* (prostaglandines PGA 1) à consommer de manière très régulière, (mais attention aux cas d'hypertension grave, qui doivent se faire suivre médicalement), diurétique, fébrifuge… Il est très apprécié autour de la Méditerranée où, utilisé comme condiment, il relève salades, viandes, légumes, sauces de toutes sortes.

L'ail possède de nombreuses vertus curatives et préventives

Ses qualités traditionnelles ont fait l'objet d'études scientifiques précises, et confirmées dans les maladies cardiaques, le cancer, et diverses pathologies associées à la vieillesse.

---

5. Les bifidobactéries sont présentes dans le lait maternel et utiles à la nutrition du bébé, qui a un intestin au début de sa vie très fragile. L'organisme ne peut pas fabriquer ce genre de bactéries par lui-même. L'équilibre de la flore digestive impose donc que ces bactéries soient apportées dans l'alimentation.

6. *Effect of fructo-oligosaccharides ingestion on fecal bifidobacteria and selected metabolic indices of colon carcinogenesis in healthy humans.* Nutr. Cancer 1996 ; 26 : 21-29.

Contre le cancer : « L'ail réduit de manière significative le risque de cancer du sein et de la prostate, et freine le développement des tumeurs chez les personnes déjà atteintes par la maladie », affirme le Dr John Pinto, directeur de recherches sur l'alimentation au Memorial Sloan Kettering Cancer Center, appuyé par plusieurs études (sein : Univ. Michigan ; estomac : Chine ; peau : Sydney).

Son action antibiotique aurait un rôle spécifique pour faire disparaître l'hélicobacter pylori, responsable de nombreux cas de cancers de l'estomac.

Une équipe française de l'Institut National de la Recherche Agronomique (INRA) a montré que l'ail et le romarin *prévenaient les phases précoces de cancer* : l'ail, tout comme l'oignon et l'échalote, est riche en éléments soufrés. Ce dernier empêche l'activation de substances cancérogènes. Il est métabolisé dans le foie en un composé oxydé.

L'ail contient de l'*allicine* qui stimule la circulation sanguine et tue les bactéries. Il est riche en acides animiques, germanium, calcium, cuivre, zinc, potassium, magnésium, sélénium, vitamines A, B 1 et C, des acides gras essentiels et des douzaines de composés antioxydants[7].

Contre les maladies cardio-vasculaires : il fluidifie le sang et diminue le taux de cholestérol : « l'ail réduit également le risque de maladies coronaires et d'embolies. Mes recherches ont démontré que cette plante évite la formation de caillots dans les artères, et l'accumulation de cholestérol » (Dr Robert I-san-Lin, USA, étude sur les questions d'alimentation pour le compte du gouvernement), « l'ail devrait être prescrit à toutes les personnes courant le risque de souffrir d'une maladie cardio-vasculaire quelconque », il « facilite l'irrigation du cerveau, protégeant des maladies d'Alzheimer et de Parkinson ».

– des études au Japon et en France lui reconnaissent une action contre les pertes de mémoire des *personnes âgées*, et de soulagement des symptômes de *fatigue* et de *dépression*.

– des études au Japon ont montré *l'effet antiallergique très puissant* de l'ail, des extraits d'ail diminuent de 90 % la réponse cellulaire après exposition à un allergène[8].

– stimulant de l'*immunité* par sa richesse en sélénium, germinium, en zinc…

À utiliser de façon habituelle dans tous vos plats et vos salades, coupé en lamelles, écrasé cru ou cuit à la vapeur douce, ou entier cuit

7. A. Deleglise – Cybersciences.

8. Allergies : En France 1,8 million de personnes soit 3 % de la population et 8 % des enfants sont allergiques à certains aliments, en particulier produits laitiers de vache, céréales classiques et dérivés, maïs...

de même avec peau, associé à l'huile d'olive, au basilic, au persil… Pour l'haleine… consommez-le plutôt le soir ; et croquez quelques tiges de persil, dont la chlorophylle aurait une action contre l'odeur de l'ail, – évitez de parler de trop près à vos interlocuteurs, ou de consommer de l'ail cru avant un rendez-vous. La cuisson à la vapeur douce efface cet inconvénient, mais amoindrit ses qualités. S'il se conserve très bien séché, en purée mêlé d'huile d'olive ou surgelé, ou en sel, c'est cependant frais et cru qu'il développe toutes ses qualités… et en particulier son odeur très tenace qui « remonte » ou « reproche » selon la latitude, ce qui ne prouve pas qu'il est indigeste, mais seulement que ses composés soufrés restent très présents et actifs tant au niveau respiratoire que gastrique : témoin de ces qualités médicinales dont il serait regrettable de se priver.

L'ail broyé est aussi utilisé contre les brûlures, les piqûres d'insecte, les verrues et les cors.

Le poireau

Riche en fibres (3,10 g/100 g), en chlorophylle par ses feuilles (ne jetez surtout pas le vert), le poireau apporte des vitamines PP (0,5 mg) et B (B1 0,06 mg) et des minéraux tels que calcium (60 mg), potassium (300 mg), magnésium (18 mg), phosphore (50 mg), fer (1 mg), soufre, chlore ; par sa partie blanche, des sucres diurétiques (fructosanes) et, surtout dans le vert, des fibres très actives sur le transit intestinal, de la provitamine A, de la vitamine C (30 mg, et 18 dans le blanc) toujours pour 100 g…

Un pilier de la gastronomie et de la santé… l'« asperge du pauvre » cache un des aliments clés de la santé (antibactérien, antifongique, laxatif doux, expectorant), de la diététique et des régimes basses calories (35 cal/100 g), mais il ne faut pas passer à côté des qualités somptueuses de ce légume un peu trop discret : cuit à la vapeur[9], moelleux et délicatement teinté, il devient la base incontournable de vos préparations les plus fines. Le poireau, très apprécié dès l'Antiquité, mérite tous les soins.

À mélanger avec vos légumes vapeur (courgettes, oignons, pommes de terre, brocoli…), riz blanc ou complet, volailles, poissons, sauces (aux raisins, pruneaux…), ou seul en plénitude avec thym, sel et huile d'olive !

9. Temps de cuisson très court : la couleur ne doit pas être ternie (environ 5 mn selon épaisseur). Cf. chap. IV, p. 202.

L'oignon, un véritable protecteur des artères

Si l'oignon est utilisé comme légume et comme condiment, il a aussi valeur de médicament.

Ce légume dont l'origine remonte à la nuit des temps (plus de 4 000 ans, Asie Centrale), abondamment pratiqué dès l'Antiquité comme épice et plante médicinale, est un point fort de la saison froide : énergétique mais peu calorique (36 cal/100 g). Il apporte du soufre (affections respiratoires, allergies : 60 mg/100 g), de la vitamine C (25 mg/100 g dans l'oignon blanc frais, 10 mg dans l'oignon sec), des vitamines B3, B5, B6, E, du potassium (180 mg), du phosphore (42 mg), du magnésium (12 mg), du calcium (31 mg), du sélénium (contre le vieillissement cellulaire et pour l'immunité, 5 mg), d'autres oligo-éléments, des fibres douces… antibactérien et antifongique (soufre), vermifuge, hypoglycémiant, stimulant des fonctions digestives et intestinales, diurétique (fructosanes), antithrombotique, … Des études scientifiques récentes ont montré une relation très significative entre une forte consommation d'oignons (plus d'un demi-oignon par jour) et une diminution de moitié des risques de cancer de l'estomac [10].

Si son parfum vous incommode et si son goût persiste trop après consommation, cuisez-le à la vapeur douce, vous ne l'éviterez plus. Car si depuis l'Antiquité et sans cesse il a toujours joué un rôle stratégique dans les préparations culinaires les plus fines, c'est parce qu'il apporte du liant et beaucoup de moelleux et de finesse aux viandes, légumes frais ou secs, poissons, volailles, jusqu'à la sobre pomme de terre qu'il exalte, et parce qu'il les rend plus digestes. Pour une touche de verdure et de fraîcheur dans la même note, mêlez de poireau vapeur vert tendre… et surtout n'hésitez pas à consommer ses pousses vertes lorsqu'il est frais (salades, poissons marinés, garnitures, sauces, potages : comme la ciboulette) ou lorsqu'il se met à germer.

L'échalote

Légume condiment pour tous les parfums qu'elle apporte à notre bonne cuisine, l'échalote possède toutes les qualités de sa famille : riche en minéraux (potassium 248 mg, phosphore 49 mg, calcium 26 mg, magnésium 12 mg, sodium 9 mg, fer 0,4 mg, zinc 0,3 mg, sélénium…), en vitamines (C, B, E), elle a les mêmes propriétés liées à ses composés soufrés : hypoglycémiants, fluidifiants, antibiotiques, antiallergiques.

---

10. *Gastroenterology,* janvier 1996, *consumption of oignons and a reduced risk of stomach carcinoma* : les composés organo-sulfurés contenus dans l'oignon ont fait la preuve de leur effet antimutagène et anticancérigène dans des tests spécifiques *in vitro.*

L'échalote est moins consommée dans les régions méditerranéennes que dans les régions du nord de la France. Utilisée comme condiment dans les cuissons, elle gagne cependant à être consommée crue dans les salades ou ajoutées au dernier moment, coupée finement, à nos plats de légumes, viandes ou céréales.

Les crucifères : chou, radis noir

Ce sont les légumes appropriés à la lutte contre les affections respiratoires et les infections : contenant de la vitamine C, des composés soufrés, des antibiotiques naturels... Comme les alliacées, ils se gardent longtemps et peuvent se récolter tout au long de l'hiver. Ils donneront leur maximum crus, cuits à la vapeur douce et consommés rapidement.

Le chou, un atout pour l'hiver

C'est un des aliments les plus riches en composition et en propriétés que l'on puisse mettre sur notre table ; il faut le consommer cru en salade, ou à peine cuit à la vapeur douce, pour ne pas le détériorer.

Il contient les protides, glucides (nutritionnellement peu calorique 22 à 26 cal), fibres, potassium (300 mg/100 g), calcium (60 mg), magnésium (20 mg), soufre (70 mg), phosphore (50 mg), sélénium (0,003 mg), fer (0,6 mg), vitamine C (80 mg pour le chou vert), B1, B2, B9, PP, E, D, K, provitamine A. Les composés soufrés ont un rôle antibiotique, dans le chou. Reminéralisant, revitalisant, antianémique, auto-immunisant, désinfectant, cicatrisant, rééquilibrant nerveux, que de qualités !...

La recherche par ailleurs a mis en évidence le puissant effet anticarcinogène des indoles, des isothiocyanates et des dithiolthiones, toutes substances présentes dans le chou.

Légume d'hiver par excellence, et connu pour avoir longtemps assuré les besoins nutritifs de nos ancêtres pendant cette saison froide et désolée, le chou est aujourd'hui réhabilité d'une réputation persistante et dédaigneuse de nourriture de paysans. Il mérite que vous l'invitiez à toutes les sauces et sous toutes ses couleurs : brocoli (le plus digeste), chou-fleur (320 mg de potassium, 85 mg de soufre, 54 mg de phosphore, 0,23 mg de zinc, un peu moins de calcium et de vitamine C), chou blanc, rouge, mais surtout chou vert – à vos tables en toutes saisons, beaucoup en salades (assaisonné 1/2 h à l'avance et coupé très fin pour une meilleure digestibilité), mais aussi très peu cuit, à la vapeur douce, pour préserver ses belles qualités, et arrosé d'un filet d'huile d'olive, avec sel, origan ou thym.

Le radis noir

Très économique, cette « racine » est un hors-d'œuvre à la saveur tonique et pimentée ; largement répandu dès l'Antiquité autour de la Méditerranée, et introduit en Europe à la faveur de la conquête romaine, le radis noir a depuis toujours été reconnu doté de grandes vertus médicales.

Comme le chou, auquel il est apparenté, ce radis à la peau rugueuse et noire mais à la chair blanche comme le navet (son cousin), est très riche en vitamines C, B, en soufre et en minéraux. C'est un tonique respiratoire, mais aussi un stimulant hépatique et de la vésicule biliaire, un sédatif nerveux…

Servir bien lavé et brossé, avec la peau, en dés apéritifs, râpé en salade, mélangé avec pommes ou carottes… et dès que vous toussez un peu !

Les Cucurbitacées : potiron, courge, potimarron

Fruits originaires du Pérou ou légumes connus de tout temps par les Anciens, tous ont été appréciés tant sur le plan culinaire, pour la douceur de leur goût et leurs qualités de conservation à long terme (légume d'hiver), que médicinal (potiron : laxatif, diurétique, pectoral, sédatif ; graines : effet vermifuge…).

Découvrez les nombreuses variétés de courges et potirons, de plus en plus répandues, et certaines douces et moelleuses à souhait (patidoux au goût de frangipane, butternut, beurrée et fondante, etc., et bien sûr le délicieux potimarron). Leur effet décoratif n'est pas le moindre de leurs atouts

Le potiron, la courge…

Léger en calories (20 cal/100 g : 4 % de glucides, moins d'1 % de protides et pas de lipides), mais particulièrement riche en minéraux et oligo-éléments (plus de 320 mg de potassium, 28 mg de phosphore, 27 mg de calcium, 10 mg de magnésium, 0,6 mg de fer, 0,2 de zinc, soufre, cuivre…), le *potiron* est un des points forts de l'hiver par son équilibre en minéraux (200 g = ration totale journalière). Bien doté en vitamines, (provitamine A : 2 mg, presque toutes les vitamines B, 7 mg de vitamine C, traces de vitamine E), il était avec la courge très apprécié de nos ancêtres, Romains ou Médiévaux. Ses fibres sont douces et efficaces sur le transit intestinal.

Les variétés de courge et de potiron sont nombreuses (certaines nous viennent d'Amérique centrale) et leurs goûts plus ou moins affirmés ou sucrés, leurs formes et volumes très divers : les choisir est une affaire de goût et de saison ; on les consomme en général cuits, en purée, potage, ou en dés, parfois entiers au four ou à la vapeur ; ils se marient très bien avec du fromage râpé, des champignons, ... On peut aussi les consommer crus comme les carottes, en dés, en lamelles (carpaccio) ou râpé, en particulier les espèces les plus douces : c'est la meilleure façon de profiter de leurs composants, au creux de l'hiver.

Le potimarron

Plus petit de taille et de peau plus fine, c'est un produit venu du Japon : sa texture est plus farineuse, son goût plus doux et chaleureux, il est plus riche en provitamine A que la carotte (17 mg/100 g), avec une très forte concentration en oligo-éléments ; son goût est proche de la châtaigne.

Cuit sans excès (sa cuisson est très rapide), il peut se consommer avec la peau et accompagne fort bien une céréale complète, ou, en purée, une volaille, un poisson... ou des champignons ; assaisonner avec du fromage, de l'huile d'olive, de la sauce soja ou Worcestershire... Il fait à lui seul un potage délicieux.

Les épinards

Peu caloriques (18 cal/100 g) car riches en eau (90 %), pauvres en glucides, en lipides (0,3 g dont 89 mg *d'acide linolénique*), ils sont très bien pourvus parmi les légumes frais en *protides* (2,7 g) et en minéraux (potassium 529 mg/100 g, phosphore 52 mg, calcium 104 mg, magnésium 58 mg, fer 2,7 mg, fluor 0,11 mg, sodium 65 mg...), ainsi qu'en vitamines C (50 mg), A (4 mg), B (surtout B9, 0 19 mg), E (2,5 mg) et K (0,35 mg).

Ils sont à éviter, comme les asperges, pour les personnes souffrant de lithiases oxaliques (acide oxalique 400 à 600 mg/100 g) ou uriques, et de goutte (acide urique dans le sang à un taux supérieur à 70 mg/l).

Les épinards sont très agréables en salade (jeunes feuilles) avec champignons frais et crevettes, ou mélangés avec des pommes : très sensibles à la conservation et à la cuisson, ils méritent d'être mangés crus et sans attendre (dès la cueillette ou l'achat), ou cuits à la vapeur douce pour préserver leur richesse en minéraux et en vitamines, C surtout. La cuisson vapeur a le mérite d'aider à évacuer (par sudation) les nitrates en excès sans atteindre les minéraux.

Cuire très vite, 2 à 3 mn, pour consommer immédiatement sans garder au chaud (cf. chap. IV).

Les endives

Salade venue du Nord, pâle et efficace auxiliaire de nos hivers où l'on ne lésine pas sur les calories, l'endive ou chicorée, chicon, vient de Belgique et n'a rien de méditerranéen, mais l'hiver nous la ramène régulièrement au grand plaisir des consommateurs.

Peu de calories (15 cal), beaucoup d'eau (95 %), beaucoup de fibres (2,2 %), de potassium (205 mg/100 g) et peu de sodium (4 mg) : un bon profil diurétique et minceur, en tout cas de quoi alléger les périodes de repas trop riches.

L'endive est d'un bon apport en minéraux, outre le potassium : (chlore 71 mg, magnésium 10 mg, fer 0,2 mg, cuivre 0,05 mg), et oligo-éléments (zinc 0,15 mg, sélénium 0,013 mg,...), et ses fibres sont bien tolérées.

Crues plutôt que cuites, toniques et digestes, les endives seront consommées seules, coupées dans leur longueur avec mayonnaise à l'huile d'olive et aux herbes, sauce moutarde, sauce aux herbes, ou en salade mélangées à pommes et noix, ou crevettes et mâche ou épinards frais... les registres sont multiples du doux-amer aux mélanges plus exotiques. Et puis de temps en temps pour le plaisir on les roulera dans le jambon en les faisant cuire à la vapeur, endive seule d'abord puis les deux ensemble, en les servant nappées d'huile d'olive avec quelques grains de sucre complet, pour mieux les ensoleiller.

Les champignons de couche

Les champignons ont depuis toujours fait partie de l'alimentation des hommes, et dans l'Antiquité les Chinois, les Grecs et les Romains les cultivaient déjà. C'est en 1810 qu'un horticulteur imagina de les cultiver à l'abri du froid et des intempéries, dans les carrières du sud de Paris – d'où son nom vulgaire.

Susceptibles d'être intégrés dans les régimes hypocaloriques (18 cal/100 g, peu de glucides et de lipides, beaucoup de fibres : 2,2 g) ou végétariens (plutôt forts en protéines parmi les légumes : 2,7 g/100 g, proche des crucifères, à compléter par céréales, légumineuses ou graines), les champignons de couche gagnent à être mangés crus ou très peu cuits. En effet ils sont très riches en vitamines : le groupe B, surtout B3 (PP) 5,22 mg (29 à 35 % de l'AJR), B2 0,44 mg (24 à 29 % de l'AJR), et B5 2,1 mg (21 % de l'AJR) ; vitamine K (220 µg/100 g, coagulation), un peu de vitamine E et de provitamine A, vitamine D (20 % de l'AJR).

Ses minéraux sont abondants : 420 mg de potassium, 100 à 150 mg de phosphore, 14 mg de magnésium, peu de sodium (8 mg), 2 à 5 mg de bore, avec un très bon apport en oligo-éléments : 1,2 mg de fer, 0,5 mg de zinc, 0,01 mg de sélénium.

Dans une optique de légèreté autant que de finesse, le champignon très frais et bien calibré peut servir (cru) à remplacer le pain dans des plateaux apéritifs raffinés, agrémentés de préparations relevées à base de condiments, poissons fumés, crustacés, tapenade, anchoïade, aïoli,... à votre libre imagination.

Le topinambour

Ce tubercule, importé d'Amérique au XIIe siècle, en a trop fait pendant la dernière guerre, il est rejeté par toute une génération. Pourtant, proche de l'artichaut (d'où son nom d'artichaut de Jérusalem), il ne manque ni de goût ni de qualités nutritionnelles.

Peu calorique (31 cal) malgré une assez forte proportion de glucides (la moitié, constituée d'inuline, glucide de l'artichaut, n'est pas assimilable), le topinambour possède seulement 2,4 g de protides et 0,4 g de lipides ; il est riche en fibres (7 à 8 %), en eau (79 %), et en minéraux : potassium surtout (478 mg/100 g), 78 mg de phosphore, 20 mg de magnésium, fer 0,6 mg, cuivre 0,12, zinc 0,1 mg… et s'il contient peu de vitamine C (4 mg), il possède beaucoup de vitamine B3 (PP 1,3 mg), des vitamines B1 et B2, un peu de provitamine A et de la vitamine E (0,2 mg).

Diurétique et peu calorique, au goût sucré facilement relevé d'une vinaigrette, l'artichaut de Jérusalem est en train de reprendre sa place sur les tables éclairées de la cuisine actuelle, mais aux intestins fragiles il est conseillé de le consommer avec modération.

Légumes de printemps

Printemps ….

Leur atout est leur grande fraîcheur après les longs mois d'hiver assurés par des légumes de longue conservation : c'est d'un seul coup une grande bouffée de vitamines et de sève nouvelle.

L'asperge annonce des beaux jours

Ce légume d'origine indienne, apprécié des Égyptiens et des Grecs puis cultivé par les Romains, reste d'une consommation sélective ; il retrouve la faveur des gourmets à partir de la Renaissance, ne se développe qu'à partir du XVIIIe siècle.

Délicieuse et très recherchée pour la finesse de ses parfums, l'asperge est peu calorique (25 cal/100 g), et un bon auxiliaire d'élimination par ses fibres (1,5 %) et ses composés diurétiques. Bonne source de protides (2,2 g) et composés azotés, très peu de lipides (0,2 g), elle concentre 3,5 g de glucides, avec toute sa saveur dans ses têtes.

L'asperge constitue en outre une source en minéraux et vitamines non négligeable pour notre équilibre nutritionnel (apport de « substances de sécurité ») : vitamine C, 31 mg en moyenne (16 après cuisson), surtout dans la violette ; vitamine B1 et B2, 0,2 mg, surtout dans la verte (0,15 après cuisson) ; B3 ou PP, 1 mg (0,8 après cuisson) ; B5, 0,6 (0,13 après cuisson) ; provitamine A, de 0,4 à 0,8 mg, et vitamine E, 0,8 mg.

Diététiques et gastronomiques, les asperges peuvent figurer sur nos meilleures tables… mais pour éviter les calories, elles doivent être servies avec des sauces simples et légères, et cuites sans excès, à peine un peu craquantes (surtout les vertes).

L'artichaut

… du Sud-Est (Violet de Provence et Blanc d'Hyères) est le plus précoce et le plus tendre, cueilli très jeune il se consomme cru et en salade.

Belle évolution pour un descendant direct du chardon, amélioré au cours des siècles pour arriver, de la Méditerranée à la Bretagne (le Camus, ou gros de Bretagne, obtenu début XIXe, est récolté de juin à décembre), en passant par Versailles et la table de Louis XIV.

Sucré (7,6 g/100 g, dont 1/2 d'inuline, mal tolérée en excès) et énergétique (40 cal), il apporte 2,1 g de protides, beaucoup de minéraux (potassium 385 mg, effet diurétique accru par l'inuline ; magnésium 31 mg, phosphore 95 mg, calcium 47 mg, soufre, fer 1,3 mg, zinc…) et des vitamines du groupe B, C (10 mg env. cru), provitamine A, et E. Ses fibres et ses sucres stimulent les fonctions intestinales ; enfin il a un rôle d'équilibre sur l'acidité gastrique.

Il faut les préférer très jeunes, en bouquets, les dépouiller des feuilles les plus dures et les couper finement ; les servir crus, arrosés de citron frais et huile d'olive. Les artichauts cuits s'oxydent très vite, ils ne doivent pas être conservés (toxiques).

Le fenouil

Typiquement méditerranéen, et généralement associé aux poissons (surtout grillés : loups, dorades...), le fenouil frais, ou aneth doux, est bien un légume de printemps, mais, dans ses variétés tardives, se récolte de décembre à mars, et vient éclairer nos tristes menus de saison froide.

Léger et digeste, aux fibres douces et efficaces, le fenouil apporte pour 100 g peu de calories (25 cal), avec peu de glucides (2,8 g), mais près de deux fois plus de protéines que la moyenne des légumes frais (2,7 g) et de lipides à dominante d'acides gras polyinsaturés oméga 3, aux propriétés anti-hyper-cholestérolémiantes (0,3 g) ; il est *très riche* en provitamine A (3,7 mg), en vitamine C (52 mg), B9 (0,1 mg), E (6 mg), magnésium (40 mg), et surtout en fer (2,7 mg, potentialisé par la vitamine C), en sodium (86 mg), et en potassium (430 mg) ; sa richesse en antioxydants et la présence conjuguée de ses nombreux « éléments protecteurs » (vitamines antioxydantes, fibres, minéraux, acides gras polyinsaturés) le classent parmi les aliments protecteurs des maladies cancéreuses et cardio-vasculaires.

Tonique et diurétique, c'est un excellent apéritif : le consommer plutôt cru, à la croque au sel ou en entrée, avec citron, cumin et huile d'olive, voire avec des pommes ; mais cuit à la vapeur, c'est un accompagnement très fin et léger des poissons, fruits de mer, volailles ou agneau bien tendre. Choisissez-le jeune et petit pour la tendreté, blanc et ferme.

Le radis

Ce légume racine (du latin « radix ») d'origine très ancienne (Chine, Grèce, Égypte) et tout autant prisé du Moyen Âge, est plein de qualités, dont la première est qu'on ne le mange jamais cuit. Basses calories, 15 cal/100 g, avec 3 g de glucides (protéines et lipides presque absentes), ajoutées à une grande richesse minérale : le radis possède beaucoup de potassium (243 mg) qui, associé à peu de sodium, stimule l'excrétion urinaire ; un bon apport en calcium (20 mg), phosphore (18 mg) pour l'équilibre osseux, du magnésium (7 mg), du fer (0,8 mg), du zinc (0,2 mg), du cuivre (0,02 mg)...

Cousin du chou, ce petit crucifère apporte comme lui composés soufrés et spécifiques (indoles,...) réputés efficaces contre les affections respiratoires et dans la prévention de certains cancers digestifs ; son apport en vitamine C est intéressant (23 mg), et ses fibres efficaces. Avant les repas, il ouvre l'appétit sans surcharge : le préférer jeune, frais et sans pain ni beurre... et utiliser ses fanes, en salades ou potage.

Les cébettes, oignons blancs frais, ail frais...

C'est au printemps que nous reviennent ces variétés d'oignons, ail, échalotes,... qui se consomment le plus souvent crues dans des salades ou à la croque au sel à côté d'une grillade, d'une raclette, etc. Elles sont extrêmement intéressantes car elles apportent tous leurs composants nutritionnels de la façon la plus directe, rapide, naturelle, possible. (Cf. alliacées – légumes d'hiver.)

Crues et au plus près de leur cueillette, elles ne sont ni conservées, ni transformées. C'est sous cette forme que leur efficacité en termes de santé est la plus grande. Utiliser entièrement les feuille, coupées aux ciseaux, dans vos salades variées, potages, sauces aux herbes, poissons, viandes ou légumes marinés...

La courgette

Le *nec plus ultra* de la courgette, c'est, au tout début de sa saison, de la trouver toute mince, jeune, fondante, couronnée de sa fleur jaune à peine refermée. C'est un trésor que l'on cuit à peine, et qui, servi immédiatement, se suffit d'un filet d'huile d'olive.

La courgette, courge cueillie longtemps avant maturité, est un plaisir : douce et savoureuse en saison, son faible apport calorique (15 cal/100 g) et sa pauvreté en sodium (3 mg), en font un des piliers des régimes sans sel et minceur ; mais la courgette est très riche en minéraux tels que calcium (19 mg), magnésium (23 mg), phosphore (31 mg), et surtout potassium (230 mg) ; avec des fibres d'autant plus légères qu'elle est consommée jeune, elle est extrêmement digeste pour les estomacs et intestins délicats.

Côté vitamines elle est plus discrète (vitamine C : 7 mg, provitamine A : 0,12 mg, vitamine E : 0,01, vitamine du groupe B...), mais on en conserve le maximum si elle est peu cuite (sa cuisson est très rapide, surtout à la vapeur douce) et si elle garde sa peau. Jeune et tendre, elle sera délicieuse crue, en apéritif ou en salade.

Très utilisée en cuisine, simple à préparer (surtout bien fraîche, et *avec* la peau), elle se prête à toutes les préparations, surtout accompagnée d'alliacés (ail, oignon blanc ou frais, poireau) mais gagne à être utilisée crue, râpée ou en tranches très fines et légèrement marinée avec citron ou vinaigre de cidre, huile d'olive, et fines herbes (basilic, ciboulette...).

Le petit pois

Le petit pois est aussi bon nutritionnellement que son goût le promet.

Sucré, coloré, plein de saveurs, c'est qu'il est très bien doté en minéraux et vitamines. Le petit pois traditionnellement était consommé sec, comme les autres légumineuses, mais dès le XVIe siècle, sous l'influence italienne, il commence à être cueilli avant maturité : on le retrouve dans les serres de Versailles et à la table de Louis XIV. Sa culture va remonter, du pourtour méditerranéen, vers le nord de la France.

Potassium (304 mg), phosphore (126 mg), calcium (24 mg), magnésium (33 mg), soufre (50 mg), 2 mg de sodium, 40 de chlore, 1,8 de fer, riche en zinc (1 mg), cuivre,… Avec cela 6 g de protides, 12,3 g de glucides, et 0,7 de lipides, (ce qui lui fait totaliser 80 cal/100 g) c'est bien une légumineuse, mais fraîche, dotée de 32 mg de vitamine C, 0,38 de provitamine A, 3 mg de vitamine E, et beaucoup de vitamines du groupe B.

Actuellement il est surtout commercialisé en conserve ou surgelés ; entre les deux, nous donnerons largement préférence aux surgelés, mais si vous avez la chance de trouver des petits pois vraiment frais cueillis et jeunes sur le marché ou dans votre jardin, ne résistez pas au plaisir de les écosser grain à grain pour les déguster aussitôt. Faites-en le plus délicieux des apéritifs, avec un doux vin de Muscat, ou mêlez-le à vos salades. Symbole de délice printanier, lorsqu'il vient d'être cueilli, jeune et tendre, c'est un plaisir rare.

Légumes d'été

Leur première qualité est d'avoir mûri naturellement sous les rayons généreux du soleil de plein été, et d'avoir fait le plein d'eau, de minéraux et de vitamines.

La seconde, c'est d'arriver sur votre table très vite après la cueillette avant d'avoir eu le temps de les perdre.

Aubergines, poivrons, concombres et tomates, sont avec l'ail et l'oignon, les légumes méditerranéens par excellence.

L'aubergine

Ce beau légume typiquement méditerranéen, qui *limite l'augmentation des lipides et du cholestérol sanguin*, est peu calorique (18 cal/100 g), pauvre en sodium et riche en minéraux (potassium 260 mg/100 g, magnésium 13 mg, phosphore 21 mg, chlore 55 mg, fer 0,3 mg, soufre 9 mg, zinc 0,11 mg...), en fibres et en vitamines (vitamine C 5 mg, provitamine A 0,03, vitamines B1, B2, B3, B5, B6, B9, et vitamine E 0,03 mg).

Digeste si elle est cuite à température douce et à l'huile d'olive, et diurétique, elle est consommée cuite, seule, entière et farcie, ou en tranches fondues avec huile d'olive, ail et herbes de Provence, ou encore en « moussaka » ou « caviar », écrasée et relevée d'ail, d'oignon et de fines herbes (basilic ou « pistou ») ; ou encore mélangée avec poivrons et tomates en « ratatouille », plat méditerranéen s'il en est. Ces derniers plats peuvent être servis très frais par grosses chaleurs.

Elle peut faire l'objet de salades marinées, comme les courgettes, avec citron ou vinaigre, basilic, persil, huile d'olive, en tranches très fines.

La tomate

C'est la plante potagère la plus consommée des Français (18 %, et en moyenne 12 kg par an/pers.).

Riche en acides organiques, acide malique et citrique (saveur acidulée), la tomate apporte en outre beaucoup d'eau (93 à 95 %) ; elle est très peu calorique (15 cal/100 g), avec seulement 3 % de glucides, moins de 1 % de protéines, des traces de lipides ; 1,2 g de fibres (peau et graines), diurétique et très digeste.

Elle est plus ou moins riche en *vitamine C* (de 10-20 en général, à 30 mg/100 g, pour les tomates de plein air et de plein champ) ; bien dotée en *caroténoïdes* : provitamine A (0,6 mg en moyenne) et surtout *lycopène*, (prévention des radicaux libres et des maladies coronariennes), en vitamines B (de B1 à B9), en minéraux (surtout potassium 226 mg, et magnésium 11 mg, phosphore 24 mg) et oligo-éléments ; elle assure un bon équilibre acido-basique, un très bon apport nutritionnel, et joue un rôle préventif très intéressant.

Légume d'été certes, et c'est là qu'elle est le plus riche en parfums et en goût, donc en vitamines et minéraux, la tomate est de plus en plus appréciée à longueur d'année (des variétés longue conservation se répandent de plus en plus sur le marché, au détriment de leur goût et de leur valeur nutritive) car elle est un légume très facile à l'usage, cru ou cuit, si l'on en consomme la peau. Consommer plutôt des tomates de pays et de plein champ, et conserver à l'air libre, les tomates n'aiment pas le froid (stockage et transport).

Le poivron

Il existe des variétés très diverses de poivrons et piments de toutes formes et couleurs, et de goûts plus ou moins intenses : originaire d'Amérique centrale, il avait été très remarqué par Christophe Colomb à son passage à Hispaniola (Cuba) en 1492, qui trouva ce « poivre » de bien meilleure qualité que le nôtre. Le poivron entre en Espagne en 1520, remonte à nous par le sud, descend par le Maroc vers la Turquie, les Balkans (paprika)… Au XIXe siècle, il est partout à travers le monde. Ainsi, le « Tabasco », vendu dans plus de cent pays : le piment fait un tabac…

Un des fleurons de l'alimentation méditerranéenne, très riche en vitamine C (env. 130 mg/100 g, et jusqu'à 300 dans certaines variétés), en provitamine A (carotène jusqu'à 3,5 mg) surtout s'il est très rouge, et en chlorophylle, le poivron est très peu calorique (21 cal) : 3,5 g de glucides (glucose et fructose), 4,1 g de protides, et seulement 0,3 g de lipides en moyenne. Il contient plus de 90 % d'eau et 2 g de fibres aux 100 g. Il apporte en outre de la vitamine E (1,4 mg) et des vitamines du groupe B, et une large palette de minéraux, en particulier du potassium (170 mg), phosphore 26 mg, magnésium 13 mg, calcium 9 mg, fer 0,4 mg, zinc 0,2 mg… Achetez-le surtout en saison de juin à septembre, et en provenance du sud de la France ou d'Espagne, plutôt que de Hollande (poivrons calibrés, cultivés en serres).

Sa vitamine C est potentialisée par ses flavonoïdes, et la présence forte de cette vitamine (200 g de poivron cuit = 100 mg de vitamine C après réduction de 60 %) et de la provitamine A, antioxydantes, en font un aliment protecteur par excellence des maladies cardio-vasculaires, cancers, du vieillissement, on peut même dire que ses qualités esthétiques, ses couleurs vives et brillantes entrent dans les composantes psychologiques de notre santé : le poivron agit sur notre moral par son air de vacances. Il reste un aliment antifatigue de choc avec la conjugaison vitamine C, tonique et immunostimulante, la provitamine A, qui combat la fatigue oculaire, la capsaicine, substance aromatique excitant du système nerveux.

Bien sûr, c'est cru qu'il faudrait manger les poivrons pour profiter au mieux de leurs qualités nutritionnelles : et citons les manières grecques ou niçoises de le mélanger aux salades de tomates et d'oignons, à l'huile d'olive ; cru, le poivron rouge se marie très bien aux fromages de chèvre ou de brebis, en tomme surtout, et au comté ; mais il est un pur délice à l'espagnole ou à la catalane, cuit vapeur ou grillé, pelé, servi arrosé d'huile d'olive parfumée, avec de l'ail : il est somptueux accompagné d'anchois... ou fourré de fromage (plus léger à la vapeur). Dans les périodes de fatigue, de manque de sommeil, ses vitamines C et A sont des aides précieuses et efficaces, mais cru il faut bien le mâcher pour aider à sa digestion, plus difficile aux non-habitués des crudités (réinsérer progressivement par petites quantités).

Le concombre

Particulièrement riche en eau (96 %), c'est le légume d'été par excellence ; très peu calorique : 10 cal/100 g (moins de 2 % de glucides, 0,6 % de protides et 0,1 % de lipides), il est pourtant riche en minéraux (potassium 150 mg, phosphore 23 mg, calcium 19 mg, magnésium 12 mg, soufre 11 mg...) et en vitamines (toutes les vitamines B, 8 mg de vitamine C, un peu de provitamine A et de vitamine E).

Il faut manger le concombre avec sa peau :

– en effet, c'est dans la peau que se concentrent la plupart de ses vitamines et minéraux ;

– en outre, il est erroné de croire qu'elle est indigeste : le concombre possède dans la peau une enzyme qui aide à la digestion, la pepsine ; *il suffit de le bien mâcher*, comme tout aliment, surtout lorsqu'il est cru.

Très désaltérant, il fait partie des aliments favoris des pays méditerranéens, et donne beaucoup de fraîcheur à toutes les salades. Se consomme cru et au sel.

Le haricot vert

Ce n'est que très tardivement que l'on commencera à consommer les haricots autrement que secs ou en grains : cultivés par les Incas depuis des millénaires au Pérou et au Mexique, les haricots ne sont consommés verts (par les Italiens) qu'à la fin du XVIIIe siècle en Europe.

Le haricot vert est modéré en calories (30/100 g) et riche en eau (90 %), ce légume frais qui supporte très bien la congélation possède des fibres (env. 3 g), douces s'il est jeune (extra-fins).

Légumineuse cueillie avant maturité, il représente un apport nutritionnel original par son taux de protéines (riches en lysine, 2,4 g/100 g env. à rapprocher des choux, champignons de couche, et que seuls l'ail et le petit pois dépassent avec 6 g/100 g).

Avec 20 mg en moyenne de vitamine C, 0,34 g de provitamine A, des vitamines B (surtout B9, 0,07 g), et pour minéraux : 243 mg de potassium, 38 mg de phosphore, 56 mg de calcium, 28 mg de magnésium, 47 mg de soufre, avec 1 mg de fer, 0,07 de cuivre, 0, 3 de zinc, le haricot vert est un légume bien équilibré.

En légume d'accompagnement des viandes ou poissons, ou des céréales complètes pour des repas végétariens (pour compléter les protéines insuffisantes des céréales : lysine), cuit à la vapeur douce et légèrement craquant, de façon à conserver toute sa couleur, et toutes ses qualités, le haricot vert est un des piliers de la cuisine santé et légère. En purée et tout jeune, il peut être donné à des tout-petits comme à des convalescents, et sera d'autant plus léger et profitable qu'on l'aura assaisonné d'un filet d'huile d'olive ou de noix vierge et sans le faire recuire ni sauter à la poêle.

Le céleri

Rave ou feuilles, le céleri a toujours été connu comme plante médicinale pour ses effets diurétiques et stimulant du système nerveux, il est développé plus tard comme légume (Renaissance) et condiment.

Le céleri-rave est intéressant pour son faible apport calorique *hors sauce* (18 cal, avec seulement 2,4 g de glucides, 1,5 g de protides, et 0,3 g de lipides) ; bien doté côté minéraux et oligo-éléments, sa richesse est exceptionnelle en ce qui concerne le sodium (100 mg : à ne pas resaler !), avec 320 mg de potassium, 60 mg de phosphore, 43 mg de calcium, 12 mg de magnésium. Ses fibres sont très efficaces et mieux tolérées s'il est râpé fin ou assaisonné à l'avance.

Le céleri à côte ou à couper est plus souvent utilisé comme condiment, cuit dans soupes ou salades, et ses branches crues ; les feuilles sont plus concentrées en goût, parfum et principes actifs.

Les Salades : mâche, laitue, cresson, pissenlit, pourpier

La mâche, ou doucette

Petite salade très verte aux feuilles rondes, douce au goût et moelleuse, délicieuse avec un filet d'huile d'olive et des foies de volailles (poulet, canard…) pochés à la vapeur, ou de l'huile de noix avec du fromage bien fait (camembert de chèvre ou pérail de brebis, fermiers, au lait cru ; roquefort) ; elle est fragile : ne l'assaisonner qu'à l'instant de servir.

Peu calorique (20 cal/100 g), elle est riche en antioxydants, (vitamine C, E, provitamine A : 7 mg, fer), et en vitamine B9 (prévention des malformations fœtales, de la nervosité et de la fatigue), elle allège avec tact nos repas les plus raffinés. Son goût très fin, sa texture moelleuse, son aspect et sa couleur très décoratifs, en font l'alliée des repas de fête et des saveurs rares, foie gras, roquefort, fromages fins de chèvre ou de brebis... Elle est laxative, diurétique, respiratoire, antianémique, antiarthritique...

Servir arrosée de quelques jets de vinaigre de cidre ou de miel avec un filet d'huile de noix, ou bien de framboise avec un filet d'huile d'olive.

La laitue

Un des moins énergétiques des légumes frais : 1,3 g de glucides, 1,2 g de protides et moins de 0,5 g de lipides pour 100 g : 13 cal au total.

La laitue cependant apporte des lipides très intéressants sur le plan nutritionnel : des acides gras polyinsaturés surtout, dont l'acide linolénique (oméga 3, prévention des maladies cardio-vasculaires) à 70 mg/100 g.

Son apport en minéraux et oligo-éléments est très original : 720 mg/100 g, 234 mg de potassium, 37 mg de calcium, 24 mg de phosphore, 11 mg de magnésium, 0,3 de fer, 0,37 de zinc, manganèse, fluor, sélénium (0,002 mg)...

Sa vitamine C peut atteindre 22 mg/100 g si elle est fraîchement cueillie et bien verte (8 mg en général), elle est riche en vitamine B, avec en outre 0,3 à 0,4 mg de provitamine A et 0,5 à 0,6 mg de vitamine E.

Bien que réputée anaphrodisiaque (la plante des eunuques [11]) par les Grecs et les Latins, la laitue était très utilisée par les Romains pour « préparer l'estomac aux prouesses gastronomiques » par un matelas d'herbes douces. Peut-être était-ce aussi pour son effet de satiété rapide, préventif des excès alimentaires ? Les laitues sont devenues très diverses, douces ou amères, craquantes ou moelleuses, drues ou frisées... il y en a pour tous les goûts, mais il ne faut pas écarter les feuilles les plus vertes au profit des plus tendres : comme le poireau, la laitue ne présente pas les mêmes composants du pourtour au cœur. Les feuilles les plus vertes apportent carotène (vitamine A) et chlorophylle (donc fer et cuivre), et plus de vitamine B9 (acide folique).

11. Propriétés sédatives d'une variété trop amère pour la consommation, la *lactuca virosa,* qui contient des lactones, du manitol, des traces d'acides organiques (acide malique, oxalique), d'acides aminés (asparagine).

Le cresson

Signalons (c'est un crucifère, ce qui explique la force de son odeur et de son goût) que, par sa richesse en composés soufrés, le cresson est un des très bons aliments santé et prévention, à inviter souvent à nos repas, qu'il contribue à alléger…

Très peu énergétique : pauvre en lipides (0,3 g, insaturés et polyinsaturés), en protéines (1,5 g), en glucides (2 g), riche en eau (93 %), le cresson n'apporte que 17 calories aux 100 g. Il est en revanche très riche en vitamines : vitamine C 60 mg/100 g, avec de la Provitamine A (2,9 mg), toutes les vitamines B propres aux végétaux, 0,2 mg de vitamine B9, de la vitamine E (1,2 mg) et de la vitamine K (0,25 mg).

Ses minéraux sont fortement dosés : potassium 304 mg, calcium 160 mg, fer 3,1 mg, magnésium 20 mg, 0,4 mg de zinc. Ses fibres sont douces.

Voilà qui explique l'engouement des Grecs et Romains, non démenti du Moyen Âge à nos jours, pour cette plante, tant gastronomique que médicinale ; privilégions-en la consommation en salade, ou accompagnement cru de plats (légumes, poissons, viandes blanches), qu'il relève et complète.

Le pissenlit

Salade sauvage amère et tonique, aux propriétés diurétiques et biliaires.

Le pissenlit est très riche en provitamine A (8,4 mg), avec un bon apport en vitamine C (35 mg), en vitamines B (surtout B6 et B9), et en minéraux, *avec 165 mg de calcium*, 36 mg de magnésium, 3,1 mg de fer, beaucoup de fibres (3,1 %)…

Très apprécié dans les salades originales pour son caractère sauvage et très prononcé – feuilles très vertes et dentelées, amertume, grandes possibilités de contraste tant visuel (avec tomates ou poivrons, jambon, champignons ou crevettes) que gustatif (fruits, salaisons…) le pissenlit doit être consommé vert plutôt que « blanc » pour ses vitamines. Il est souvent recherché pour sa grande valeur diététique, diurétique, biliaire et dépurative.

Le pourpier

Salade méditerranéenne rafraîchissante et originale aux feuilles charnues et acidulées, un peu piquantes, le pourpier était souvent mélangé pour les relever aux salades du jardin, en particulier de tomates.

Il est surtout intéressant, au-delà de son faible apport calorique (18 cal/100 g), par son apport en minéraux (450 mg de potassium,

106 de magnésium, 79 de calcium, 26 de sodium, 2,7 de fer), avec 22 mg de vitamine C, et en phytohormones.

Les fines herbes

À ciseler fraîches, pour conserver leurs vitamines, et à utiliser crues et abondamment: ne laissez pas vieillir votre bouquet d'herbes fraîches, utilisez-le tout de suite ! Par exemple le persil, déjà très riche en calcium (200 mg/100 g), est en tête pour l'apport en *vitamine C (170 à 200 mg/100 g)* avant le poivron (130 mg) et le kiwi (80 à 100 mg), suivi de près par l'estragon et l'oseille (120 mg), puis le cerfeuil (60 mg) et la ciboulette (30 mg)…

Le persil (à feuilles plates)

Ombellifère. Un des « *must* » parmi les fruits et légumes pour sa teneur en vitamine C, en calcium, potassium et en fer.

Le persil serait originaire de Sardaigne (*petroselinon*), et commun autour de la Méditerranée.

Très riche en vitamine C : 170 mg/100 g, plus que le poivron, que le kiwi et tous agrumes ; il apporte autant de provitamine A (carotène) que la carotte (7 mg), et fait un des meilleurs scores en vitamines B, en particulier B2 (0,3 mg), B3 (1,3 mg), B9 (0,17 mg), et en vitamine E (1,2 mg).

C'est aussi un excellent pourvoyeur en minéraux et oligo-éléments, témoins : le **potassium (800 mg)**, 2 à 3 fois plus que les autres légumes frais, le **calcium (200 mg)** bien supérieur, le phosphore (70 mg), le magnésium (40 mg) ; pour le **fer** il est de très loin en tête (**5,5 mg**), avec un très bon apport en zinc (0,6 mg), en cuivre (0,13 mg), en manganèse (1,2 mg). Sans omettre ses fibres encore plus efficaces que celles des épinards.

Depuis les Romains qui l'utilisaient comme décoration et comme plante médicinale (il a en effet une action stimulante, dépurative, diurétique et antispasmodique digestive, et un rôle de protection cardio-vasculaire), cette plante qui aime pousser dans les pierres (d'où son nom latin) est devenue incontournable en cuisine autant pour ses couleurs vives que pour son parfum et son goût très présents. En infusion, il est utilisé pour éclaircir le teint ou contre les taches de rousseur. Le suc frais (feuilles froissées) s'emploie contre les piqûres d'abeille. Le persil est à consommer dans notre alimentation quotidienne de façon beaucoup plus importante que nous n'en avons l'habitude : il couvre une partie considérable de nos besoins journaliers en vitamines et minéraux (de 10 à 35 %), et un bouquet de persil devrait être consommé dans la journée (queues et feuilles) où il a été cueilli : en salades comme au Liban, sur tous nos légumes et nos viandes, en sauces… il faut avant tout éviter qu'il puisse perdre ses vitamines et ses minéraux en attendant d'être utilisé, en le trempant dans un verre d'eau ; préférer le persil à feuilles plates, plus intéressant en composants, plus parfumé et plus frais sur les étals (le frisé sèche sans paraître fané).

L'estragon,

Du latin *dracunculus* qui signifiait « petit dragon », (aspect feuilles et racines).

Plante de la famille des armoises riches en phytohormones, arrive en Europe au Moyen Âge, depuis l'Asie.

Riche en vitamines (vitamine C : 120 mg), très aromatique qui parfume agréablement salades, œufs, viandes et poissons,

Il est apprécié pour ses qualités digestives (essence ou en infusion).

Les feuilles peuvent être séchées, conservées dans le beurre, dans l'huile ou le vinaigre. Elles sont utilisées dans les salades (tomates), les sauces (à l'estragon, béarnaise, rémoulade, ravigote), dans certains plats de viande (blanquette) ou de poisson (fourré), avec les volailles et les viandes grillées…

Le basilic

Le basilic, ou pistou, est une plante aromatique typique des menus méditerranéens, sud de la France et Italie en particulier.

Riche en tanins, en méthylchavicol d'où son effet calmant sur le système nerveux, il est digestif.

Très parfumé et un peu piquant, il est un point fort des menus méditerranéens associé à l'ail et l'huile d'olive. On le retrouve associé à l'ail dans les soupes « au pistou », dans les mayonnaises (à l'huile d'olive), dans les pâtes (*al pesto*), dans les omelettes, auxquelles il apporte force et chaleur.

L'oseille

Connue des Égyptiens depuis les Pharaons, l'oseille chez nous (régions humides) a des feuilles rondes, d'un vert plus clair que l'épinard dont certains usages la rapprochent.

L'oseille est riche en antioxydants : vitamine C (125 mg), caroténoïdes (provitamine A 3,5 mg, lutéine et zéaxanthine), vitamine E (1 à 2 mg), elle apporte en outre du fer (3 mg), du magnésium (46 mg), du zinc (0,2 mg)... Sa richesse en acides organiques (acide oxalique – attention aux excès pour les systèmes rénal et digestif, qu'elle régularise à faible dose –, oxalate de potassium) la rend appréciable en potage, en condiment, pour accompagner poissons ou viandes blanches qu'elle relève d'une touche très tonique. Elle apporte en outre 150 à 200 mg/100 g d'acide linolénique, acide gras polyinsaturé, préventif des maladies cardio-vasculaires (10 % dose quotidienne). L'oseille doit être consommée fraîche, ses feuilles bien vertes et toniques, ou surgelée, cuite à la vapeur ou pochée dans la sauce. Elle se consomme aussi crue en salade. Son goût acide et citronné relève les poissons, sauces, crèmes, œufs, volailles et viandes blanches, on en fait de délicieux potages avec du lait ou de la crème non stérilisés (sans abuser !) ajoutés crus.

La ciboulette, alliacée

Du latin *cepula*, « petit oignon », originaire du Bassin méditerranéen la ciboulette est déjà utilisée il y a deux mille ans, par les Chinois et les Égyptiens. Très proche en saveur de l'ail et l'oignon, elle est plus discrète et raffinée, et relève couleur et saveur des mets les plus simples ou les plus recherchés.

La ciboulette s'utilise surtout fraîche, mais aussi surgelée (blanchie) ou séchée. Elle parfume avec délicatesse et efficacité les salades, les omelettes, les potages, mais aussi décore et relève viandes et sauces : mayonnaise à l'huile d'olive, sauces au yaourt ou fromage frais...

Ses caractéristiques nutritionnelles sont les mêmes que les autres alliacées (oignon), composés soufrés, voir plus haut, légumes d'hiver, avec un taux important de vitamine C.

La ciboulette a des propriétés apéritives et d'hypotenseur comme l'ail, mais n'est plus utilisée comme telle.

Le coriandre

Ombellifère à fleurs blanches ou rosées, originaire du Moyen-Orient, acclimatée par les Romains autour de la Méditerranée ; son aspect est proche du cerfeuil et du persil en plus fin et vert plus clair, avec une odeur très caractéristique.

Son nom provient des mots grecs *Koris* et *Andros*, « mari de la punaise » dû à l'odeur très caractéristique de cet insecte ; il servait d'insectifuge contre puces et poux au Moyen Âge. Ses graines sont utilisées en cuisine pour parfumer viandes et poissons, en particulier marinés, riz, omelettes, purée de pommes de terre, biscuits et pain d'épices, gibier, champignons à la grecque, pain, gâteaux ; dans du vinaigre pour viandes et charcuterie.

Plante médicinale, elle apporte du linalool et des terpènes (essences), du coriandol, du pinène ; en infusions, les graines sont stimulantes et digestives : estomac et intestin.

La menthe

Labiée très répandue en Europe (Angleterre, croisement de deux espèces déjà en 1696) et autour de la Méditerranée, comportant plusieurs espèces de force différente : poivrée, douce de nos jardins, « nana » chère aux Nord-Africains, et bien d'autres, toutes vivaces et à fleurs mauves. Son aspect est proche de l'ortie et de la mélisse.

Servait à parfumer les temples et les maisons, à les assainir des insectes (*dementha pulegium*).

Elle est utilisée fraîche en alimentation : *crue* dans salades et salades de fruit, décorant et rafraîchissant plats de viande (surtout blanche) ou poisson, avec les légumineuses (pois chiches en salade ou purée avec citron : Liban), et *cuite* dans de nombreux plats, mais sans excès (à l'anglaise, en sauce et en gelée pour l'agneau et le mouton) ; dans le thé vert à l'orientale, elle ajoute une note de fraîcheur digestive et tonique très bénéfique en fin de repas ; en boisson Caraïbe, avec du rhum, ou avec des jus de fruits tropicaux, avec des plats exotiques très épicés (Asie, Inde…).

La menthe calme les maux d'estomac, surtout associée à la camomille, verveine, ou tilleul. En tisane, la menthe douce est plus agréable et efficace, avec 40 à 60 % plus de *menthol* que la menthe poivrée, dont le parfum est très utilisé dans les dentifrices, bonbons, soins…

Excès : difficultés respiratoires, nervosité, insomnie (remplacer par cumin ou fenouil, ou ajouter au thé à la menthe de l'eau de fleur d'oranger).

Anti-moustique : frotter la peau avec des feuilles de menthe fraîches pour éloigner les insectes.

Les herbes de Provence :
thym, romarin, laurier, origan, sarriette, sauge…

Herbes médicinales ou herbes culinaires ?

Les deux assurément, car la nature n'a pas attendu les réglementations publiques pour gérer les risques d'infection dans la chaîne alimentaire. Les thym, sauge, lavande, romarin, et j'en passe, sont réellement efficaces contre les germes et l'on vient de constater que même les oiseaux utilisent les plantes médicinales (lavande, menthe, achillée…) pour protéger leurs oisillons en tapissant leurs nids… (expérience du CNRS de Montpellier avec les mésanges bleues de Muro en Corse, août 2002.

Utilisez-les pour parfumer vos petits plats, sauces et salades, mais aussi pour profiter de leurs bienfaits spécifiques : digestifs, lutte contre les infections respiratoires et les grosses fatigues, germicides (ils aident à la conservation de nos aliments), équilibre hormonal…

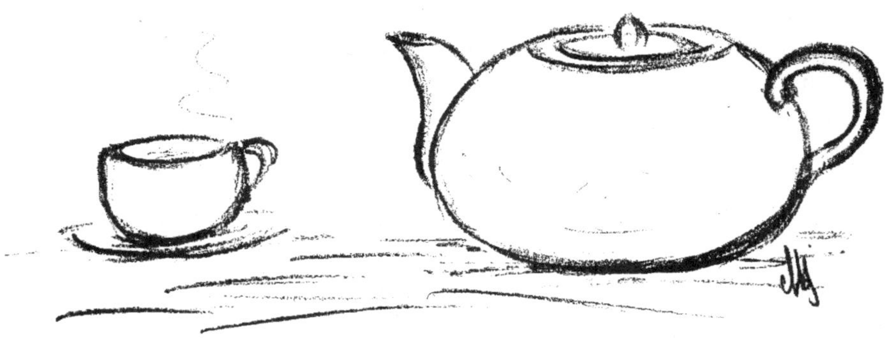

Le thym

Originaire du bassin méditerranéen, le nom du thym lui vient de son parfum : en grec *thumon*, en égyptien *tham*, « odeur ». La plante est très prisée chez les Grecs et les Égyptiens, l'essence de thym sert à célébrer Vénus (Rome), à embaumer les morts (Égypte) ; comme plante médicinale, elle est introduite par les moines en Europe dès le Moyen Âge.

Les thyms les plus parfumés sont ceux qui poussent en terrain sec dans les garrigues, en plein vent et soleil. C'est une plante vivace (labiée), petit buisson à petites feuilles et fleurs mauves très parfumées au printemps.

De la même espèce : thym serpolet (terrains très rocailleux, sauvage et rampant, un peu moins parfumé), thym-citronnelle, thym doré, sarriette, dont on peut faire la cueillette dans les garrigues : au printemps, ne prendre que les extrémités bien garnies de feuilles, laisser la plante en terre ; faire sécher à l'air libre.

En cuisine, parfume bouillons, potages, viandes (grillades ou cuisinées), plats de légumes ; s'accorde particulièrement avec toutes les alliacées, et les légumes méditerranéens, soutient de son parfum chaleureux celui de l'ail, et aide à la digestion et à la conservation des aliments.

Le thym est composé de 0,3 à 3,4 % d'éthers-sels, dont 70 % de thymol avec carvacol, cinéol, bornéol et pinène ; le serpolet, 0,15 à 1 %, surtout p-cymol, avec de la serpylline.

Plante médicinale confirmée : très germicide (d'où son usage chez les Égyptiens : pour embaumer), désinfectant et antibiotique naturel, tonique antifatigue (n'énerve pas, aide efficacement à assumer les lendemains de veille ou d'insomnie, mais à ne pas prendre trop tard avant de dormir…) et régulateur digestif, décongestionnant et expectorant (maladies pulmonaires, bronchite), le thym a un effet antiallergique (asthme), et calme les brûlures (huile).

La sauge

Du latin *salvia*, « qui sauve », la sauge était pour les Romains « l'Herbe sacrée » et ils lui attribuaient toutes les vertus. De même, les druides en Gaule la pensaient plante magique guérissant toutes les maladies.

De la famille des labiées, la sauge est une plante vivace, à tige carrée, longues feuilles gris-vert et fleurs violettes. La sauge est une plante de grand soleil (Méditerranée), de rocailles, supportant bien les balcons du Midi ; il existe de nombreuses variétés, certaines forment des plants considérables et d'autres sont plus petites et fournies. Elle se conserve très bien séchée à l'air libre, pour les infusions ou la cuisine.

Médicalement, la sauge est :

- digestive, antispasmodique, diurétique,
- riche en vitamines A et C : c'est un tonique très efficace, appréciable dans les périodes de grande fatigue, de dépression,

– antibactérien (plaies, infections de la bouche et de la gorge), antitranspirant,
– stimulant de la fonction hépatique et biliaire,
– régulateur hormonal (ménopause),
– c'est un excellent préventif contre la grippe.

La sauge est utilisée pour relever viandes et volailles, surtout en sauce, poissons et potages.

Son essence est beaucoup utilisée dans l'aromathérapie, et en parfumerie.

Le romarin

Labiée méditerranéenne, arbuste aromatique très décoratif à feuilles persistantes en aiguilles vert foncé et fleurs bleues ou mauves selon son espèce (le romarin corse est plus bas et hérissé), au parfum très vert, plante sacrée des civilisations méditerranéennes, (du latin *ros marinus*, signifiant « rosée marine »), symbole romain de fidélité, grec d'immortalité, du souvenir, de fécondité et de loyauté.

Plante médicinale toujours appréciée pour ses propriétés :
– anti-infectieuses (prévention de la peste !), et respiratoires,
– tonique antifatigue à éviter le soir,
– stimulant biliaire, digestif comme le thym,
– circulatoire, son huile essentielle est très utilisée dans les baumes et huiles de soin, bains, aromathérapie.

Le romarin est actuellement objet de la ***recherche anti-cancer*** : il stimule la production d'enzymes (glutathion-s-transférase et quinone-réductase) ; certains de ses composants bloqueraient la liaison des carcinogènes à l'ADN cellulaire : 05/12/2001 – Une équipe française de l'Institut national de la recherche agronomique (INRA) a montré que l'ail et le romarin prévenaient les phases précoces de cancer.

En réalisant des expériences sur des rats atteints d'un cancer du foie, les scientifiques ont montré que des extraits de romarin, qui possèdent des molécules de la famille des polyphénols, inhibent le processus de formation du cancer. Ces molécules stimulent les enzymes de l'organisme, qui neutralisent l'activité des substances cancérogènes, afin de les empêcher de s'attaquer à l'ADN des cellules.

Cet arbuste contient de la choline, des acides, des hétérosides. Son essence est composée de pinène, bornéol, cinéol et camphre. Le romarin peut être toxique à certaines doses et provoquer des hémorragies intestinales, attaquer le foie et les reins : pas d'excès ! En gastronomie le romarin donne une touche méditerranéenne et sauvage aux grillades de viandes, poissons ou légumes d'été, aux viandes en sauce, marinades, gibiers, mais son amertume oblige à en user sans excès. Le miel de romarin est cependant un des plus raffinés et délicats des miels du Languedoc réputés depuis l'Antiquité romaine, et de Provence.

L'origan, la marjolaine

La marjolaine est une plante originaire du Moyen-Orient ou d'Asie Mineure. Grecs et Romains faisaient des guirlandes de marjolaine pour les amoureux, coutumes que rappellent nos chansons traditionnelles.

Régions tempérées chaudes : Méditerranée.

La marjolaine est proche de l'origan, ils sont interchangeables en cuisine : sur le fromage frais de brebis avec de l'huile d'olive, dans les soupes, avec les légumes, les viandes, plats mijotés, marinades, farces, sauces, les charcuteries, la bière, thé, liqueurs. Ils soutiennent les parfums du basilic, de la ciboulette, du persil, du thym…

L'essence de *marjolaine* est utilisée en cosmétologie, phytothérapie ; en infusion, elle est un excellent antispasmodique (anxiété, migraine, insomnie, maux de dents).

L'origan, antibactérien puissant, antiviral, fongicide et parasiticide, est tonique et stimulant, antalgique : lutte contre les infections respiratoires, intestinales, urinaires et digestives, contre la fatigue, l'anémie.

Le laurier

Arbuste originaire d'Asie Mineure, implantée dès l'Antiquité autour de la Méditerranée (il couronne les héros grecs et romains), que l'on trouve dans les jardins (haies, massifs), dans le sud de la France. Il est souvent ornemental, taillé, en jardin ou en bacs. Son feuillage est persistant et dégage un parfum très chaleureux.

Il contient du cinéol et de l'acide laurique, des tanins.

Le laurier est utilisé dans les potages, en bouquet garni pour les sauces, courts-bouillons, marinades, paellas… il parfume agréablement viandes et poissons : son parfum s'harmonise à celui du thym et de l'ail pour rappeler celui des viandes dans les potages ou sauces.

C'est un fortifiant gastrique et apéritif, à utiliser sans excès en infusions (pertes de connaissance).

La sarriette

Pebre d'aï (Provence) ou herbe de saint Julien, c'est une labiée, petit buisson originaire des régions méditerranéennes plutôt montagneuses.

Très prisée des Romains (*satureia*) qui l'introduisirent en Europe, la sarriette était réputée pour être un excellent fortifiant et un puissant aphrodisiaque. C'est une plante digestive, antibactérienne et antifongique, stimulant intellectuel, antispasmodique, vermifuge, antiseptique et expectorant. Elle est aussi utilisée comme cicatrisant. Son rôle antibiotique a pu être comparé à celui du thym.

La sarriette est une plante annuelle à deux variétés : la sarriette commune (jusqu'à 45 cm, à feuilles longues et étroites vert foncé et petites fleurs mauve pâle) et la sarriette vivace (jusqu'à 30 cm).

La sarriette vivace peut être plantée sur nos balcons, mais les pots doivent être rentrés à l'intérieur pour l'hiver.

La sarriette commune parfume porc ou gibier (rôle antitoxique pour les viandes faisandées), les bouquets garnis. La sarriette vivace a exactement les mêmes utilisations mais a un parfum plus prononcé !

Les légumineuses

« Bonnes graines », pleines de promesses, capables de résoudre beaucoup de problèmes :

– Elles sont une source majeure de protéines végétales, dont on souligne de plus en plus l'intérêt nutritionnel ; dès qu'il faut alléger ou éviter la consommation de graisses ou protéines animales (maladies cardio-vasculaires, excès d'acide urique...), les légumineuses reviennent sous le projecteur : leur richesse en lignanes et isoflavones, phytohormones directement assimilées par notre organisme, et dont la teneur n'est pas trop affectée par les techniques de cuisson, permet en outre une régulation naturelle des problèmes hormonaux, en particulier dans la ménopause[12] (symptômes tels que les « bouffées de chaleur ») et pour prévenir les cancers hormonodépendants.

– Elles apportent à elles seules une palette très complète d'éléments nutritifs, et représentent un repas complet de type végétarien : leur richesse en protéines rend superflue leur association avec de la viande au cours du même repas. Elles apportent une quantité importante de minéraux, et appréciable de vitamines (B1 : 0,5 mg) : soulignons que le fait de les faire germer (deux ou trois jours, par trempage le premier jour, puis rinçage quotidien) permet de *multiplier* leur taux en vitamines : les consommer nature ou en salade, mélangées à d'autres légumes ou fruits ; bien mâcher.

– Leur richesse en glucides complexes et en fibres solubles aide à stabiliser les taux de glycémie dans le diabète (haricots secs).

– Leur apport en vitamines surtout du groupe B peut être multiplié par le processus de la germination, un à deux jours avant leur préparation pour cuisson à la vapeur douce, ou trois jours pour intégration dans des salades composées.

Légumes secs : consommation moyenne par personne et par an – par jour		
1925	7,3 kg/pers/an	20 g/jour
1985	1,4 kg/pers/an	4 g/jour
1991	0,8 kg/pers/an	2 g/jour

(Source INSEE)

Parmi les légumineuses, les plus connues sont, outre l'arachide :

– ***Les lentilles***, lentilles vertes, blondes, lentillons de Champagne,… (composition : riches en fer 7,7 mg (surtout les vertes), phosphore 410 mg, calcium 79 mg, zinc 5,5 mg, potassium, vitamines B9 et C, soutiennent l'effort physique et intellectuel, stimulent la lactation) ; la farine de lentilles, utilisée même dans des préparations pâtissières (tuiles du Puy, crêpes) est d'usage commode pour des potages rapides. Germées, elles sont très très bonnes dans les salades.

– ***Les haricots secs*** (calcium 120 à 150 mg, magnésium 400 mg env., fer 6,5 mg, zinc 5 mg), blancs, rouges, flageolets, ronds ou gros, sauteurs ou « mungos », qui font les bons cassoulets et les plats qui « tiennent » : faisant à eux seuls un repas complet surtout s'ils sont agré-

12. Voir chap. I, § phytohormones, p. 52.

mentés d'oignon, ail, thym, huile d'olive et précédés de crudités, *ils n'ont pas besoin de saucisse, lardons ou viandes qui les rendent indigestes et beaucoup trop riches :* (sauf climats particulièrement froids et conditions de travail très rudes), surtout le soir, si vous voulez bien dormir et éviter le surpoids... L'erreur de telles pratiques culinaires a pour conséquence la baisse très forte de leur consommation, pourtant indispensable à notre équilibre nutritionnel et hormonal.

– ***Les pois cassés*** (calcium 149 mg, phosphore 340 mg, magnésium 130 mg, fer 5,8 mg, zinc 3,5 mg), peuvent être préparés entiers ou en purée, en potage : pour accélérer la cuisson, on peut les faire tremper deux ou trois heures.

– ***Les pois chiches*** (calcium 150 mg, phosphore 375 mg, fer 7,5 mg, magnésium, zinc), délicieux en légume ou salade associés à l'oignon, dans les potages méditerranéens (chorba, soupe d'épeautre...), et très appréciable en houmous, purée froide assaisonnée de citron, de sésame, d'ail et d'huile d'olive (Liban).

Composition comparative des principales légumineuses pour 100 g

	Cal	Prot.	Gluc.	Calc.	Phosph.	Magn.	Fer	Zinc
Lentilles	302	24,7g	50 g	79 mg	531 mg	103 mg	7,7 mg	5,5 mg
Har. bl.	321	19,0g	58 g	120 mg	410 mg	140 mg	6,4 mg	5,5 mg
Flageol.	321	19,0g	58 g	137 mg	400 mg	150 mg	6,7 mg	5 mg
Ps. cassés	342	22,4 g	60 g	149 mg	340 mg	130 mg	5,8 mg	3,5 mg
Ps. ch.	357	18,0g	60 g	150 mg	375 mg		7,5 mg	
Soja	146			255 mg	580 mg	240 mg	8 mg	3 mg
Tofu	146	14,0g	2,8 g	300 mg	250 mg	87 mg	5 mg	
Tempeh.	146	13,5 g	5,6 g	142 mg	240 mg			

Le soja

Un immigré asiatique de la famille des glycines qui a le vent en poupe : le *soja.*

Le soja, ou soya, est riche en minéraux (phosphore 580 mg, magnésium 240 mg, calcium 255 mg, fer 8 mg, zinc 3 mg), et en phytohormones : son effet bénéfique contre les affections cardio-vasculaires a été démontré par une étude de l'Université du Kentucky à Lexington [13], et

13. *New England Journal of Medicine*, sept 1995, Dr James Anderson, University of Kentucky, Lexington : entre 31 et 47 g de protéines de soja par jour = baisse de la quantité de cholestérol total et de celle du « mauvais cholestérol », le LDL cholestérol.

préventif contre le cancer du sein par plusieurs études américaines dont la dernière en septembre 2002[14] ; il est d'autant plus riche en phytohormones qu'il est préparé en lait fermenté ou, plus encore, en « fromage » de soja, ou « tofu ».

– *Les germes de soja* sont en réalité des germes de haricot Mungo, qui est une autre légumineuse plus proche de nos haricots secs : son intérêt est double, phytohormones et vitamines par germination. Très agréable en salades (avec avocat, crevettes, alliacées, etc).

– *Le tofu* présente une consistance compacte qui permet de le cuisiner de différentes manières et selon le goût de chacun : en dés comme un fromage sur une salade de *germes* de soja (ou haricot Mungo), dans un sauté de légumes ou de fruits de mer, à la mode et aux sauces chinoise (sauce soja ou tamari, sauce aux huîtres, au poisson...) ou à la provençale, ou encore rustique avec des oignons et poireaux, des champignons et de l'ail... mais jamais seul, il serait trop fade. Peu énergétique (146 cal) et digeste, il remplace avantageusement la viande au cours d'un repas ; il apporte peu de lipides (8,7 g dont 6,5 insaturés), il est riche en minéraux et en vitamine B.

– Le *Tempeh* est constitué de fèves de soja cuites et fermentées (Rhizopus) très digeste, riche en protéines végétales et peu calorique (13,5 g, 146 cal), il est riche en minéraux (phosphore 240 mg/100 g, calcium 142 mg, fer 5 mg) et en vitamine du groupe B (niacine 2,52 mg/100 g).

– Associés à des céréales complètes, ces préparations au soja, comme les autres légumineuses, remplacent complètement (complémentarité en acides aminés) les protéines animales sans apporter de cholestérol...

2. Les Fruits de Saison

Consommez les fruits au moment de leur récolte pour deux raisons :

– plus ils seront frais, plus ils vous apporteront leur maximum de vitamines ;

– et parce que destinés à une consommation rapide, ils vous éviteront produits conservateurs et produits destinés à faire mûrir des fruits cueillis trop verts (fruits tropicaux, fruits de conservation...).

---

14. *Carcinogenesis*, septembre 2002, 23 (9) : 1491-6 : les plus grandes consommatrices de soja durant l'adolescence et la vie adulte (Chinoises : 26,8 g de soja/jour) ont un risque réduit de 47 %, et celles qui en consomment peu adultes mais régulièrement durant l'adolescence, ont un risque réduit de 23 %.

Fruits d'automne et d'hiver

La pomme, une santé proverbiale

Elle mérite de venir en tête, à l'âge des maladies cardio-vasculaires, des carences minérales et des erreurs alimentaires de toutes sortes qui détruisent système digestif et système immunitaire...

Hydratante (85 % d'eau), riche en fibres douces (transit), en potassium (145 mg, diurétique), calcium 4 mg, phosphore 9 mg, magnésium (4 mg, système nerveux), équilibrée en vitamines (vitamine C 5 mg, provitamine A 0,07 mg...) c'est le meilleur et le plus sympathique des coupe-faim : rassasiante (sa pectine freine l'appétit), peu calorique (54 cal), digeste, sans problème de conservation, économique, esthétique (on peut même jouer sur les couleurs, avec... 400 variétés), odorante (surtout quand elle est fraîche), facile... et surtout *craquant*e : laissez-vous faire, foi d'Ève, car elle ne laisse ni calories, ni caries, ni carences (elle n'empêche pas un repas équilibré), ni soif. Dans la journée, en voyage, elle fait une pause relaxante et tonique, et peut même aider à passer les périodes de stress et de fatigue ; pas de contre-indications.

Mangez-la avec la peau : et donc plutôt bio, ou tout au moins bien lavée : « pomme du matin éloigne le médecin », « *an apple a day keeps the doctor away* », ou comme nous le disaient nos grand-mères : « chaque jour une pomme conserve son homme », les maladies cardio-vasculaires ont toujours été plutôt masculines : or la pomme possède un fort effet antioxydant, dû à ses composants (phénols et flavonoïdes, plus encore dans la peau que dans la pulpe), efficaces contre le vieillissement de nos cellules, hypocholestérolémiants et ayant une action sur les cellules cancéreuses du côlon et du foie [15] ; « la pomme est l'ennemi du cholestérol, trois pommes par jour pendant deux mois font baisser significativement le taux de cholestérol, surtout des patients les plus atteints (2 à 20 %), sans modification notable des habitudes alimentaires [16]. »

Par ailleurs, riche en fructose, elle stabilise la glycémie.

La pomme est très facile à utiliser en cuisine et peut être de toutes les parties, apportant une note fraîche à vos menus : entrée en salade avec champignons, céleri, thon, fruits de mer ; légume pour accompagner et alléger les viandes blanches, la charcuterie (qu'il faut rare) et les gibiers ; mélangée à votre salade ou seule, pour accompagner, alléger et sublimer les fromages… et éviter le pain, (tommes de brebis, comté, chèvre…), et enfin de tous les desserts, des plus simples aux plus élaborés et épicés, crue ou cuite. Surtout n'en privez pas ceux que vous aimez : laissez toujours un plat de pommes au moins, à portée de leurs dents…

La poire

La poire aux nombreuses espèces, très améliorée depuis le Moyen Âge, est un fruit qui dure sur les trois quarts de l'année, été surtout et jusqu'à fin mars sur les marchés ; elle est moins prisée que la pomme car elle supporte moins les manipulations et transports, et trop juteuse pour être croquée sur le pouce. Mais délicieuse dans l'assiette…

Elle est assez peu calorique (50 cal, dues surtout à ses sucres) et très désaltérante (84 % d'eau). Avec une composition équilibrée en vitamines B, C (5 mg), provitamine A (0,06 mg), vitamine E, en minéraux (d'abord en potassium : 125 mg, phosphore 13 mg, calcium 10 mg, magnésium 7 mg, sodium 2 mg), et oligo-éléments (fer 0,2 mg, cuivre 0,07, zinc 0,12 mg), elle doit être consommée rapidement et à point pour développer tous ses arômes. Fondante et sucrée, elle est très digeste (fibres bien tolérées) et fait les meilleurs des desserts crus (les plus fondantes dès le plus jeune âge, un peu de jus de citron les enrichit et prévient l'oxydation) ; elle sait apporter des notes inattendues à vos salades, surtout si vous les mariez avec un fromage (bleus, tommes, roquefort…) ou à des préparations très raffinées (viandes blanches, gibiers…). Consommez-la rapidement car elle mûrit très vite et n'aime pas attendre.

Comme la pomme, la poire aime le fromage, de même que le raisin ou la figue, c'est le relais gourmand des régimes sans pain.

---

15. New York, USA, in *Nature*.

16. Études CNRS de Toulouse puis Laboratoire de Biochimie du CHU d'Angers : baisse de 5 % pour un taux supérieur à 2,80 g/litre, c'est-à-dire diminution des risques de 10 %.

Les agrumes

Fruits à goût acide : oranges, clémentines, mandarines, citrons, pamplemousses, chinois ou cumquat, bergamotte.

Les agrumes sont riches en vitamine C, c'est bien connu, que leur acidité stabilise. Ils sont très riches en eau, et donc juteux, désaltérants et hydratants. Ils sont éclatants de couleur et réjouissent notre regard, nous restituant en plein hiver les rayons du soleil et sa vitalité,... et selon les variétés ils nous apportent :

– du carotène (vitamine A : vision, croissance, peau, antioxydant), dans les douces clémentines : 0,3, dans l'orange : 0,1 ;

– du potassium (50 % de la banane et du kiwi) ;

– des vitamines B ;

– du calcium surtout dans l'orange (40 mg), le citron (25 mg), la clémentine (26 mg), dont la vitamine C et les acides sont des facteurs d'assimilation ;

– du resveratrol (lignan, à action phyto-estrogénique) dans le pamplemousse et dans sa peau... Peu caloriques et légers, les agrumes sont à consommer souvent au long de nos hivers et de nos vies actives pour soutenir notre organisme contre le froid et les germes de saison, mais aussi la fatigue et le stress, et remédier par leur eau au dessèchement dû à nos modes de chauffage ; leurs fibres douces sont très bien tolérées : un à deux par jour, mais surtout frais, en particulier si vous les préférez sous forme de jus ; un jus d'orange ou de pamplemousse doit être frais pressé, pour apporter son maximum de vitamines, de manière assimilable : dans un jus de fruit longue conservation, les vitamines sont inexistantes ou artificielles et non efficaces (cf. chapitre I).

Le pamplemousse

... ou pomélo, est conseillé dans les régimes minceur : peu calorique (42 cal/100 g, 60 cal pour une moitié), il apporte des fibres et acides organiques qui facilitent le transit intestinal, et de la vitamine C (37 mg) qui aide à affronter les fatigues liées au régime (60 % des besoins quotidiens) et les infections qui en résultent ; de la vitamine P qui la potentialise et combat la fragilité capillaire.

Il est riche en phyto-estrogènes (resveratrol) qui aident à l'équilibre hormonal de la ménopause.

Le pamplemousse est particulièrement apprécié en gastronomie, sa chair dépouillée des peaux qui entourent les tranches, s'harmonise très bien avec crevettes, crabes, champignons de Paris, avocat, et allège entrées et salades de toutes sortes.

L'orange

Elle est peu énergétique, mais tonique et bien équilibrée : 45 cal/100 g, (de 8 à 12 g de glucides, très peu de lipides) riche en substances aromatiques et pigments antioxydants (caroténoïdes, flavonoïdes, anthocyanes) ; l'orange apporte beaucoup de vitamine C, env. 53 mg/100 g (apport quotidien recommandé), des vitamines B (B1 et B9 surtout), provitamine A 0,12 mg, un bon capital en minéraux : 40 mg de calcium associé à 16 mg de phosphore qui le rendent très assimilable, potassium 180 mg, magnésium 10 mg… L'orange est le fruit à consommer chaque jour de nos hivers, au goût de chacun : petit déjeuner, entière ou en jus (frais, à consommer sans attendre), en intermède entre deux repas pour un coup de tonus ou se désaltérer, en entrée-salade ou dessert,… sans oublier le grand duo classique gastronomique avec le canard, et ses variantes.

Le citron

Avec ses 52 mg de vitamine C associée à ses flavonoïdes, le citron (frais pressé) est très actif sur l'organisme et protège les vaisseaux sanguins ; moins sucré que les autres agrumes (2,5 g/100 g), il est aussi plus riche en acides organiques (pour les estomacs sensibles, sachez qu'il n'est pas acidifiant comme le vinaigre, grâce à ses autres composants), en calcium, peu protéique et pratiquement sans lipides pour ce qui est du jus ; son apport calorique est très faible. Le citron dont l'acidité est propre à relever salades, viandes, fruits, et toutes sortes de mets, est d'un grand intérêt gastronomique et santé, car il permet d'ajouter ainsi à tous les moments de nos repas vitamines fraîches et minéraux, flavonoïdes, calcium : 25 mg, potassium : 153 mg, phosphore : 18 mg, avec tout son goût et ses qualités sans les alourdir de calories : 29 cal/100 g.

Le kiwi

D'abord importé, ce petit fruit poilu aux allures exotiques, que nos anciens regardent encore d'un mauvais œil, a fait son trou chez nous, dans le Midi : et il y pousse même très bien, en hiver il a déjà atteint le statut de fruit de saison ; on peut l'acheter en vrac, sur le bord des routes, comme les pêches l'été en Roussillon.

Le kiwi de pays est bien meilleur en hiver que « l'autre », il n'a ni voyagé, ni (en début de saison) dormi longuement dans des réfrigérateurs pour en ressortir la chair pâle et sans goût, sans fermeté souvent : c'est dommage pour ce fruit d'origine chinoise, le plus riche en densité nutritionnelle [17], qui sous ses airs bourrus d'écolo – sa peau repousse

17. Cet indice prend en compte la concentration en neuf éléments nutritifs indispensables (vitamines, minéraux, protéines…) Lachance P.A., Sloan A.E. « les

les insectes et les prédateurs : pas besoin de traitement – cache tant de douceur et de richesses : potassium (300 mg/100 g), magnésium (24 mg) et calcium (38 mg), aux fibres bien tolérées, peu calorique (47cal/100 g) et particulièrement riche en vitamine C (80 à 100 mg/100 g), avec des vitamines B (B2 et PP) et de la provitamine A (carotène) ; la « groseille de Chine » du Midi en regorge, choisissez-la bien ferme, quel que soit son calibre, et consommez-la surtout de décembre à février-mars, c'est là qu'elle est la plus fraîche... et qu'on a le plus besoin de ses services. Le kiwi importé n'arrive qu'à partir de juin (saisons inversées), à consommer jusqu'en août-septembre. La gastronomie décorative l'utilise déjà depuis longtemps, et il commence à percer dans les salades pour y mettre une pointe de gaieté et de tonus en vitamines, en couleur et... en forme !

Les fruits de printemps et d'été

L'abricot

Venu d'Orient dans la Haute Antiquité, l'abricotier se répand en France au XVIIIe siècle seulement, et s'installe dans les régions ensoleillées où il produit selon les variétés, de la mi-juin à la fin août. Fruit d'été, avec 85 % d'eau et un bon équilibre sucres/acides organiques, il est très rafraîchissant. Relativement calorique (47 cal/100 g) il apporte 10 g/100 g de glucides, 0,8 g de protides et 0,1 g de lipides.

Ses vitamines sont intéressantes surtout par la provitamine A (1,5 et jusqu'à 7 mg selon espèces et coloration), avec peu de vitamine C (7 mg) et des vitamines B et E (0,7 mg).

---

fruits en médecine préventive et dans le traitement des maladies : classement nutritionnel et recommandations destinées aux malades » 38e réunion annuelle de l'American College of Nutrition, New York, 27/09/1997.

Le *potassium* est le plus présent de ses minéraux (315 mg), avec du phosphore (220 mg), du calcium (116 mg), du fer (0,4 mg), du zinc (0,2)... Provençal ou Roussillon, sa robe orangée se pare parfois de rouge, sans préjuger de sa maturité ; l'abricot doit être cueilli mûr pour donner toute sa saveur et son moelleux, sa digestibilité. Il faut profiter de sa fraîcheur pour mieux bénéficier de ses richesses en vitamines et minéraux, comme tous les autres fruits et légumes d'été : crus, juste cueillis, le moins traités possible, et bien lavés.

Le cassis

Cette baie noire vient de régions plutôt froides (nord européen, montagne) ; probablement toujours consommé comme fruit rustique, il n'apparaît comme fruit qu'à la Renaissance, et ses qualités médicinales ne sont développées et cultivées qu'à partir du XVIIIe siècle.

Riche en eau (80 %), avec peu de protides (1,2 g) et de lipides (0,2 g/100 g) comme tous les fruits, le cassis, moyennement calorique (50 cal), est assez peu sucré (9 g, dont 40 % de fructose et 30 % de glucose) et très riche en acides, citrique surtout.

Très riche en fibres (7 à 8 g/100 g, dont 2/3 d'insolubles, cellulose, et 1/3 de solubles, pectines), qui à elles deux régularisent le transit intestinal.

Sa teneur en minéraux est très abondante (600 mg), avec 370 mg de potassium, 60 mg de calcium, 17 mg de magnésium, 1,3 mg de fer, et des traces de nombreux oligo-éléments.

La vitamine C est son atout majeur : **200 mg/100 g**, potentialisée par ses tanins, polyphénols dits vitamine P, qui ont un rôle protecteur des petits vaisseaux sanguins et fluidifient le sang en empêchant l'agrégation plaquettaire. Toute cette vitamine C favorise l'assimilation du fer présent en bonne quantité.

Sa vitamine E atteint 1 mg, les vitamines B sont toutes présentes sauf B12, surtout B8 et acide folique (B9). Ces composants antioxydants ont un rôle préventif des cancers, maladies cardio-vasculaires, et maladies de dégénérescence.

Le cassis est très riche en pigments (au point de paraître noir) qui sont des caroténoïdes (jaune, rouge : ß-carotène, lutéine et zéaxanthine) ; anthocyanes (rouge vif et violet), oxoflavonoïdes (jaune, blanc).

Traditionnellement, les feuilles et fruits de cassis ont toujours été utilisés ; feuilles en infusions contre les troubles de la circulation, rhumatismes, états inflammatoires ; fruits (jus, extraits) pour prévenir les accidents cardio-vasculaires, améliorer l'acuité visuelle ; la gelée ou confiture de cassis est facile à réussir grâce à sa richesse en pectine.

La cerise

Les premières cerises : c'est déjà l'été ; ce fruit précoce et savoureux illumine les étals des marchés, les variétés de plus en plus colorées, parfumées et sucrées se succèdent dans le temps ; heureusement, ce temps des cerises reste assez court pour nous éviter de trop nous charger de leurs calories qui sont redoutables. Car leur effet diurétique n'empêche pas les effets en poids d'une trop forte consommation de sucre.

Ce sont leur goût très sucré et leurs arômes qui caractérisent les cerises avant tout. Pauvres en lipides et en protides, toutes leurs calories (68 cal !) proviennent des 15 % de glucides que contient le fruit, avec 81 % d'eau, et seulement 1,7 % de fibres.

La cerise apporte plus ou moins 15 mg de vitamine C selon les espèces, jusqu'à 0,4 mg de provitamine A en fonction de sa couleur, des vitamines B et E.

Ses minéraux vont du potassium qui est son point fort (250 mg, diurétique), au fer (0,4 mg) et au cuivre (0,1 mg) en passant par le calcium (17 mg), avec des oligo-éléments en bonne part.

Si l'on en abuse ou les avale trop vite, les variétés les plus charnues peuvent être indigestes : ce sont aussi celles qui se prêtent le mieux à la cuisson, mais il faut leur laisser leurs noyaux pour plus de saveur (clafoutis, sirops, compotes, confitures...).

La figue

Avec l'olivier, le figuier est un symbole de la Méditerranée ; et la figue est présente très tôt dans les cultures de ses régions (Égypte, Israël, Perse...) comme dans leur culture religieuse ou littéraire (vertus curatives du pain de figues dans la Bible).

Fruit moyennement énergétique, la figue fraîche est bonne à consommer dans tous les stades de la cuisine d'été ; 57 cal, peu de protides et lipides, et très facile à conserver si on la fait sécher : ce qui n'amoindrit pas ses qualités, car elle est riche en vitamine B et peu en vitamine C (5 mg), très riche en minéraux, en particulier potassium (232 mg), calcium (60 mg), magnésium (18 mg) ; elle est d'autant meilleure qu'elle a mûri au soleil et surtout fraîchement cueillie, les amateurs les préfèrent un peu fripées, avec la « goutte de miel » à l'extrémité du fruit.

En termes de santé la figue est un bon fruit de prévention par ses apports en minéraux et antioxydants ; ses anthocyanes (pigments) protègent contre la fragilité capillaire (vaisseaux sanguins) ; elle facilite le transit intestinal. Dans l'Antiquité elle était utilisée en cataplasmes sur les plaies et ulcères, et sa sève (prélevée au bout de sa queue) servait à faire cailler le lait.

La fraise

Elle n'est sortie des bois qu'au Moyen Âge, bien que déjà connue des Romains, pour descendre de nos montagnes, évoluer dans nos potagers et embaumer nos desserts.

La fraise est juteuse (90 % d'eau), assez peu sucrée, peu calorique si l'on oublie la crème (35 cal). Elle puise sa saveur acidulée dans ses acides organiques aussi conséquents que ceux de l'orange (1,1 g/100 g, surtout citrique).

Elle est riche en vitamine C (40 à 90 mg selon espèces et culture : 150 g couvrent largement l'apport quotidien conseillé, 80 mg), équilibrée en vitamine B et provitamine A, avec un bon éventail de minéraux, surtout potassium (150 mg), 20 mg de calcium et 12 mg de magnésium, et 0,4 mg de fer que 0,05 mg de cuivre et 0,16 mg de zinc rendent plus assimilable.

Les fraises sont devenues beaucoup plus accessibles grâce aux moyens modernes de culture et à la sélection des espèces, il faut reconnaître que les meilleures ne sont pas forcément les plus belles : mangez-les plutôt en saison (printemps, automne), pas trop grosses, et provenant de cultures le plus naturelles possible. Lavez-les soigneusement sous l'eau courante sans ôter les queues, ne laissez pas tremper, elles y perdraient leur goût.

Et si vous voulez les savourer pleinement, servez-les plutôt à jeun, en apéritif par exemple, avec un verre de très bon vin rouge…

Le melon

Symbole de l'été qu'il rafraîchit si agréablement, le melon aux formes et aux couleurs de soleil est tout à fait au point pour nous aider à surmonter les grosses chaleurs.

En effet on peut le consommer sans restrictions :

– il est peu calorique (48 cal) avec son taux de sucres de 10 à 12 %, très riche en eau (90 %) donc désaltérant, et contient très peu de lipides,

– il est riche en minéraux et surtout en potassium (diurétique : *300 mg/100 g* pour 18 mg de sodium seulement), et en oligo-éléments (0,1 de zinc),

– il apporte une bonne dose de vitamine C (25 mg), de vitamine B et de la provitamine A (2 mg),

– ses fibres sont douces.

D'abord consommé comme un légume et peu sucré dans l'Antiquité, si le melon venu d'Asie est devenu fruit en s'adoucissant, il retrouve ses origines en entrée, soit que, peu sucré, il soit servi saupoudré de sel pour le relever, soit qu'on l'apprête en salade accompagnant mâche, pissenlit ou feuilles d'épinards, avec du saumon fumé ou du jambon de montagne…

La pêche

Venue de Chine, en passant par les Romains, la pêche n'apparaît en France qu'à partir du XVe siècle, et s'acclimate parfaitement surtout dans le sud.

La pêche apporte beaucoup d'eau – 87 % – et peu de glucides – 9 % –, elle est rafraîchissante et peu calorique : 40 cal/100 g ; en fin de maturité, elle garde une acidité qui rehausse son goût et ses parfums.

La pêche (jaune surtout) est riche en vitamine A – jusqu'à 1 mg –, avec de 7 à 15 mg de vitamine C selon les variétés, et un bon apport en vitamines B : B3 1 mg, B5 0,16 mg, enfin vitamine E 0,5 mg/100 g.

Modérée en minéraux elle apporte cependant 200 mg de potassium, du magnésium, du phosphore, du fer, et un bon taux d'oligo-éléments : cuivre, zinc 0,15 mg, iode, sélénium.

Il faut la consommer mûre pour avoir une chair tendre (fibres douces bien tolérées), suffisamment sucrée et parfumée, très digeste. C'est le fruit le plus apprécié de tout l'été, et ses variétés les plus fermes font de délicieux fruits cuits, y compris en gastronomie pour accompagner des viandes blanches en des saveurs particulièrement raffinées. Mais, cuisez-les à la vapeur et consommez-les avec leur peau.

La prune

Elle mûrit en plein été, d'août à septembre, et nous offre une large palette de fruits dorés, vert vif ou profond et aussi doux que le miel, violets et presque noirs… Certaines acides et d'autres douces, les prunes se prêtent très bien à la cuisson et aux conserves et confitures, mais en saison il faut les manger crues pour préserver leur apport en vitamines et minéraux.

Désaltérante (eau 84 %), riche en minéraux et oligo-éléments (en premier lieu potassium 250 mg, calcium 13 mg, magnésium 8 mg, fer 0,4 à 2 mg (variétés violettes), cuivre 0,1 mg, zinc 0,11 à 0,2 mg), bien pourvue en vitamines du groupe B, en provitamine A, la prune possède peu de vitamine C, (5 mg) ; il ne faut pas hésiter à la consommer en dessert ou coupe-faim en même temps que pour ses bienfaits, car elle est peu énergétique (52 cal/100 g) et diurétique (potassium).

Ses fibres la rendent très laxative, appuyées par le sorbitol qu'elle contient et qui favorise les contractions de la vésicule biliaire : ne pas abuser.

Le pruneau

Prune séchée disponible toute l'année, voici un très bon apport nutritionnel (prévention) et énergétique (sportifs, croissance, convalescence, troisième âge), bien toléré, et « fonctionnel », à consommer au quotidien.

Riche de 216 composés chimiques isolés, vitamines, minéraux, enzymes, polyphénols..., le pruneau possède des propriétés anti-oxydantes naturelles importantes (prévention de maladies liées au stress oxydant : cancer, cataracte, Alzheimer, diabète, rhumatismes, maladies cardio-vasculaires). Potassium, fer, bore, vitamine E, provitamine A, mais aussi richesse en fructose (épargne de l'insulinosécrétion), et en sorbitol (effet laxatif), en fibres[18].

En gastronomie le pruneau a ses lettres de noblesse, associé aux viandes blanches ou gibiers, enrobé de lard fumé, en dessert ou en petit déjeuner trempé avec zeste de citron, dans le sac des sportifs... on peut aussi l'associer, passé à la vapeur, aux céréales complètes et aux alliacés... Usez-en avec modération, mais souvent.

Le raisin

La vigne, enfant du sud et du soleil, a toujours poussé sur les coteaux du Languedoc... et un peu partout dans le monde. Plus elle est ensoleillée, plus le raisin est sucré (de 15 à 25 g de sucre/100 g), et susceptible de donner du degré au vin. En saison sur nos marchés : d'août à novembre.

Par sa richesse en glucides (15 à 18 g et plus/100 g), le raisin est très calorique : 72 cal/100 g, mais il reste désaltérant grâce à ses 81 % d'eau et ses acides organiques.

Le raisin possède un large éventail de vitamines, 4 à 10 mg de vitamine C rendue plus efficace par d'autres substances, des vitamines B, de la provitamine A, de la vitamine E (0,7 mg), mais est plus intéressant par ses minéraux : potassium (diurétique en présence de peu de sodium) 250 mg, phosphore 22 mg, calcium 19 mg, magnésium, soufre, fer 0,3 mg, cuivre 0,1 mg, zinc 0,1 mg,...

Le raisin est riche en polyphénols et en pigments (vitamine P dans la peau, raisin noir surtout) qui potentialisent la vitamine C, et renforcent les vaisseaux sanguins.

Le raisin est souvent utilisé en « cure » avant l'arrivée de la saison froide, c'est un bon moyen de faire le plein de vitamines et de se remi-

18. 5e Congrès mondial du pruneau, « pruneau et santé » : mai 2000. « L'effet (relatif) d'inhibiton de l'insulinosécrétion, lié à l'apport original de fructose », fait envisager une inhibition, elle aussi relative, du stockage des sucres sous forme de lipides : Dr Albert Iron, CHU de Bordeaux.

L'apport d'antioxydants hors des limites des apports recommandés n'est pas sans danger, sauf dans le cadre d'aliments naturels – apport simultané de plusieurs composés : Pr Jeanine Louis-Sylvestre, Bobigny...

néraliser ainsi que de nettoyer l'organisme ; attention aux intestins sensibles, c'est-à-dire le plus souvent ceux déshabitués des crudités, tout en soulignant que l'accélération du transit intestinal sous régime de fruits crus n'est pas anormale du fait de l'apport important de fibres, d'eau et d'acides organiques.

Les fruits tropicaux

L'ananas

Fruit tropical symbolique, importé par les Portugais et découvert par Christophe Colomb, longtemps cultivé en serre et maintenant importé (Côte d'Ivoire, Cameroun, Martinique), il éclaire nos tables de fête, parfois même utilisé en décoration, et enrichit nos menus d'hiver de son large éventail de vitamines et minéraux.

Bien fourni en vitamine C (18 mg/100 g) et possédant toutes les vitamines du groupe B présentes dans les végétaux (B1, B2, B3, B5, B6, B9), plus de la provitamine A (0,06 mg) et de la vitamine E (0,1 mg), l'ananas est faiblement calorique (52 cal, dus à environ 12/100 g de glucides). Son apport en minéraux, surtout potassium (146 mg), avec 11 mg de phosphore et 0,3 mg de fer, est plus large, varié et équilibré qu'important. Peu calorique (52 cal), pauvre en sodium, il fait partie des régimes minceur.

Outre ses acides organiques (surtout citrique) qui lui donnent son goût acidulé, il apporte des fibres efficaces et douces (attention, éviter cependant l'axe central du fruit, particulièrement irritant), et une enzyme qui coagule le lait, et aide à la digestion des protéines : la *broméline*, ce qui rend l'ananas précieux en fin de (trop) bon repas.

Bien entendu, il faut consommer l'ananas frais, car la chaleur de la cuisson ou de la pasteurisation (conserves et jus d'ananas) détruit les vitamines en majeure partie et inhibe la broméline. Cependant de nombreuses recettes exotiques l'utilisent en légume, lorsqu'il n'est pas mûr : en ce cas la cuisson vapeur est préférable pour en préserver les qualités nutritives.

L'avocat

Origine : Mexique *L'ahua qualt* offert par les Aztèques à Cortez fait son apparition à la cour d'Espagne au XVIIe siècle, actuellement il nous arrive régulièrement d'Israël, d'Espagne, d'Afrique du Sud, du Mexique.

Le grand intérêt de l'avocat, c'est qu'il ne se mange que cru, et que cela préserve la qualité de ses acides gras : en particulier ses *acides gras insaturés* (env. 80 % de ses 14 g/100 g de lipides), 59 % d'acide oléique, mono-insaturé (cf. huile d'olive), et 13 % de linoléique et linolénique, polyinsaturés.

Sa richesse calorique varie, environ 150 cal en moyenne, en fonction des espèces et de leur taux de graisses : il est peu riche en glucides. Ses protéines (1,8 g/100 g) comportent *tous* les acides aminés indispensables, et dans de bonnes proportions.

L'avocat est également d'un excellent apport en minéraux, d'autant mieux assimilés, encore une fois, qu'ils sont mangés crus : 25 %, avec en particulier 550 mg de potassium (pour 7 mg de sodium) et 33 mg de magnésium, 44 mg de phosphore, 16 mg de calcium, 19 mg de soufre, 1 mg de fer, 0,224 mg de cuivre, 0,62 mg de zinc, du manganèse…

Ses vitamines sont très diversifiées, en particulier *toute*s celles du groupe B en quantité très supérieure (x 10) à la moyenne des fruits ; 0,185 mg de provitamine A, 11 mg de vitamine C, 1,85 mg de vitamine E antioxydante (acides gras).

L'avocat est un très bon reminéralisant, qui n'a pas besoin d'ajouts en graisses dans l'assaisonnement, ce qui l'allège d'autant en calories : pour y accoutumer les enfants, l'utiliser dans les salades qu'il rend plus onctueuses surtout s'il est bien mûr, et l'associer à un jus de citron en limitant les corps gras qu'il remplace.

La banane

Fruit originaire d'Extrême-Orient, introduit en Amérique par les Espagnols et Portugais, s'est diversifié en Afrique avec la banane plantain utilisée cuite en légume ; fruit tropical importé (sauf Sud Espagne et Canaries), il est disponible en toutes saisons.

Fruit énergétique bien que très pauvre en graisses (0,3 g), avec quelques protides (1,2 g), mais très riche en glucides (+ de 20 %) la banane apporte 90 cal/100 g ; ses fibres douces, 2 g, régularisent le transit. Elle est très digeste et rassasie vite, ce qui est intéressant pour régulariser l'appétit. 1 banane = 30 à 40 g de pain [19].

Riche en pectine, régulateur du transit intestinal, la banane est très alcaline, neutralise l'acidité gastrique et protège la muqueuse de l'estomac, dont elle stimule la régénération cellulaire.

Elle fournit vitamines et minéraux en abondance : environ 13 g de vitamine C, toutes les vitamines B et surtout B6 (0,5 mg), de la vitamine E (0,6 mg) ; du magnésium (30 mg) et du potassium surtout (385 mg) en quantité, du phosphore (30 mg), du fer (0,4 mg), cuivre, zinc, sélénium...

La banane plantain, utilisée comme légume car ses fibres sont indigeste crues, est plus riche que la banane fruit en : vitamine C (20 g), provitamine A, phosphore (35 mg), magnésium (35 mg), fer 0,5 mg), avec 350 mg de magnésium... et en calories : 118 cal/100 g. Plus digeste que la pomme de terre, plus riche en vitamines et minéraux, elle peut être une bonne alternative... à condition d'être plus répandue sur le marché et donc moins chère.

La banane est un aliment stratégique et complet :

– pour les enfants, un des premiers fruits à donner aux bébés (écrasée avec quelques gouttes de citron), aux écoliers pour compléter ou remplacer leurs petits déjeuners trop rapides,

– pour les sportifs, apport de glucides + minéraux du travail musculaire (potassium, magnésium) + vitamines B et C,

– pour la croissance et l'allaitement (coups de fatigue),

– pour les régimes hypocaloriques (elle rassasie très efficacement, sans surcharge et en apportant des qualités nutritionnelles très appréciables), pour éviter le pain du petit déjeuner, en coupe-faim... Dans le cas d'un repas de remplacement, il faudrait ajouter quelques graines oléagineuses (amandes, noisettes, noix...) pour un apport en protéines et acides gras plus complet,

– pour les estomacs sensibles, dont elle neutralise l'acidité très efficacement.

La mangue

Elle vient des forêts de l'Inde qui en a fait un symbole, est répandue dans les pays tropicaux et subtropicaux, et de plus en plus sur nos marchés : la difficulté étant de savoir la choisir. Non pas en fonction de la couleur, mais du parfum et de la souplesse (non mollesse) de la pulpe sous une peau bien saine.

---

19. Université du Texas, Thealth Science Center : rôle de la pectine dans l'inhibition des tumeurs colorectales (Pr Cameron).

Moyennement calorique (60 cal/100 g), bien sucrée (14 g de glucides), très parfumée, la mangue apporte en fonction de sa maturité et de sa couleur, beaucoup de *Provitamine* A (plus ou moins 10 mg, 13 mg pour les plus mûres et orangées), de la vitamine C (44 mg env. jusqu'à 100 mg pour les moins mûres), de la vitamine E (1,8 mg) et un bon taux de minéraux (potassium 150 mg, phosphore 22 mg, calcium 20 mg) dont surtout 1,2 mg de fer.

La mangue est assez fibreuse tant qu'elle n'est pas mûre, certaines variétés sont consommées ainsi (Asie) en salades, au piment, cuisinées en « pickles » ou chutneys. Mûre, elle devient fondante, délicieuse et très digeste. Trop mûre elle est franchement mauvaise. Elle est délicieuse en salades, coulis, et peut se trouver en morceaux surgelés faciles à utiliser et mûrs à point. Attention à sa sève, allergisante.

La papaye

La papaye est originaire du Mexique et s'est très vite répandue à travers le monde tropical ; consommée comme un melon lorsqu'elle est mûre, verte elle se mange râpée en salades ou cuite en légume.

Peu calorique (33 cal/100 g), avec 7,6 g de glucides et très peu de protides et de lipides (0,5 et 0,1 g), la papaye est intéressante pour sa *vitamine C* : 64 mg, et pour sa provitamine A (de 0,95 à 1,8 mg selon sa coloration, de jaune à orangée), et bien dotée en vitamines B. Ses minéraux sont équilibrés, elle apporte surtout du potassium, 200 mg, calcium 20 mg, magnésium 13 mg, fer 0,4 mg, zinc 0,1 mg…

Extraite de la sève de papayer (latex), la papaïne, enzyme fractionnant les protéines, est utilisée dans l'industrie alimentaire, pharmaceutique (digestion, cicatrisation, hernies discales…). Tout s'explique : les indigènes en Amérique centrale utilisent les feuilles de papayer, et le fruit vert râpé, pour mettre leurs viandes trop fermes… à attendrir.

Les Fruits secs

L'amande

L'amande a de tout temps été utilisée pour ses vertus adoucissantes et nutritives sans inconvénients pour la peau, même des nourrissons ; au-delà de la cosmétologie, ses qualités sont aussi importantes en matière alimentaire : elle est un substitut à la viande, au lait, reminéralisante, reconstituante, énergétique... Une poignée d'amandes est un complément idéal pour les « pannes » d'énergie et les moments difficiles... À bien mâcher.

Pauvre en glucides (5 à 7 %), mais avec beaucoup de **protéines (8 à 11 %),**

Riche en acides gras mono-insaturés (68 %), en acides gras poly-insaturés, pauvre en acides gras saturés (rapport poly-insaturés/saturés = 2,7),

Comportant tous les acides aminés essentiels mais un peu insuffisante en lysine (cf. céréales) et méthionine et cystine (cf. légumes secs).

L'amande est riche en minéraux et en particulier en magnésium (255 mg)**, calcium (200 à 250 mg),** que ses acides gras rendent très assimilables, phosphore (470 mg), fer (4,4 mg), avec 15 mg de vitamine E.

L'amande sert à la fabrication de laits végétaux alternatifs en cas d'allergies, intolérances au lait de vache ou laits pour nourrissons.

La châtaigne

La châtaigne a longtemps constitué la base de l'alimentation de certaines de nos régions, à l'instar des céréales. Elle revient au même titre que certaines céréales rustiques et dans la perspective d'un meilleur équilibre nutritionnel, sous forme de farine (potages, pain, crèmes ou gâteaux), de lait végétal...

Assez limitée en protides (2,6 %, lysine surtout, complémentaire des acides aminés des céréales et des produits laitiers) et lipides (2 %, dont 2/3 d'acides gras poly-insaturés et mono-insaturé, surtout linoléique et oléique, et 1/3 de saturés, palmitique), la châtaigne est surtout riche en glucides : 40 %, 2/3 amidon et 1/3 saccharose, avec 5 % de fibres.

Ses minéraux sont importants, en particulier *600 mg de potassium*, 45 de magnésium, 33 de calcium, 1,3 de fer ; sa composition vitaminique est très intéressante, avec 25 à 50 mg de vitamine C selon fraîcheur, 1,2 mg de vitamine E, et de nombreuses vitamines du groupe B. La châtaigne est un bon aliment pour les sportifs (glucides lents, potassium) et en cas de fatigue physique ou intellectuelle (potassium, magnésium), digeste et rassasiant vite. Elle est conseillée dans les problèmes circulatoires et veineux, les diabètes, et peut être consommée en légume entière, en purée, potage, pâtisseries (farine).

Le lait de châtaigne peut être utilisé chez les diabétiques...

La noix

D'octobre à avril environ, on peut les trouver sur le marché, de préférence non décortiquées, elles se conservent mieux sans rancir.

Les noix sont un apport en calories (525 cal) et en protéines (11 %) très intéressant dans un régime ou un repas végétarien. Nutritive et reminéralisante, elle est très utile dans le soutien des sportifs, diabétiques, croissance, convalescence, et régimes d'apport en minéraux ou végétariens.

La noix (fraîche) présente une concentration minérale très élevée – près de 2 g/100 g (sodium 3 mg, potassium 690 mg, magnésium 130 mg, phosphore 510 mg, calcium 61 mg, soufre 100 mg, fer 2,4 mg) –, de très nombreux oligo-éléments (manganèse, très riche en **zinc : 3 mg**, cuivre…), une grande richesse en vitamines B1, B2, B5, en vitamine E surtout, 7 à 20 mg.

Mais sa teneur en lipides est particulièrement intéressante : avec 90 % d'acides gras insaturés, dont **72 %** d'acides gras poly-insaturés et 18 % de mono-insaturés, la noix est un apport nutritif très favorable au système cardio-vasculaire, et très riche en protéines végétales et en phytohormones (ménopause et troubles hormonaux). Régularise en outre le transit intestinal, vermifuge, drainage lymphatique et cutané…

Sèche, la noix est moins riche en eau (3 %) et plus concentrée en minéraux et en acides gras ; elle est aussi beaucoup plus calorique (660 cal env.)

La noisette

Fruit de nos forêts, elle nous est aussi familière qu'indispensable, son goût fait référence et ses qualités sont incontournables.

Moins riche en minéraux que la noix, la noisette est cependant un bon apport associé à moins de calories (385 cal fraîche et 8 mg de protides).

Au-delà de ses 350 mg de potassium, 230 de phosphore, 44 de calcium, 56 de magnésium, 75 de soufre, 1 de sodium, 1,1 de fer, la noisette a un apport intéressant en **zinc : 2,4 mg** ; elle possède 36 mg d'acides gras, dont **85 à 90 % d'insaturés, 76 % de mono-insaturés** (cf. huile d'olive) important pour l'assimilation du calcium, et **20 mg env. de vitamine E** ; sans oublier les phytohormones et protéines végétales. La noisette séchée est elle aussi moins riche en eau (env. 5 %) et plus concentrée en minéraux et en acides gras ; elle est aussi beaucoup plus calorique (600 cal env.).

Très nutritive et digeste, réputée vermifuge, (ténia), c'est un bon apport pour les sportifs, les végétariens, les futures mères et les convalescents, les problèmes de circulation, de peau, la ménopause…

Comme l'amande, elle est utilisée pour la fabrication de laits végétaux, avec un goût plus agréable.

La noix de cajou

Originaire de l'Amérique Amazonienne, elle est adaptée à l'Asie et à l'Afrique et vient principalement du Brésil. Très calorique (600 cal), avec 20,5 g de glucides, 49 % d'acides gras dont 80 % d'insaturés (oléique 63 %, favorise l'absorption calcique, et 17 % de polyinsaturés), préventifs des maladies cardio-vasculaires, 18,6 % de protéines (déficit en lysine, méthionine, cystine), beaucoup de vitamines B (B1 0,43 mg, B2 0,16 mg, B3 1,8 mg, B5 1,6 mg), vitamine E (1,2 mg/100 g), antioxydant des acides gras insaturés.

La noix de cajou apporte beaucoup de minéraux, 668 mg de potassium, 466 mg de phosphore, 252 mg de magnésium, 48 mg de calcium, 5,2 mg de fer, 3,7 mg de cuivre, 2,1 mg de zinc, 0,14 mg de fluor, 0,01 d'iode ; des fibres (3,5 g) et des phytohormones qui, avec les acides gras insaturés et les minéraux, sont très bénéfiques pour l'équilibre nutritionnel et hormonal de la ménopause comme de l'adolescence.

3. Les céréales et les graines

Céréales et graines

Des céréales ou graines complètes

Si les céréales ont de tout temps été la base principale de l'alimentation de l'homme (blé, seigle, épeautre, avoine et orge en Europe, sarrasin dans les pays slaves, millet, sorgho, riz de l'Afrique à l'Asie), c'est bien à cause de leur valeur nutritionnelle : les céréales, si elles sont complètes, contiennent tous les éléments nécessaires à notre vie. Manquer de pain signifiait famine il y a encore peu.

Apport des céréales :

Des glucides (50 à 75 g/100 g), facteur d'énergie à long terme : les céréales complètes sont riches en vitamines B1 et B2 qui facilitent l'assimilation des sucres quelles contiennent ; cette assimilation est lente et équilibrée, ne provoquant ni déséquilibre de la glycémie, ni déséquilibre de la flore intestinale.

Des protéines (7 à 15 g/100 g) : (formation et entretien des muscles, tendons).

Acides Aminés Essentiels	Apports/j recommandés (mg/100 g)	Riz complet	Blé complet
Isoleucine	470	650	500
Leucine	520	1 020	870
Lysine	220	400	350
Méthionine	230	370	310
Phénylalanine	350	400	600
Thréonine	150	160	410
Tryptophane	520	770	150
Valine	540		

– Des lipides (0,5 à 7 g/100 g) : acides gras insaturés, vitamine E (germe).

– Des minéraux et oligo-éléments (1 à 4 g/100 g) : calcium, phosphate, magnésium, fer, zinc, silice, manganèse, cuivre…

– Des vitamines B1, B6, E dans le germe surtout, et multipliées par la germination de façon exponentielle ; provitamine A ; et des vitamines C, D, E, K et PP.

– Des enzymes (ou diastases) : indispensables à la digestion et assimilation des nutriments.

Céréales complètes et Bio

L'étude ABARAC [20] en cours a montré que les céréales et farines complètes non bio étaient beaucoup plus chargées de produits toxiques,

20. Pr Henri Joyeux, *Changez d'alimentation, « Dois-je manger bio »*, 5e édition 2002 : étude du Pr Henri Joyeux comparant des aliments identiques provenant des trois procédés de culture connus : Agriculture Bio, Conventionnelle, ou Raisonnée. Cf. chapitre I, note 10.

accumulés dans l'enveloppe du grain, que les bio : il vaut mieux du pain complet bio que non bio, et mieux du pain blanc non bio que complet non bio.

Par ailleurs leurs taux en vitamines et minéraux sont plus élevés...

Les céréales complètes doivent être bien cuites à température modérée (vapeur douce) et s'accommodent bien d'un trempage préalable qui permet une cuisson plus rapide : elles seront mieux digérées, mais doivent être bien mâchées pour une utilisation optimale par l'organisme. Il est bon d'accompagner toute céréale d'une légumineuse, ou châtaignes,... pour compléter la gamme des acides aminés essentiels.

Les céréales ou graminées

Le blé

Base de notre régime alimentaire comme l'est le riz dans les pays d'Asie, le blé à travers tous ses dérivés entre dans la composition de tous nos repas, à partir de farine, semoule, grains cassés ou entiers. Il faut savoir que le grain de blé que nous connaissons, blé dur pour les semoules et pâtes, ou tendre pour les farines, a été beaucoup transformé depuis des siècles pour améliorer ses rendements et sa culture ; il est soumis en outre à des traitements contre maladies et parasites, et le raffinage des farines est devenu une pratique généralisée : tous ces procédés ne sont pas sans effet sur la qualité de nos aliments les plus habituels ni sur notre santé.

Le grain de blé entier, bio si possible, peut être *mis à germer* sur trois jours, en renouvelant l'eau de trempage après le premier jour et en le rinçant une à deux fois par jour les deux jours suivants ; ce procédé déclenche une multiplication exponentielle des vitamines (groupe B, en particulier), à consommer tout de suite le 3ᵉ jour pour éviter l'oxydation, et à mâcher soigneusement (peau, cheveux, système nerveux).

Composition de la farine blanche/100 g : eau 13 g, sodium 3 mg, magnésium 20 mg, phosphore 120 mg, potassium 135 mg, calcium 16 mg, fer 1,2 mg, manganèse 0,6 mg, cuivre 0,14 mg, zinc 0,6 mg, sélénium 3 µg, iode 10 µg.

Le germe de blé est une source importante de protéines végétales de grande qualité (29 % du germe, dont lysine et méthionine ; 9 % de lipides, dont 70 % d'acides polyinsaturés (linoléique et alpha-linolénique) ; 43 % de glucides (amidon, saccharose, dextrines ainsi que cellulose) ; vitamine A, vitamine E (11 mg), vitamines B (B1 1,4 mg ; B2 0,5 mg, B6 1,2 mg, B9 : 200 mg, PP 4,3 mg), phosphore 1 g, potassium, fer 9,5 mg, magnésium : 270 mg, cuivre 0,8 mg, chrome 35 mg, manganèse 20 mg, sélénium 70 mg, zinc 13 mg…

Le pain

Le pain fait-il encore grossir ? De mauvaises langues insinuent que ce n'est pas le pain, mais ce qu'on met dessus…

S'il ne faut ni en manger trop, ni trop le charger de beurre, fromage ou sucreries, le pain reste un aliment nécessaire à notre équilibre nutritif ; son apport en sucres lents est très utile à nos dépenses d'énergie, et lorsqu'il est complet, il procure minéraux, fibres, protéines végétales, vitamines B, et des phytohormones : il faut alors le prendre plutôt bio pour éviter la concentration de produits toxiques dans l'enveloppe du grain (cf. étude ABARAC, note 20, et chap. 1, note 10)).

Une fois encore, la science réhabilite nos traditions françaises, certes, mais avant tout méditerranéennes : aux peuples de la Mare Nostrum, le blé a depuis toujours été ce qu'est le riz aux pays d'Asie, un aliment de base présent à tous les repas : galettes de blé dur en Afrique du Nord (*kesra*), pain levé à la cervoise ou non (gaulois ou grecs), pain servant d'assiette au Moyen Âge, jusqu'aux vieilles coutumes paysannes de la soupe trempée dans laquelle en hiver on « fait chabrol » avec du vin…, mais aussi couscous, *boulgour, épeautre, pâtes de toutes sortes…*

Le boulgour est un grain de blé entier cassé (moindre conservation et durée des vitamines), riche en minéraux et conservant lui aussi son germe, utilisé au Liban pour le taboulé.

Le couscous et les pâtes (à base de semoules de blé dur), s'ils ne sont pas complets (moins de minéraux et de fibres), sont à mettre sur le même plan que le pain : manger pâtes et pain au cours d'un même repas n'est pas nécessaire.

Trop de pâtes : l'amidon en excès augmente le risque de cancer du sein[21].

Dans les cas d'allergies, problèmes ORL, d'arthrites, ou intolérances digestives, les produits à base de blé ou farine de blé peuvent être en cause, il convient alors de les remplacer par petit épeautre, riz, sarrasin, quinoa… (voir chap. V).

---

21. Étude par questionnaire, de 1991 à 1994, sur l'alimentation de plus de 5 000 femmes italiennes porteuses ou non de tumeurs (*Lancet* 1996, 347, 1351).

Le petit épeautre

Cette céréale cultivée depuis plus de 10000 ans sur le pourtour de la Méditerranée et consommée abondamment jusqu'à l'époque romaine, dans l'est de la France et les pays de l'Est[22], à qui sa robustesse a permis de nous parvenir intacte, est très résistante aux maladies et ne nécessite pas de traitements chimiques, engrais ou pesticides. Si sa production non intensive et artisanale et le décorticage de ses grains ont contribué à son abandon progressif au profit d'autres variétés de blé, il est redécouvert depuis une dizaine d'années par le grand public ; il est surtout cultivé en Haute Provence qui a toujours conservé cette tradition, et dans le respect d'une agriculture naturelle et saine.

Les atouts du petit épeautre : sa grande valeur nutritionnelle, et sa très grande digestibilité.

Riche en protides (11,80 mg/100 g), en lipides (2,88 mg), et glucides (74,94 mg, 2 fois le blé), le petit épeautre est pauvre en gluten et riche en fibres (7,65 mg), très bien doté en minéraux (potassium 396 mg, phosphore 420 mg, sodium 110 mg, magnésium 132 mg, calcium 22 mg, soit l'équivalent de 2 verres de lait très bien assimilés, silice 7,8 mg, zinc 3,4 mg, fer 2,6 mg), en vitamines A, B (B1, 37 mg, B2 0,09 mg, B5 0,8 mg, B6 0,14 mg, B9 200 µg, B12 0,0005 mg), C (5 mg), E, et PP (5,2 mg), en acides gras (oléique 29 mg, essentiels : linoléique 43,4 mg et linolénique 2,4 mg) et acides aminés essentiels. Mieux doté en protéines que le blé, le petit épeautre est très digeste et nourrit en nettoyant l'organisme. Il apporte 375 cal/100 g, est très bien toléré (pas d'allergies), et un excellent substitut à la viande dans les régimes végétariens ou non carnés, en alternance avec les légumineuses.

En salades, avec légumes, viandes ou poissons comme accompagnement, et plus traditionnellement en soupes ou (farine) en pain, gâteaux,... Tremper le grain avant cuisson.

Le *petit épeautre* est l'authentique : le plus ancien et le plus pur sur le plan génétique, il ne pousse pas partout, est difficile à décortiquer, et son rendement à l'hectare est inférieur à celui du grand épeautre, ce qui le rend plus cher à la production. Il ne faut pas confondre petit et grand épeautre.

Le *grand épeautre* est une variété transformée, peu digeste et moins intéressante sur le plan nutritionnel.

22. Ancêtre du blé, une des premières céréales connues de l'homme.

Le riz

Depuis toujours symbole de fertilité, d'abondance et d'immortalité dans la mythologie asiatique, le riz est un aliment de base pour la moitié de l'humanité depuis plus de 11 000 ans. Il a été la première céréale cultivée par l'homme : la culture en rizière marque le passage de la chasse et de la cueillette à l'agriculture, pierre d'angle de l'histoire de l'humanité.

Amené en Méditerranée par Alexandre le Grand, il est utilisé pour les malades par les Grecs, et ce sont les Maures qui introduisent le riz en Espagne au IXe siècle. En France il est à peine connu au XIVe siècle, via l'Italie, en Camargue. Aujourd'hui, les États-Unis sont les premiers exportateurs de riz du monde.

90 % de la production mondiale est en Asie, (Chine, Inde, Indonésie, Thaïlande et Japon), qui en consomme 95 %. 50 % de l'humanité a le riz comme aliment de base (Cambodge, 80 % des calories alimentaires, 70 % au Viêtnam et 60 % en Thaïlande). Les Chinois disent d'un repas sans riz qu'il ressemble à une beauté borgne.

Le riz brut, ou paddy, est enveloppé d'une balle dure éliminée par meulage. Avec ce procédé, une grande partie des substances nutritives de valeur sont perdues. Puis, le riz est encore poli, c'est-à-dire que l'on ôte les poussières de meulage qui sont restées accrochées au grain.

En Asie, le **riz blanc**, poli, était et reste un symbole de statut social. Si l'on se nourrit exclusivement de riz blanc, qui ne contient pratiquement plus que de l'amidon pur, les carences en vitamine B1 peuvent se traduire par l'apparition du béribéri.

Le riz complet est débarrassé de sa glume. Le grain reste enveloppé de ses glumelles et du germe. Lorsqu'il est ***bio***, il contient 7,4 g de protéines, 2,2 g de lipides, 72,5 g de glucides, avec une grande quantité de fibres alimentaires (4,3 g), de vitamines (B1 0,33 mg, PP 3,8 mg), de minéraux et d'oligo-éléments (magnésium 110 mg, phosphore 290 mg, sodium). En raison de sa teneur élevée en protéines et en matières grasses, il se conserve moins longtemps que le riz blanc ou étuvé.

Le ***riz parfumé*** doit son arôme au sol très riche en sels minéraux de la Thaïlande (riz thaï) et du nord de l'Inde (riz basmati).

Le ***riz sauvage*** est une herbe aquatique cultivée dans les réserves indiennes de l'Amérique du Nord…

Le riz, même complet, ne contient ni vitamines A, B12 ou C, ni ß-carotène. Il est pauvre en fer et en calcium. Par conséquent, une alimentation essentiellement à base de riz, déséquilibrée, provoque des carences.

Comparaison riz cuit (non bio)	Riz complet	Riz blanc	Riz précuit
Eau (/100 g)	70.3	72.6	73.3
Calories (kcal)	119	109	106
Protéines (g)	2.5	2.0	2.1
Matières grasses (g)	0.6	0.1	0.1
Glucides (g)	25.5	24.2	23.3
Fibres alimentaires (g)	0.3	0.1	0.1
Calcium (mg)	12	10	19
Phosphore (mg)	73	28	57
Fer (mg)	0.5	0.2	0.4
Potassium (mg)	70	28	43
Vitamine B1 (mg)	0.09	0.02	0.05
Vitamine B2 (mg)	0.02	0.01	0.01
Niacine (Vit. PP) (mg)	1.40	0.40	1.2

Le seigle

Seigle et épeautre sont les plus anciennes céréales à pain de nos régions du nord de l'Europe (nord de la France, Hollande, Belgique, Allemagne…), 2000 ans environ, où le froment n'a été introduit que bien plus tard, par les Romains.

Aujourd'hui le seigle est encore la céréale principale dans certains pays d'Europe et le pain de seigle y est l'aliment de base. (95 % de la production mondiale de seigle en Europe : Russie, Pologne et Allemagne.) Le seigle est une céréale robuste, il résiste aux maladies, au froid, et se contente de terres très peu fertiles, même acides. Il pousse jusqu'à une altitude de 2100 m (Alpes) et au nord jusqu'en Finlande.

Considérée comme une céréale rustique (ce sont les paysans qui mangent du pain noir), le seigle a perdu du terrain face au froment, y compris dans les pays d'Europe les plus forts consommateurs comme l'Allemagne ; cependant la tendance actuelle est plutôt au retour aux pains « spéciaux ».

Composition du seigle complet : 350 cal, protides 11 g, glucides 69 g, lipides 1,8 g.

Calcium 60 mg, fer 4,5 mg, magnésium 130 mg, manganèse 4 mg, phosphore 380 mg, potassium 453 mg, zinc 1,5 mg, fluor, vitamine B1 (thiamine) 0,4 mg, B2 (riboflavine) 0,22 mg, B9 (acide folique)…

Le seigle contient moins de gluten que le froment.

Le bon rapport entre les vitamines du groupe B permet une assimilation optimale des substances nutritives : La vitamine B1 facilite l'assimilation des hydrates de carbone et évite le surpoids ; la B9 (acide folique), l'assimilation du fer.

Avec une composition équilibrée en acides aminés, les protéines du seigle sont peu allergènes.

Ses acides gras sont surtout polyinsaturés (acide linoléique). Les phosphatides (lécithine) et la phytostérine constituent des mécanismes de protection de la structure lipidique des cellules, des tissus et des organes.

Les fibres du seigle complet, outre leur utilité « technique » de balai intestinal, apportent vitamines et minéraux dont certains antioxydants, et phytohormones (lignans) ; elles ont une action métabolique sur certains acides et sur les estrogènes exogènes, cancérigènes, elles régularisent la flore intestinale et contribuent à l'équilibre immunitaire.

Le seigle se consomme sous forme de pain, farine, flocons et même grain entier.

Crèmes, bouillies et croquettes (mélangée ou non à des farines d'autres céréales), pain d'épice. Le genièvre et certaines sortes de whisky sont distillés à partir de seigle.

Le seigle est long à cuire : les graines cuiront plus vite si elles sont trempées dans l'eau froide pendant une nuit.

Elles peuvent être servies en plat principal ou d'accompagnement, seules ou mélangées à une autre céréale, dans une soupe ou associées à des légumes…

Les graines non céréalières

Le sarrasin

Originaire d'Orient, apporté en Europe au Moyen Âge, il est utilisé dans certaines régions de France (Bretagne, Vendée : galettes et bouillies de sarrasin…) et en Europe de l'Est (Russie, Pologne…) ; le *Fagopyrum esculentum* est de la famille des polygonacées (sarrasin, oseille, rhubarbe).

On peut le trouver assez facilement sous le nom de « blé noir », en graines non décortiquées (magasins bio) ou en farine (partout).

Composition des graines de sarrasin : protides (dont lysine), 10,5 g/100 g, glucides 60 g, lipides 2,3 g, calcium 90 mg, fer 1,2 mg, magnésium 220 mg, phosphore 300 mg, potassium 150 mg, vitamine B1 (thiamine) 0,47 mg, B2 (riboflavine) 0,3 mg, et B5, zinc 1 mg, fluor, vitamine PP (protection des vaisseaux).

Valeur énergétique (321 kcal, 2,7 mat. grasses). Nutritif et reminéralisant, c'est une source de magnésium bien plus importante que le blé, très utile pour combattre la fatigue. Ses protéines (11,7 g/100 g) sont très proches des protéines animales ; les crêpes de sarrasin se font à l'eau, non au lait, et sont plus légères, si l'on évite d'y mettre du beurre, le remplaçant par une cuillère à soupe d'huile d'olive.

Farine de sarrasin. Composition : valeur énergétique 350 cal. protides 12 g, calcium 33 mg, lipides 2,5 g phosphore 263 mg, potassium 680 mg, sucres et amidon 70 g, vitamine B1 : 0,58 mg, vitamine B2 : 0,150 mg.

Le sarrasin s'utilise en graines (pays de l'Est), et aujourd'hui de plus en plus comme céréale d'accompagnement (cf. riz complet, petit épeautre, quinoa) pour équilibrer une alimentation en minéraux et protéines végétales ; en farine, dans les préparations traditionnelles bretonnes (galettes ou crêpes de sarrasin, bouillies de sarrasin) ou autres (pancakes à l'américaine ou blinis), et sans lait mais à l'eau ce qui les rend bien plus digestes ; on peut même l'introduire dans les recettes de gâteaux riches en magnésium (examens, stress).

La quinoa

Cette petite graine héritée des Incas est cultivée en Amérique du Sud dans les terrains pauvres, climats arides et à haute altitude des Andes (Pérou, Équateur, Bolivie, se développe aux USA). De la famille des chénopodiacées (épinards), ce sont ses graines qui sont surtout utilisées (bien que ses feuilles aussi soient comestibles), rendues très précieuses et sacrées pour les Incas à cause de leur haute valeur nutritive providentielle pour ces régions très pauvres, où leur culture est remise en valeur par le Commerce Equitable pour aider à leur développement dans le respect de modes de culture non intensifs et écologiques. Elle contient de la saponine, insecticide naturel qui évite tout traitement chimique.

Outre sa texture agréable et son goût doux et très fin, la quinoa est très riche en protéines (13,8 g/100 g) dont la lysine (13 g), glucides 69 g, lipides 6 g, minéraux : fer 9 mg, magnésium 210 mg, manganèse 2,3 mg, phosphore 410 mg, potassium 740 mg, zinc 3 mg, thiamine (vitamine B1) 0,02 mg, riboflavine (vitamine B2) 0,4 mg, en acides gras et en acides aminés essentiels (*lysine*, arginine, histidine), et ne contient pas de gluten. C'est un très bon apport dans les régimes végétariens, surtout quand les céréales sont déconseillées.

Son utilisation est identique aux céréales, pour accompagner légumes et légumineuses ; elle peut être substituée aux viandes grâce aux protéines qu'elle apporte et contribuer à un régime reminéralisant, surtout cuite à la vapeur douce (10 à 15°, dans un récipient avec deux fois son volume d'eau : la graine doit éclater et libérer son germe).

/100 g	Prot.	Gluc.	Lip.	Pot.	Cal.	Mag.	Phos.	Fer	Zinc
Riz bio	7,4 g	74,6 g	2,2 g	210 mg	39 mg	119 mg	300 mg	1 mg	mg
Riz n. bio	2,5	25,5	0,6	070	12	0,45	073	0,5	
Blé	11,5	59,4	2	220	41	0,90	370	3,3	2
Quinoa	13	69	6	740	85	210	410	9	3
Pt Epea.		75	2,9	396	22	132	420	2,6	3,4
Sarr.	10,5	60	2,3	150	90	220	300	1,2	1
Seigle	11	69	2,7	453	60	130	380	4,5	1,5

Les graines

Parmi nos aliments figurent un grand nombre de graines nécessaires à notre équilibre alimentaire : en effet, noix, noisettes, amandes, pignons, (cf. fruits secs), et les autres graines oléagineuses telles que sésame, lin, tournesol, courge... ainsi que les légumineuses, nous apportent protéines de complément (lysine) et acides gras de qualité (oléagineux : insaturés en général, sauf exceptions comme : noix de coco...), vitamines surtout du groupe B, minéraux et oligo-éléments (magnésium, calcium, potassium, zinc...), et en particulier beaucoup de phytohormones.

Comment les consommer ? Elles doivent être assez fraîches pour ne pas être oxydées, rancies, ce qui détruit vitamines et acides gras ; cuites avec des modes de cuisson doux (vapeur douce, température inférieure à 100°, durée limitée), crues elles sont peu digestes, plutôt dures à mâcher pour certains (noix diverses), ou impropres à la consommation (légumineuses) : il est possible de les faire tremper quelques heures par exemple la veille avant de les ajouter au muesli dans votre petit déjeuner par exemple.

Depuis quelques décennies la richesse en vitamines du germe de blé l'a mis au premier plan dans le domaine des compléments alimentaires, et la fragilité de l'huile de germe de blé a développé la pratique surtout végétarienne des germoirs domestiques : celle-ci s'est étendue, outre les céréales (blé, seigle, épeautre,...), aux graines et légumineuses : de nos crèche provençales, les lentilles et le blé germés sont passés dans nos salades qui font de plus en plus figure de repas complet et se doivent de l'être vraiment.

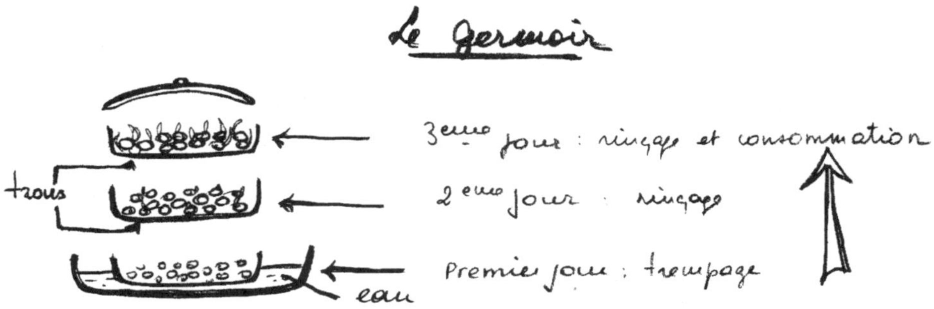

Comment faire germer ?

Il suffit de couvrir d'eau pendant une nuit ou six à huit heures, puis égoutter, et rincer une ou deux fois par jour. La durée de la germination est en moyenne de trois jours (à ne pas dépasser pour le blé) mais on peut laisser grandir et se développer pousses et petites feuilles de lentilles par exemple.

Un germoir n'est pas indispensable, une assiette creuse suffit que l'on peut recouvrir d'une autre assiette, plate ; il faut que l'air passe. On peut aussi utiliser des bocaux avec un couvercle percé ou seulement posé.

Vitamines et germination

La germination par hydrolyse rend disponibles et digestes certains nutriments contenus dans les légumineuses et les graines, et en déve-

Vitamines augmentées par la germination		nombre de jours
Fenugrec	A B C	3
Lentilles	A, B1, B2, B12, C, E	3
Luzerne	A, B1, B2, B3, C, D, E, F, K, U	3
Pois chiches	B1, B12 C	3
Soja jaune	B1, B2, B3, B6, B9, B12, C, E, H, K	3-4
Soja vert (har. mungo)	B1, B2, B3, B6, C, H	3
Avoine	B1, B2, B3, B6, C	3
Blé	A, B1, B2, B6, B9, C, E	3
Maïs	B2, 9 C, E	5
Millet	A, B1, B2, C	3
Orge	B1, B2, B3, B6, B12, C	3
Sarrasin	B1, B2, B5, P	3
Seigle	B, C, E	3
Sésame	A, C, E	5
Tournesol	B, C, E	3
Carottes	A	2
Cresson	A, B1, B2, C	3
Radis	A, B, 1 C	12

loppe d'autres de façon parfois exponentielle : protéines, lipides, polysaccharides, fibres et minéraux ; enzymes, vitamines.

4. Le vin

Bienfaits sous contrôle : un verre de bon vin à chaque repas !

Depuis plusieurs années, le vin est sous les projecteurs scientifiques, après avoir été pendant longtemps sous ceux des ligues antialcooliques. Preuve du mauvais usage que l'homme fait des bonnes choses, résultat de ses comportements et déséquilibres, les études médicales foisonnent qui soulignent la relation entre « une consommation modérée de vin (ou d'alcool) », et la baisse des risques de telle ou telle pathologie, ou des effets inévitables de l'âge : ménopause, ostéoporose, maladies du cœur et de la circulation, sénescence intellectuelle et physique, et même mortalité tout court. Justice est rendue au vin, produit naturel, regardé avec autant de plaisir et de respect que de méfiance : en boire trop, c'est en devenir esclave. Derrière toutes ces études sur le vin, c'est autant la valeur de la *modération*, elle-même facteur de longévité, qu'il faut souligner que les *qualités nutritionnelles du vin*, très concrètes et chimiquement analysables :

Qualités nutritionnelles du vin
– présence d'alcool en faible dose, – présence d'acides aminés essentiels, – présence de minéraux et de vitamines, – présence de flavonoïdes (effet « phytoestrogen-like »), – présence de tanins (peut-être à l'origine de son effet laxatif doux), – rôle antioxydant, désinfectant, tonifiant…

Ajoutons que le vin rouge est plus riche en calcium (8 mg/100 ml) et moins riche en calories (56,2 cal) que le vin blanc (7 mg de calcium et 71 cal/100 ml), et contient le même taux d'acides aminés essentiels que le sang.

Vin et maladies cardio-vasculaires

C'est depuis quelques années le « scoop » du « French paradox » que les équipes américaines ont souligné dans leurs études : *« la consommation d'un à deux verres de vin par jour diminue le risque de maladies cardio-vasculaires »*, cf. p. 48 à 50. Effet antioxydant, antiagrégant, présence de polyphénols, d'acide salicylique et apport minéral équilibré en sont les causes principales. *« L'effet cardioprotecteur de certaines boissons alcoolisées semble dû à l'augmentation du HDL cholestérol, à l'effet inhibiteur de l'agrégation plaquettaire et activateur de la fibrinolyse. Le vin rouge a des effets spécifiques : la présence de polyphénols inhibe l'oxydation des LDL et l'agrégation plaquettaire. Contrairement au vin blanc et à la vodka, le vin rouge apparaît de plus capable d'augmenter le débit coronaire par un effet vasodilatateur sur la microcirculation coronaire*[23]. »

Ce revirement dans la littérature médicale et la génération des ligues antialcooliques, peut se résumer en un mot, « modération » ; il réhabilite le vin sans absoudre n'importe quelle façon de le consommer, mais avec un corollaire indispensable, l'éducation. Un verre au cours du repas suffit.

Hippocrate avait déjà tout dit :

« Le vin est une chose merveilleusement appropriée à l'homme si, en santé comme en maladie, on l'administre avec à-propos et juste mesure, suivant la constitution individuelle. »

Vin et maladie d'Alzheimer

« Une consommation modérée de vin chez les personnes âgées peut être associée à une diminution de la survenue d'une démence ou

23. Professeur Éric Hachulla, CHRU de Lille, *Quotidien des Médecins*, 25 octobre 1999 ; K. Shimada & coll., *The Lancet*, 1999 ; 354 : 1002.

de la maladie d'Alzheimer» affirme une étude épidémiologique de L'INSERM (avril 1997), se basant non sur l'effet euphorisant de l'alcool, mais sur *l'action bénéfique du vin sur les circuits du système nerveux que l'excès d'alcool est connu pour détruire*: à petites doses, l'effet est totalement inversé. Les adeptes de la modération, sages attentifs aux répercussions de leur alimentation et de leur mode de vie sur leur état physique, (fatigue, teint, digestion, sommeil), l'ont bien compris.

Boire un peu, c'est bon pour la santé

Un peu d'alcool (sans excès) n'a jamais fait de mal à personne... Il serait même plutôt bénéfique. Selon une étude néerlandaise, une consommation quotidienne et modérée d'alcool diminue les risques de démence sénile.

« Absorber entre une et trois boissons alcoolisées chaque jour diminue de 42 % les risques de démence en général et de 70 % les risques de démence vasculaire, qui résulte d'accidents vasculaires cérébraux[24]. »

Entre 1993 et 1999, 5395 personnes, âgées de 55 ans et plus, ont participé à cette étude. Les sujets, en parfaite santé mentale, devaient indiquer s'ils buvaient de l'alcool et à quelle fréquence. Au cours des six années, les scientifiques ont relevé l'apparition de 197 cas de démence. Parmi eux, 146 personnes étaient atteintes de la maladie d'Alzheimer.

Conclusion: si boire un peu quotidiennement diminue les risques de démence sénile, une consommation plus élevée les augmente.

Les chercheurs ont tenté de fournir des explications à la relation nette entre alcool et démence. Ils ont testé, pour cela, les effets de l'alcool chez des rats, et constaté qu'une petite concentration d'alcool stimule la libération d'acétylcholine dans l'hippocampe. Par contre, cette molécule, qui facilite l'apprentissage et la mémoire, est inhibée lorsque les rats absorbent des concentrations alcoolisées plus élevées. Les chercheurs expliquent que l'alcool agit peut-être directement sur les facultés cognitives en libérant l'acétylcholine dans le cerveau.

Vin et ménopause

Une consommation modérée d'alcool pourrait être associée avec une apparition tardive de la ménopause[25].

Vin et mortalité (ou longévité ?)

Une consommation modérée de vin pourrait, selon l'étude danoise de 1995, être associée à une baisse de la mortalité toutes causes confon-

---

24. C'est ce qu'affirment les chercheurs de l'Université Erasme de Rotterdam, dans la revue britannique *The Lancet*, Pays-Bas, 25 janvier 2002.

25. Université de New York, mai 1997.

dues[26]. «*Les buveurs réguliers de vin ont un taux de décès nettement inférieur aux personnes qui n'en boivent jamais.*»

Vin et alcoolisme

Toutes ces études, largement répercutées dans la presse, ont eu pour effet de ralentir la baisse de consommation du vin enregistrée depuis les années soixante, et surtout depuis quinze ans[27] (tous les jours: de 41 % de consommateurs à 22,8 % en 1995), mais ce sont les consommateurs occasionnels qui prédominent: 40 %, deux à trois fois par semaine, et plutôt chez les jeunes.

Il est bien évident que la consommation de type chronique et modérée évoquée dans ces études, n'a rien à voir avec l'alcoolisme, dont *sa philosophie mesurée l'éloigne par son effet éducatif et démystifiant*: à l'inverse, la société de consommation pousse à la généralisation des boissons industrielles sucrées et aromatisées, et progressivement additionnées de produits stimulants et toniques (caféine, quinine, et autres additifs branchés), pour «tenir» le plus longtemps possible sans sommeil ou dans l'effort, puis mêlés de bière ou d'alcool pour de plus en plus d'effet et d'impressions. C'est une accoutumance insidieuse.

Cette forme de consommation est dangereuse, la grande quantité de sucre – vrai ou faux – utilisée dans ces boissons amenant à des hypoglycémies, puis fatigues et soifs qui poussent les jeunes à boire à nouveau avec autant de besoin que de plaisir, et en aussi grande quantité, que leur première grenadine. Cela crée des habitudes de boisson qui n'ont plus de lien avec une soif réelle (que seule l'eau peut assouvir): celles-ci obéissent à des impressions de besoin, de réconfort et de plaisir plus ou moins conscientes, qui appellent aux grandes quantités (une canette = 250 à 300 cc): c'est là que commence l'escalade vers d'autres stimulants plus intenses.

Vin et allergie[28]

Certaines personnes font des allergies cutanées ou des muqueuses après avoir bu certains vins: exceptionnelles, ces manifestations (allergies, asthme) sont dues à la présence de substances chimiques utilisées au cours des procédés de vinification.

---

26. Étude portant sur plus de 6000 hommes et 7000 femmes, sur plus de 10 ans.
27. Enquête de l'INRA et de l'ONIVIN auprès de 4000 personnes, 1997.
28. *Concours Médical*, 15 mai 1999.

5. L'huile d'olive

Le régime méditerranéen : utilisation presque exclusive d'une huile végétale vierge, l'huile d'olive.

Les pays consommateurs presque exclusivement d'huile d'olive ont un taux très faible de maladies coronariennes, et moins de cancers du sein (plus de 10 g par jour = 25 % de moins).

L'huile d'olive est la plus accessible et la meilleure des huiles vierges, la plus répandue dans le monde à travers l'Antiquité depuis 6 000 ans, à partir et autour du Bassin méditerranéen, surtout en Grèce…

Elle est la seule produite naturellement (huile de fruits frais pressés à froid), ce qui préserve ses qualités nutritionnelles.

Elle s'oxyde moins facilement que les autres huiles, et donc se conserve mieux, parce qu'elle contient de nombreuses vitamines anti-oxydantes : vitamine A, vitamine E (8 à 11 mg pour 100 g, particulièrement importante pour les femmes enceintes et les personnes âgées).

Elle est la plus riche en acides gras mono-insaturés (acide oléique, 60 à 80 %, réduit les maladies cardio-vasculaires), qui expliquent le faible taux de mortalité cardio-vasculaire en Grèce et en Italie et qui favorisent le contrôle glycémique chez les diabétiques non insulino-dépendants ; elle comporte peu d'acides gras saturés (11 à 15 %), et suffisamment d'acides gras poly-insaturés essentiels pour couvrir les besoins de l'organisme (acide linoléique ou vitamine F : 6 à 10 %) (effet anti-thrombotique)

Elle contient des phospholipides (nécessaires au développement du système nerveux chez l'enfant, et à son fonctionnement chez l'adulte), des antioxydants : vitamine E et polyphénols.

Elle est réputée agir sur la tension artérielle (plus faible incidence autour de la Méditerranée) comme le font les feuilles d'olivier en infusion, et régularise le taux de cholestérol dans le sang.

Elle favorise la contraction de la vésicule biliaire, sa vidange douce et prolongée (une cuillerée le matin à jeun), et facilite le transit intestinal.

Par sa richesse en acide oléique (composant de la masse osseuse et transporteur du calcium) elle prévient la décalcification, et en particulier l'ostéoporose, aggravées par les acides gras saturés.

On lui attribue un certain effet de protection contre le cancer du sein (acide alpha-linolénique en particulier) : le taux de ce cancer est inférieur de 25 % dans les pays consommateurs d'huile d'olive (sud de l'Europe : plus de 10 g par jour). Cancers du sein, du côlon, de la prostate sont liés à une forte consommation de graisses saturées animales et huiles raffinées ou margarines (nord de l'Europe).

Enfin, elle est la plus stable à la cuisson, puisqu'elle ne brûle pas avant 210°, température largement suffisante pour cuire les aliments qu'on lui confie ! (Usage du feu réduit recommandé.) Mais il est préférable, pour ne pas détériorer ses qualités, de l'utiliser après cuisson (à la vapeur douce).

Les huiles raffinées

Le raffinage des huiles végétales

Les huiles sont produites à partir de graines (arachide, tournesol...) ou de fruits (olive) oléagineux, soit par pression (mécanique), soit par des procédés chimiques (solvants) suivis de raffinage.

Les presses mécaniques évitent de chauffer les huiles, ce qui les détériorerait (vitamines, acides gras) et produisent l'huile « vierge » (jusqu'à 50°, « première pression à froid » ; « extra » : acidité oléique < 1 %) qui peut ensuite être filtrée et ses déchets (tourteaux) servir d'engrais et d'aliments pour bétail. Il faut les conserver à l'abri de la lumière et les consommer rapidement après ouverture. Leurs acides gras et leurs vitamines (E) conservent toutes leurs qualités. Elles sont très digestes si elles ne sont pas cuites (l'huile d'olive supporte des cuissons jusqu'à 210° sans brûler).

Les presses industrielles chauffent à des températures très élevées pour exprimer le maximum de l'huile qui reste dans les déchets, détruisant les composants des huiles : les acides gras insaturés se transforment en acides gras « trans », ne jouent plus leur rôle (vitamine F, métabolisme), s'oxydent, avec de lourdes conséquences : maladies cardio-vasculaires, cancers.

Les huiles sont ensuite soumises à des procédés de décoloration, filtrages chimiques ; goût et odeur (très forts pour certaines huiles vierges : tournesol, colza...) sont traqués, etc. Ces huiles n'ont pas le droit à la mention « première pression à froid » ou « huile vierge ». Elles sont « stabilisées » et se conservent longtemps mais ont perdu toutes qualités nutritionnelles.

L'huile d'argan

Extraite de la noix d'arganier, en provenance du Sud marocain. Elle est deux fois plus riche en tocophérol (vitamine E) que l'huile d'olive (320 mg/kg).

6. Les sucres

Le pouvoir sucrant maximum (saveur sucrée indice 100) est celui du saccharose, suivi du fructose ; le glucose est à 61, le galactose à 54, et le lactose à 26.

L'effet sur la glycémie dépend de la rapidité d'absorption du sucre, c'est l'Index Glycémique (voir p. 30).

Le miel

Le miel est une solution sucrée récoltée sur les végétaux (nectar et autres substances sucrées) par les abeilles, qui les enrichissent de substances qu'elles sécrètent. Il contient 80 % de sucres (sucres spécifiques : 60 % de fructose et glucose), 17 % d'eau, 3 % d'acides aminés, vitamines, minéraux, oligo-éléments, hormones, diastases, substances aromatiques.

Pauvre en saccharose, il est plus digeste que le sucre, énergétique, et ne produit pas de toxines dans l'organisme.

Les diastases, enzymes du miel, sont détruites par le chauffage et baissent avec la durée du stockage.

La consistance des miels varie selon leur provenance et les fleurs et plantes visitées : miels durs, riches en glucose, cristallisant rapidement (lavande, trèfle, rhododendron...), ou miels pauvres en glucose et riches en fructose, qui restent liquides (acacia, châtaignier : meilleurs pour les diabétiques) ; bien entendu ils ne doivent pas être chauffés pour ne pas perdre leurs qualités.

Les meilleurs miels sont ceux produits à partir de nectar naturel, et non de miellat, en particulier les miels dits monofloraux.

Le miel a toujours été utilisé pour ses propriétés cicatrisantes et désinfectantes ; une consommation de 40 à 50 g de miel de qualité par jour (en remplacement du sucre raffiné) est un bon complément alimentaire et stimulant de l'immunité.

Les miels sont tous uniques

- Miel d'Acacia : calmant, reconstituant, régulateur intestinal. Peut être donné à de très jeunes enfants.
- Miel de Garrigue : tonique et fortifiant, digestif.
- Miel de Thym : antiseptique général, stimulant des fonctions digestives, tonifiant, facilite le tonus musculaire et la récupération physique.
- Miel de Romarin : tonique, cholagogue – augmente la sécrétion biliaire – stimulant des fonctions hépatiques ; conseillé aussi en cas d'asthme, de difficultés digestives.
- Miel de Bruyère : antianémique, dynamogénique, diurétique, antirhumatismal ; conseillé en cas d'état de fatigue, de convalescence ou d'affections des voies urinaires.
- Miel de Bourdaine : laxatif – facilite la digestion gastrique – stimule l'appétit.
- Miel de Châtaignier : accélère la circulation sanguine.
- Miel d'Eucalyptus : antiseptique général des voies respiratoires et des voies urinaires.
- Miel d'Oranger : sédatif nerveux – calmant pour les enfants – antispasmodique, conseillé en cas d'insomnie.
- Miel de Tilleul : sédatif nerveux – favorise le sommeil – calmant de migraines, de douleurs gastriques, de spasmes.
- Miel du Gâtinais : très nourrissant, revitalisant.

Le **Pollen** a une composition proche de la levure, avec beaucoup d'acides aminés, des vitamines B, C, A, E, 11 % d'eau, 36 % en moyenne (25-45 %) de sucres, 20 % de protides, 5 % de lipides (1 à 14 %), 3 % de minéraux (1 à 5 %), 25 % divers.

Tonifiant, rééquilibrant, stimulant et désintoxiquant (états de fatigue, perte d'appétit, anxiété, prostatisme, fragilité cutanée, carences diverses).

La **Gelée Royale** : sécrétion du système glandulaire céphalique des abeilles ouvrières, entre le 5e et le 14e jour de leur existence (nourricières). Nourriture exclusive : de toutes les larves de la colonie sans exception, de leur éclosion jusqu'au troisième jour de leur existence ; des larves choisies pour devenir reines jusqu'au cinquième jour de leur existence ; de la reine pendant toute sa vie.

La gelée royale contient 66 % d'eau, 14,5 % de glucides, 4,5 % de lipides (acide cétotransdécénoïque, acide hydroxytransdécénoïque, acide hydroxytransdécénedioïque, acide sébacique, acide pilémique et palmitique, acide stéarique), 13 % de protides (acides aminés : alanine, méthionine, arginine, phénylalanine, acide aspartique, proline, acide glutamique, sérine, cystine, taurine, glycine, thréonine, histidine, tryptophane, isoleucine, tyrosine, leucine, valine, lysine,) une grande quantité de vitamines B1, B 2, B3 (PP), B6, B7, B8, B9, B12.

L'acétylcholine (hormone) se conserve mieux mélangée au miel. Il est démontré que la gelée royale contient 1 000 fois plus de cette hormone que le miel et agit directement sur le système nerveux sympathique et parasympathique.

Propriétés : équilibre neuro-psychique (action sur surrénales) sur le système endocrinien (acethylecholine), sur les organes hématopoïétiques (formations de globules rouges dans le sang), sur l'appareil digestif : action eupeptique avec reprise de l'appétit.

Indications : asthénies (les fatigues à tous les stades) – psychique ou physique, convalescence, surmenage intellectuel, personnes âgées, anorexies (pertes de l'appétit) y compris anorexies mentales, amaigrissement et états de maigreur, sénescence (ou vieillissement prématuré).

La **Propolis** est un antiseptique et un bactéricide naturel. Des travaux scientifiques ont par ailleurs prouvé ses propriétés anesthésiques, cicatrisantes et anti-inflammatoires puissantes ; et démontré son innocuité absolue ainsi que sa parfaite tolérance par l'organisme humain. Depuis fort longtemps, les apiculteurs ont constaté qu'elle se révèle très efficace en cas de maux de gorge ou d'angine. Elle est indiquée en stomatologie, dermatologie, ainsi que pour les affections ORL, infections et inflammations.

Le sucre : blanc, roux ou brun ?

Le **sucre complet** est préparé à partir du pur jus de la canne à sucre ou de betterave, traditionnellement séché à faible température. Contrairement aux procédés de raffinage, la mélasse qui contient tous les éléments nutritifs, n'est pas séparée du sucre non raffiné. Celui-ci est de ce fait d'un beau brun ambré, et d'un parfum et d'un goût chaleureux.

Sa richesse en minéraux, vitamines et acides aminés est très grande par rapport aux sucres roux ou blanc.

Le **sucre blanc** a été longtemps considéré comme un raffinement et un progrès.

Cependant de plus en plus la médecine s'alarme de la trop forte consommation des sucres raffinés, aggravée par son utilisation croissante comme « exhausteur de goût » dans les aliments industriels pour rendre plus savoureux des aliments trop cuits et affadis. Son « absence de goût » le rend indétectable, mais il agit en accoutumance au sucré et en donnant des sensations de faim rapides par les hypoglycémies secondaires. L'excès de sucres raffinés directement ou indirectement dans l'alimentation est impliqué dans le diabète, et dans l'obésité (stockage des sucres en graisse), elle-même responsable de maladies graves. Ajoutons que le sucre raffiné comprend 100 % de saccharose, et qu'il est blanchi chimiquement (bleu d'indantrène RS).

Composition du sucre

Mg/100 g	blanc	roux	complet	ajr **
Sels minéraux	30-50	250/300	1 500/2 900	
Potassium	3/5	15/150	600/1 000	
Magnésium	0	13/23	110	36,67
Calcium	10/15 *	75/93 *	165/1 300	162,50
Phosphore	0,3	3/4	27/115	14,38
Fer	0,1	0,5/1,3	5/10	14,29
Vitamine B1	0	0,001	0,023/0,1	
Vitamine B2	0	0,006	0,06/0,1	
Vitamine B5	0	0,002	0,34/1,18	
Vitamine E	0	0	0,3	

* Taux de calcium dû à l'ajout de chaux (agent antimousse).
** Apport journalier recommandé.

7. Le café

Tonique et convivial, le « petit noir » de dix heures, de la pause digestive, du soutien des grands voyageurs, ou des bachoteurs acharnés, est souvent mis en cause : les puristes se disputent entre arabicas raffinés et robustas aux parfums chaleureux, tandis que la science le regarde avec suspicion dans nombre de pathologies.

Composition d'un grain de café

6 à 13 % d'eau pour le grain de café vert alors que le grain torréfié n'a pas plus de 5 % d'humidité ; 15 à 20 % de matières grasses ; 11 % de protéines, dont une partie est détruite à la torréfaction ; des alcaloïdes (substances organiques renfermant de l'azote) : le principal alcaloïde est la caféine (arabica de 1 % à 1,5 %, robusta entre 1,6 et 2,7 %). Le robusta donne un café plus corsé que l'arabica ; des sels minéraux : on trouve en petite quantité dans le grain du potassium, du calcium, du magnésium et du phosphore.

Café et santé

Effets protecteurs[29]

– Maladie de Parkinson

Une vaste enquête épidémiologique menée durant trente ans chez plus de 8 000 Hawaïens accorde à la caféine (également présente dans le thé, les boissons chocolatées ou les boissons à base de coca) des vertus protectrices proportionnelles à la dose ingérée. Un taux élevé de caféine (au-delà de 4 tasses par jour) diminuerait le risque de survenue de la maladie de Parkinson.

Une 2e étude orienterait vers un effet protecteur du café à faibles doses pour éviter la maladie de Parkinson, à moins que la personnalité de ceux qui vont faire une maladie de Parkinson les amène à en consommer moins. (Comparaison des habitudes de vie de 200 malades parkinsoniens à celles d'une population témoin) : les chercheurs américains ont observé un retard de l'apparition des symptômes de la maladie chez les gros buveurs de café. Bien que concluant à une association inversement proportionnelle entre la consommation de café et l'apparition des troubles, les auteurs restent prudents quant à leur interprétation. Ils estiment que d'autres études devront être menées avant d'affirmer cet effet protecteur du café.

– Cancer du côlon

Dans une enquête récente menée sur près de 10 ans, des chercheurs suédois ont enregistré sur plus de 60 000 femmes suédoises âgées de 45 à 74 ans, 460 cas de cancers colorectaux. Au terme de l'étude statistique, *aucun effet protecteur* du café n'a pu être mis en évidence. Selon les auteurs, « la consommation modérée ou même en grande quantité de café n'influencera probablement pas le risque de cancer colorectal ». Mais ces résultats viennent d'être remis en cause par une nouvelle étude canadienne qui confirmerait un effet protecteur de la caféine, dont la consommation serait inversement proportionnelle aux risques de survenue de la maladie de Parkinson.

– Migraines

La caféine est utilisée dans plusieurs médicaments contre les crises.

---

29. *JAMA*, mai 2000 ; vol. 283, p. 2674-9. *Neurology*, novembre 2000 ; vol. 55, p. 1350-8. *Gut* 2001 ; vol. 49, p. 87-90. *Annals of neurology*, 2001 ; vol. 50, p. 56-63. *Cochrane Database Syst Rev.* 2000 ; (2) : CD001112. *Psychophysiology*, mars 2000 ; vol. 37, p. 251-6. *Dig Dis Sci*, mai 2001 ; vol. 46, p. 945-51. JAMA, juin 1999 ; vol. 281, p. 2106-12.

– **Asthme et capacité respiratoire** seraient améliorés par le café, qui en outre prévient les **risques d'endormissement au volant** et donc d'accidents (la meilleure prévention restant de rouler avec modération et en bonne condition physique).

Effets néfastes du café [30]

– **Risques cardio-vasculaires** ont fait l'objet de nombreuses études, aux résultats souvent opposés : – le café augmente de manière transitoire la pression artérielle, il semble que sa consommation n'augmente pas les problèmes cardiaques. Certaines études semblent néanmoins souligner que le café filtré ou bouilli serait particulièrement néfaste, en augmentant la concentration d'une substance toxique pour les artères.

– Lien entre **l'épilepsie et la consommation de café par la femme :** Pr. Yezekiel Ben Ari (INSERM – unité 29) : « On sait que les facteurs environnementaux sont importants dans le problème de l'épilepsie. Un manque d'oxygène chez le fœtus à la fin de la grossesse notamment peut avoir de graves conséquences. Cela peut se traduire par la survenue plus tard de crises d'épilepsie. Nous avons montré récemment que la caféine provoque chez le rat, si elle est associée à un épisode d'absence d'oxygénation, une crise d'épilepsie durable. On peut penser que lors d'accouchements difficiles dans lesquels il y a un risque de mauvaise oxygénation du fœtus, le café pris par la mère peut avoir des conséquences néfastes. » Selon ce chercheur, il serait ainsi préférable *d'éviter de boire du café dans les 48 heures qui précèdent l'accouchement.*

– **Risque de fractures et aggravation de l'ostéoporose, santé de nos dents.** Il pourrait être à l'origine de problèmes d'absorption du calcium d'un côté, et de déminéralisation de l'autre. Mais la dernière étude ne trouve aucun lien entre caféine et densité osseuse.

– **Risque de mettre au monde un enfant mort né** : à partir de 4 à 7 tasses/j, il augmente de 80 %, et de 300 % au-delà : étude danoise d'Aarhus, Danemark, (Dr K. Wisborg), *British Medical Journal* n° 7386, vol. 326.

---

30. 9 – *Arch Intern Med*, décembre 2000, vol. 160, p. 3393-400. *Am J Clin Nutr*. Septembre 2001 ; vol. 74, p. 302-7. *Bone mars 2001* ; vol. 28 ; p. 332-6.

8. Le thé

Composants : théine, théophylline et théobromine (1 à 5 %) ; tanins (7 à 12 %), vitamines C, P, B2, pantothénique...). Protides, glucides, lipides : néant presque total. Riche en *polyphénols*, comme le vin rouge (antioxydants capables de lutter contre les radicaux libres), le thé est un agent de prévention des maladies cardio-vasculaires et des cancers. Mais on lui reconnaît scientifiquement d'autres vertus un peu inattendues : relaxantes et revitalisantes. Des tests ont mis en évidence :

– une réponse plus importante du système nerveux autonome, et plus prolongée sur la température cutanée, que le café, due aux effets vasodilatateurs des flavonoïdes qu'il contient (thermorégulation) ;

– une meilleure aptitude à traiter des informations (individus plus éveillés, et plus relaxés), une intelligence plus active[31] ;

– une meilleure santé et une vie plus longue en perspective grâce à l'effet antioxydant des flavonoïdes : diminution de 50 % du risque de mort par infarctus[32], et protection par les antioxydants contre certains cancers ;

– enfin une action inexpliquée sur la fertilité : une étude américaine montre une augmentation significative de leur fertilité chez des jeunes femmes buvant au moins une tasse de thé par jour, leurs chances de concevoir sont multipliées par deux durant les trois premiers cycles[33] ;

– tous ces effets sont plus importants pour le thé vert que pour les thés noirs ou rouges.

---

31. *Psychopharmacology*, 1997, 134 : 164-173. (Séminaire de Crawley, G. B.)
32. *Lancet*, 1993 : 342 : 1007-11, et *Lancet*, 1997 ; 349, 69.
33. *American Journal of Public Health*, 1998 ; 88 (2) : 270-274.

Le thé vert

Originaire de Chine (2500 av. J.-C.) et introduit en France dès 1 600 et très prisé du cardinal Mazarin, le thé vert est extrêmement présent dans le régime alimentaire asiatique, et depuis peu impliqué dans ses effets préventifs ou supposés tels, de certaines maladies :

– Le thé vert est assez peu consommé en Europe et en France, où l'on préfère plutôt les thés noirs, moins amers ; en Afrique du Nord comme en Orient, il est très présent sous forme de thé à la menthe, boisson très sucrée, rafraîchissante et tonique ; en Extrême-Orient, c'est le thé au jasmin qui est le plus répandu, servi à longueur de journée et au cours des repas : très désaltérant, digeste, tonique et peu excitant, le thé vert est diurétique, et équilibrant par sa richesse en flavonoïdes (effet : cf. phytohormones).

– Le thé vert est conseillé : en cas de *surcharge pondérale*, surtout accompagnée de fatigue, pour faciliter l'élimination et la perte de poids (élimination de l'eau et utilisation des graisses stockées dans l'organisme) ; en cas de *fatigue physique et intellectuelle* (tonique général et cérébral).

– Des études épidémiologiques au Japon ont observé une réduction du risque de cancer chez les individus consommateurs de ce thé. Les États-Unis mettent au point une évaluation clinique du thé vert comme traitement adjuvant du cancer.

– Prévention des maladies cardio-vasculaires.

9. Le chocolat

Originaire d'Amérique Centrale, le cacao est cultivé par les Olmèques, puis se répand dans l'empire maya, et de là dans toute l'Amérique Centrale, avant d'atteindre l'Amérique du Sud et passer en Afrique, Asie...

C'est Cortez qui ramène l'Or Brun des Aztèques (supposé aphrodisiaque) à Charles Quint en 1580 ; il arrive à la cour de Louis XIII avec Anne d'Autriche en 1615. D'abord produit de luxe, il passe à l'industrie dès 1780, et devient un produit de consommation... obligée !

Après fermentation et séchage, la fève de cacao contient 48 à 57 g/100 g de lipides, 9 mg de protides, 4,9 à 8,6 g de sucres, 8 à 20 g de composés phénoliques, 4,1 g de pectines, 0,8 g d'acides aminés libres, 10 à 70 mg de caféine et 130 à 200 mg de théobromine (tonique), 9 g de cellulose, 2,6 à 4,2 g de minéraux dont 400 mg de magnésium (action anti-stress avec sérotonine et phéniléthylamine), et 12 mg de fer.

Aliment très reconstituant et énergétique (500 cal), ses acides gras comportent 26 % d'acide palmitique (sur 18 à 32 % du chocolat selon les spécialités), acide gras responsable de cholestérol ; mais le « risque chocolat » ainsi souligné est très faible : selon une étude de l'Université de Californie[34], l'alimentation ne représente qu'un quart du cholestérol sanguin, et surtout les flavonoïdes extraits du cacao diminuent l'oxydation du mauvais cholestérol, dilatent les artères (du lapin), augmentent après deux heures (80 g) le taux d'antioxydants circulants, et possèdent une activité antiagrégante comparable à celle de l'aspirine. Telle est l'action bénéfique du chocolat

Si le cacao est peu calorique, le beurre de cacao l'est, le sucre ajouté aussi, et c'est le lait qui apporte du cholestérol ; en outre il est riche en tanins, fluor, phosphates, ennemis des caries : il faudrait donc le consommer nature, c'est-à-dire noir, et... sans sucre ajouté.

34. *American Association for the Advancement of Science.*

III. Les aliments d'origine animale

1. Les volailles et les œufs

L'œuf

L'œuf est une petite merveille, un concentré de vie (c'est logique) et d'énergie, peu calorique (76 cal, 163/100 g),

– riche en protéines (6 g), en lipides (6 g, dont les 300 mg de cholestérol du jaune d'œuf, eau 75,8 g, 1,6 % d'acides gras polyinsaturés oméga 3 (DHA : 85 % [35]), et 50 mg d'acide arachidonique),

– en minéraux (phosphore 190 mg, soufre, fer 2,70 mg (7,60 mg dans le jaune), calcium 55 mg, avec 150 mg/100 g dans le jaune, magnésium 11 mg, potassium 125 mg, cuivre 1,1 mg, zinc 1,1 mg, 4 mg dans le jaune, sélénium 19 mg, iode 1,1 mg…), en vitamines E 1 mg, vitamine A 300 à 600 µg, en acides aminés, avec seulement 0,90 g de glucides, et très digeste s'il est cuit dans de bonnes conditions (la plus diététique : à la vapeur douce, coque 4'ou mollet 7').

35. Des ajouts de 1 % de produits à base d'huile de poisson à l'alimentation des volailles peuvent tripler les teneurs en EPA + DPA + DHA.

Les œufs doivent être consommés très frais, si possible de poules élevées en plein air, ou mieux, « bio » dans lesquels on ne retrouve pas de dioxine et à raison de 5 par semaine, toutes préparations culinaires incluses. Ils possèdent une certaine autonomie de conservation : 15 jours de protection grâce à la coquille et aux enzymes contenues dans leurs protéines.

L'apport de cholestérol présent dans un jaune d'œuf est de 300 mg. Ces 300 mg de cholestérol représentent les besoins de base de l'organisme adulte, homme ou femme, pour la fabrication par les glandes hormonales (ovaires et testicules, surrénales) des hormones sexuelles (testostérone pour l'homme et progestérone-oestrogènes pour la femme). Ces données permettent d'expliquer les carences hormonales fréquentes observées chez les végétaliens qui ne veulent pas consommer œufs ou laitages. En particulier les absences de règles (aménorrhée) et les difficultés à concevoir. Récemment les chercheurs ont démontré les dangers pour la santé de l'*hypo*cholestérolémie en particulier une durée de vie moindre par rapport à ceux qui ont des taux normaux de cholestérol.

Les volailles

Viandes peu grasses et peu caloriques, elles ont en outre l'avantage de n'apporter pratiquement pas de graisses saturées : encore celles-ci sont-elles surtout localisées dans la graisse de l'animal : 50 à 60 g/100 g pour la graisse d'oie, 45 à 50 % dans celle du canard ou du poulet, 40 à 50 % dans celle de la dinde, et 20 à 25 % dans le foie gras. Ces viandes sont donc recommandées dans la prévention des maladies cardio-vasculaires.

« Dans les études qui ont pu comparer l'effet spécifique des différents types de viande, il a été montré que les charcuteries seraient également associées à une augmentation de risque du cancer colorectal et de l'estomac, alors que la consommation de volailles n'est pas associée au cancer colorectal (WCRF/AICR, 1997) [36]. »

Leur apport en acides gras mono et poly-insaturés par contre est important, et explique le faible taux de maladies cardio-vasculaires en Périgord, gros consommateur de graisse d'oie et de canard [37].

---

36. Juin 2000 – Rapport « Pour une politique nutritionnelle de santé publique en France ».

37. Dr Renaud, INSERM, Lyon.

Le poulet

Très agréable de goût, le poulet représente de grands avantages nutritionnels. Il est riche en protéines (env. 30 g/100 g), pauvre en matières grasses (avant cuisson, la proportion des graisses pour un poulet avec peau est de 34 %). Sans la peau, la proportion tombe à 24 %. Pour un blanc: moins de 4 %, et pour une cuisse environ 10 %.) avec une forte proportion d'acides gras insaturés (mono-insaturé: oléique 45 %, poly-insaturés: 20 à 25 %, dont 10 à 20 % linoléique et 1 à 1,5 % linolénique). Il contient de la niacine, de la riboflavine, de la thiamine, de la vitamine A, du fer (0,6 mg, 7,50 mg dans le foie) du phosphore et du zinc (2,5 mg). On le trouve non seulement en découpes, ce qui permet de choisir les morceaux, dont la texture et la composition en matières grasses sont variables, mais aussi en charcuterie pour remplacer sur le marché jambon, saucisses (etc.) de porc par des produits comportant moins de graisse et de meilleure qualité – mais avec les additifs classiques (conservateurs, colorants, etc.).

Il peut très bien remplacer une portion de viande rouge car il contient à peu près autant de protéines par portion de 100 grammes, et, sans la peau, avec à peine 3 g de lipides.

Poulet et dioxine

« Manger de la viande de poulet sans peau, comportant un peu de graisses avant cuisson (environ 5-10 % de l'ensemble), qui seront en partie éliminées par la cuisson, correspondrait à une exposition d'environ 1 000 picogrammes de **dioxine** par 100 grammes de viande de poulet cuit, dont une grande partie va se stocker dans nos graisses, et une petite partie sera éliminée par les voies naturelles. Admettons que la ration du repas contienne 300 grammes de poulet, l'exposition totale tournera autour de 3 000 picogrammes [38]. » On peut en conclure qu'il vaut mieux manger le poulet sans peau, ou alors biologique, et en tout cas cuit à la vapeur, qui évacue les graisses et les toxines: ce qui permet de consommer la peau, riche en vitamines, minéraux et bons acides gras.

Le canard

L'Asie assure 80 % de la production mondiale de viande de canard, (2,5 millions de tonnes). La France, avec 223 400 tonnes, représente 70 % de la production européenne. Le taux de croissance

---

38. Introduction aux problèmes de la dioxines et des PCBs. Pr Christophe De Brouwer, ULB, École de Santé Publique, 1999.

annuel moyen, en France, a été de l'ordre de 9 % sur les vingt dernières années. La part du canard dans la production de viande de volailles est ainsi passée de 4,3 % en 1980 à 9,6 % en 1998.

La production française de canards comprend deux types de produits : les canards à chair maigre, qui sont pour la plupart des canards de Barbarie (65 %) et les canards gavés (foie gras et confits). Le développement de la production de canards est dû à la simplicité d'utilisation et à l'intérêt diététique de cette viande rouge de repas fins (la consommation est passée de 0,9 kg/habitant en 1980 à 3,1 kg en 1998), face aux risques santé et aux inconnues des viandes rouges actuelles, dont la surconsommation suivie d'une désaffection tout aussi radicale devrait se stabiliser progressivement, et s'équilibrer face à une consommation de protéines végétales nécessaire à notre santé.

Dans la viande des filets et des cuisses on trouve 20 à 22 % de protéines ; 1,0 à 1,1 % de minéraux (7 mg de zinc dans le foie de canard) ; 74 à 78 % d'eau. La teneur en lipides de la viande est en moyenne plus élevée dans les muscles de la cuisse (2,7 à 5,0 %) que dans les filets sans peau, qui s'apparentent à une viande plutôt maigre (1,5 à 2,5 %). Le filet de canard cumule donc les avantages d'une viande de volaille (faible teneur en lipides) et ceux d'une viande rouge (teneur élevée en phospho-lipides, riches en acides gras mono [45 à 50 g /100 g] et poly-insaturés, 10 à 15 g /100 g, dont 10 à 15 g linoléique et 0,5 à 1 g linolénique). La teneur en lipides est d'environ 5 % dans les magrets (filets issus d'animaux gavés). Le gavage a pour conséquence d'accroître la teneur en acides gras mono-insaturés (acide oléique) au détriment des acides gras poly-insaturés ; la teneur en acides gras saturés est peu modifiée.

La dinde

La dinde, qui fait concurrence au veau (c'est très ressemblant, c'est bon, léger et bien moins cher !) a les mêmes propriétés nutritives que le poulet ; le blanc de la dinde est plus maigre (110 cal par 100 g) que les cuisses et les autres morceaux (200 cal par 100 g). La proportion des graisses est comparable à celles du poulet. Pour un blanc : moins de 4 %, et pour une cuisse environ 10 % ; saturés : 30 à 40 g % avec une forte proportion d'acides gras insaturés (mono-insaturé : oléique 40 à 45 g %, poly-insaturés : 20 à 25 %, dont 10 à 20 % linoléique et 1 à 1,5 % linolénique). La dinde est riche en phosphore, magnésium, fer, zinc (2,5 mg) et en vitamines du groupe B comme la B1, B3, B5, B6, B12, la biotine et l'acide folique. C'est une viande vendue en découpes faciles d'utilisation, et également en produit charcutiers comme le poulet, plus léger mais assortis de conservateurs, colorants, etc.

Le pigeon

Consommé largement depuis la plus Haute Antiquité, le pigeon (d'élevage le plus souvent) possède une chair savoureuse, très tendre et moelleuse pour le pigeonneau (28 jours, bec souple, n'a jamais volé) ; il est aussi diététique que gastronomique, surtout s'il est cuisiné de la bonne manière (il y a des recettes somptueuses autour de la Méditerranée).

C'est une chair maigre (3 g/100 g, de graisses surtout insaturées), riche en protéines (37 g/100 g) et pauvre en calories (175/100 g) ; minéraux intéressants : 400 mg de phosphore, **20 mg de fer**, aux 100 g : à conseiller aux convalescents, aux intellectuels, aux jeunes mamans…

2. Les viandes rouges

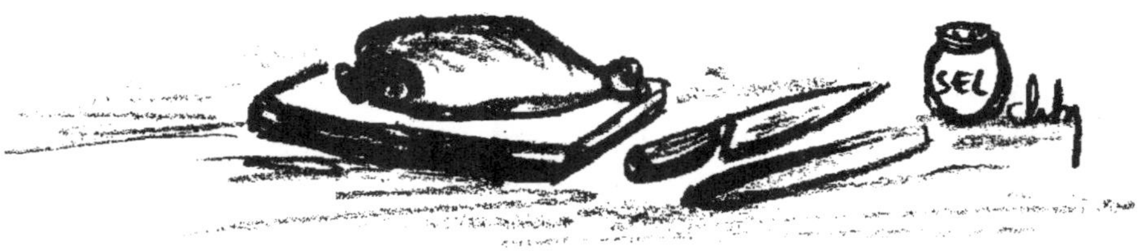

La consommation de viande remise en question ?

La crise de la vache folle a déclenché un revirement brutal de la consommation de viande chez les Français, au demeurant beaucoup trop importante (40 % du budget alimentaire, 40 à 42 % des dépenses de la restauration scolaire et universitaire). Le Français moyen consomme actuellement environ 80 kg de bœuf par an (sans compter porc, volailles, etc.), contre 70 kg en 1970, 50 kg en 1965… Sa consommation était de 110 kg en 1985 et 91,5 en 1995 ! Elle se stabilise actuellement.

Le surcoût (20 à 30 %) des produits bio est inexistant si l'on met en parallèle l'économie faite sur la consommation de viande (remplacement partiel par des protéines végétales de qualité), sur la surcharge en eau des produits non bio (qu'ils perdent à la cuisson), et le gain en minéraux, vitamines et autres nutriments de qualité à travers une alimentation plus naturelle et sans pesticides, conservateurs, colorants..., meilleure au goût et rassasiant mieux.

Consommer trop de viande (bœuf surtout) est relié à des maladies graves : cardio-vasculaires, cancers, et autres maladies de civilisation... (cf. chap. I). Sont en cause les graisses saturées, que l'on retrouve aussi dans le porc, dans les laitages (produits à base de lait, fromages, de vache surtout), dans le beurre. Il ne faut donc pas remplacer la viande par le fromage, qui fait plus grossir parce que plus gras (45 à 50 % env. de matières grasses, au lieu de 20 à 30 % pour la viande en moyenne, sauf en très petite quantité, plutôt de chèvre ou de brebis, et dont contrairement à ce que l'on croit encore, le calcium est très mal assimilé du fait des acides gras saturés, surtout laitages de vache : cf. Calcium).

Intérêt d'une consommation modérée de viande

C'est sa *richesse en protéines,* dont la palette est plus complète que celle des végétaux, sauf à associer céréales complètes et légumineuses, par exemple, pour compléter la gamme des protéines.

La viande est aussi *une des principales, mais non la seule*, sources alimentaires en *fer* (après gingembre sec, cacao, soja graine, persil, lentilles, jaune d'œuf, pois chiches, haricots...), indispensable à la synthèse des globules rouges et aux muscles.

Autre intérêt de la viande : sa richesse en certains oligo-éléments (comme le zinc : après les huîtres et les harengs), et en vitamines du groupe B (sauf B9, indispensable à la fertilité). C'est la meilleure source de vitamine B12 dont l'absence dans les végétaux représente un des problèmes du régime végétalien.

Par contre **son taux de graisses saturées** rend la viande dangereuse pour les artères. La composition en graisses varie selon l'animal, selon les morceaux et selon l'alimentation de l'animal : en effet, une alimentation à base de maïs et de soja enrichit la chair du porc en acide linoléique, acide gras poly-insaturé. Certaines viandes – cheval ou volaille – sont riches en acide linoléique, et pauvres en graisses saturées. Inversement, le mouton et l'agneau sont riches en acides gras saturés. Le cholestérol est surtout concentré dans les abats (la cervelle, le foie et les rognons). La graisse peut être localisée, ainsi elle est surtout sous la peau chez les volailles, qui ont un taux de graisses saturées très inférieur à celui des viandes rouges.

La viande doit donc être consommée avec discernement, et en alternance avec le poisson, les fruits de mer, et légumineuses, céréales complètes et graines oléagineuses riches en protéines végétales.

– **Il vaut mieux** ne pas consommer de viande plus d'une ou à la limite, deux fois par semaine (surtout rouge) : 100 à 120 g, une fois par jour, si possible les moins grasses (surpoids, cholestérol), et plutôt des viandes blanches : les volailles même les plus grasses sont meilleures au niveau santé que les viandes rouges, du fait de la qualité de leurs acides gras, en particulier si elles sont nourries au grain ou bio (pas de farines animales). Ne pas l'associer à d'autres aliments riches en graisses surtout animales (fromages), éviter la graisse de cuisson (graisses brûlées toxiques, cancérigènes), les charcuteries (sel, conservateurs).

– Modes de cuisson : pauvres en graisse et rapides (courte durée) : vapeur, grill sans brûler, four moyen, pas de graisses hydrogénées ou saturées, type margarine ou beurre. On peut griller légèrement sur herbes ou sel, utiliser l'huile d'olive après cuisson ou à petit feu (ne brûle qu'à partir de 210°).

– Différentes sortes de viandes :

Viandes maigres :

Rouges : bison, autruche[39], cheval, veau, filet de porc, gibier, bifteck.

Blanches : filets de volaille sans peau (blancs).

Viandes semi-grasses :

Rouges : bœuf, gigot d'agneau, rôti de porc.

Blanches : les volailles, dinde, pintade ou poulet si ce sont des morceaux avec peau (mais ce sont des « bonnes » graisses).

Viandes grasses :

Rouges : Steak de bœuf et entrecôte (+ de 15 % de matières grasses), côtelette d'agneau, côtelette de porc, mouton.

Blanches : les oies, canards et poules (morceaux avec graisse et peau) sont gras, mais avec majorité d'acides gras insaturés.

---

39. La viande de bison contient moins de calories, moins de cholestérol, et jusqu'à 75 % moins de gras que les autres viandes rouges. L'autruche ne contient que 2 % de graisse et est peu calorique.

Comparaisons de la composition (moyenne et approximative)
de quelques viandes pour 100 g

Bison	calories = 93	graisses = 1,8 g	cholestérol = 43 mg
Autruche	calories = 120	graisses = 2,3	cholestérol = 68
Dinde	calories = 159	graisses = 3,5	cholestérol = 59
Poulet	calories = 165	graisses = 3,5	cholestérol = 80
Veau	calories = 200	graisses = 6	cholestérol = 110
Agneau	calories = 240	graisses = 15	cholestérol = 90
Bœuf	calories = 270	graisses = 19	cholestérol = 55
Porc	calories = 300	graisses = 22	cholestérol = 90

Il est bon de ne manger de viande rouge qu'une fois par semaine, le plus maigre possible, éviter le porc, et consommer (une fois par jour seulement) davantage de viandes blanches : poulet, dinde, lapin, canard… et de poisson pour ses acides gras.

Les végétaux sont un très bon apport de minéraux et protéines lorsqu'ils sont variés et complémentaires : légumineuses + céréales complètes par exemple, et l'on peut sans dommages faire deux à trois jours végétariens par semaine. Fruits de mer et poissons peuvent soutenir utilement l'alimentation des personnes carencées en fer, zinc, iode…

Type de viande	Bœuf	Cheval	Mouton	Porc
Protides	17/20 g	21 g	15/18 g	15/17 g
Lipides	10/25 g	2 g	20 g	25/27g
dont Ac. Gras Essentiels	0,2 à 0,5g	0,39 g	0,5 à 2 g	1,5 à 3,8 g
Glucides	0,5 g	1 g	0,5 g	– 0,5 g
Calories	210	110	250 g	300/350 g
Potassium	300 mg	300 mg	162 mg	300 mg
Sodium	70 mg	21 mg	80 mg	60 mg
Phosphore	200 mg	200 mg	175 mg	200 mg
Magnésium	20 mg	23 mg	20 mg	20 mg
Calcium	10 mg	12 mg	10 mg	10 mg
Fer	3 mg	4,5 mg	2,5 mg	2,5 mg
Cholestérol	67 mg	78 mg	77 mg	60 mg
Acide urique	110 mg	–	80 mg	125 mg
Vitamine C détruite par cuisson	1 mg	1 mg	1 mg	0 mg

3. Les poissons frais et fruits de mer

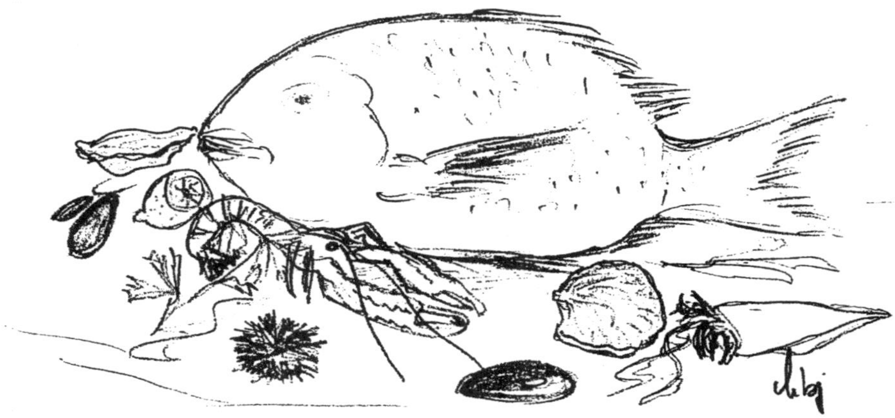

Poissons frais

Autrefois, le poisson avait sa place dans nos menus chaque vendredi, et c'est au moment où cette pratique tend à disparaître que les nutritionnistes tirent la sonnette d'alarme :

Une étude néerlandaise[40] a montré que « manger en moyenne 30 g de poisson par jour réduit le risque de mortalité cardio-vasculaire de 50 % ».

Ce qu'il faut savoir :

– En France, un poisson sur deux provient de l'importation.

– 60 % du marché du poisson est en grande surface.

– À partir de janvier 2003, nouvelle réglementation sur l'étiquetage : la traçabilité sera exigée : zone de pêche, mode de production (élevage ou sauvage), fraîcheur (date de pêche). Elle tarde un peu à se mettre en place.

Le poisson est un aliment irremplaçable ! Surtout les poissons gras, dont la reine est sans conteste la « petite » de Marseille, celle qui embaume les petits ports, les poissonneries et les tables des bords de la Méditerranée : la sardine.

Les qualités nutritionnelles des poissons

Très riches en protéines (20 g/100 g env.), en vitamines et en

40. Pendant 20 ans sur 872 hommes entre 40 et 59 ans, menée de 1960 à 1980, publiée en 1985 par D. Kromhout.

minéraux (phosphore, potassium et iode), ils apportent les 2 acides gras essentiels, dits poly-insaturés, dont a besoin le système nerveux pour fonctionner.

Les acides gras poly-insaturés

Le poisson possède donc des acides gras particulièrement bénéfiques à notre santé, (les vertus cardio-vasculaires des régimes riches en poisson ont été démontrées dès 1954 chez les esquimaux), ce sont les acides gras poly-insaturés de la série oméga 3 (EPA, acide eicosapentaénoïque, et DHA, acide cervonique). Outre leur effet anti-cholestérol et anti-infarctus, ils auraient un effet anti-inflammatoire, une action sur les maladies de peau, les affections rénales ou pulmonaires, les syndromes prémenstruels, les migraines, les risques d'accouchement prématurés et la croissance des nouveau-nés et des prématurés... Mais tout excès étant dangereux, (surconsommation d'huile de poisson), le meilleur mode d'absorption reste de manger du poisson sous toutes ses formes – frais le plus souvent possible – au cours de nos repas habituels.

L'idéal serait de remplacer les viandes rouges consommées en excès par du poisson frais ou des fruits de mer.

Par ordre décroissant, les poissons ayant les taux les plus importants en acides gras oméga 3 (en mg pour 100 g) sont : l'anguille, 4,7 ; la sardine, 4 ; la truite, 3,8 ; le hareng frais, 3,1 ; le maquereau, 2,9 ; le saumon, 2,3, et 1,6 fumé, ou 1,7 mariné ; le flétan, 1,3 ; le thon, 1,1 ; la plie, 0,8 ; la morue, 0,2, mais 2,2 pour son foie. Le hareng est par ailleurs très riche en zinc (80 mg/100 g, second après l'huître).

N'ayez donc plus peur des poissons dits « gras » ! Leur capital en protéines est précieux pour les jeunes ou les actifs, et leurs acides gras indispensables à tous.

Les poissons blancs, outre leur finesse en cuisine, si vous savez les cuire (le moins possible, et à la vapeur douce ou au four ou grill très doux : si vous les faites griller ce doit être très rapide, et baisser le feu pour finir la cuisson), sont intéressants dans les régimes légers (diètes thérapeutiques, problèmes digestifs, lendemains de fête...) et hypocaloriques (cabillaud, ou morue fraîche : 80 cal/100 g).

Les poissons sont riches en vitamines, minéraux et oligo-éléments :

– vitamine A, dans œufs de poisson, poisson, huiles de foie de morue et de flétan ;

– vitamine B2 (assimilation du fer, digestion, insuline) dans le poisson ;

– vitamine B3-PP : (digestion, peau, circulation) dans le poisson ;

– vitamine B9 (fécondité) dans le saumon et les huîtres ;

– vitamine B12 (cellules, neurones) dans poissons et crustacés ;

– vitamine D (assimilation, calcium et phosphore, stress), dans poissons gras, huile de foie de morue et de flétan ;

– vitamine F dans l'huile de flétan.

Les micro-nutriments positifs pour la santé

– Les minéraux des poissons : iode (thyroïde), phosphore (os, muscles), fluor, potassium (cellules, synthèse protéines et glucides...), sodium, fer, cuivre, sélénium, zinc (cicatrisation, équilibre hormonal, immunité...)

Iode : prévention des goitres ; les besoins en iode sont proportionnels à l'éloignement de la mer. On en trouve en général dans les poissons, fruits de mers, morue (0,10 mg), thon (0,080), hareng (0,070), sardine (0,050), crabe, crevette, turbot, daurade (0,040), moule et homard (0,030), huître (0,018), et moins dans les poissons de rivière (anguille 0,010, brochet 0,006, truite 0,003)...

Compléments alimentaires : algues (laminaires : 6000 µg/100 g), eau de mer, poudre d'huîtres.

Fluor : prévient les caries dentaires, on en trouve dans l'eau (Badoit : 1,17 mg/l), thé, épinards, chou, lait, vin (0,1 à 2 mg), noix de cajou (0,14 mg), céréales complètes, graines de tournesol, abricots, mais aussi dans les *fruits de mer et poissons* ;

Zinc : très important dans l'équilibre hormonal et immunitaire, cicatrisation. Surtout dans les huîtres, harengs, fruits de mer, légumineuses, graines, jaune d'œuf, foie de canard...

Les micro-nutriments négatifs pour la santé

Ce sont surtout les métaux lourds toxiques pour la santé : en règle générale, plus le poisson est gros et compte d'années de vie, plus son accumulation de métaux lourds est importante.

– ***Poissons et mercure***[41] ***:*** La contamination par le mercure[42] (ingestion prolongée de 200 à 500 mg de méthylmercure par jour) est faible en France, où les risques de pollution (industrielle, rejet de composés chimiques) sont très limités, l'usage en étant très réglementé,

41. – Enquête DDASS 1992 (document DGS).

– Conseil supérieur d'hygiène publique de France, section de l'Alimentation et de la Nutrition « Plomb, cadmium et mercure dans l'alimentation : évaluation et gestion du risque », Tec. et doc. Lavoisier, Paris 1996.

42. « *L'intoxication aiguë par ingestion d'un sel de mercure est responsable d'une gastro-entérite caustique en quelques heures, puis d'une insuffisance rénale aiguë anurique ; une stomatite apparaît au 2e ou au 3e jour* » – Garnier R, Toxicité des principaux métaux, *Toxicorama* 1993.

sauf lorsqu'il y a une **forte consommation** de certaines espèces de poissons : *espèces prédatrices* (congre, roussette) ou *de grande taille* (thon, espadon, marlin, requin, raie), – ou *à croissance lente* (flétan), surtout en Méditerranée, et à raison de plus de *trois fois par semaine* (jusqu'à plus de 1 000 mg de mercure par kg de poids humide). Parmi les espèces les moins contaminées (100 à 200 mg/kg) la sole, le hareng, le merlan, le merlu, la plie, le maquereau, la lotte ou baudroie…

L'OMS a fixé la *dose hebdomadaire provisoirement tolérable* à 200 mg/semaine, dans laquelle la présence d'amalgames dentaires représente 10 mg/jour, et les groupes à risques sont les femmes enceintes, les mères allaitantes, les jeunes enfants.

En novembre 2002, le N.E.J.M. a démontré que l'exposition au mercure pourrait annuler le bénéfice des acides gras présents dans le poisson (chez 1 400 patients dans 8 pays européens et en Israël : le niveau de mercure chez les patients qui ont subi un infarctus du cœur est supérieur de 15 % au niveau retrouvé chez les patients qui n'ont pas fait d'attaque cardiaque).

– ***Poissons et dioxine*** : le risque de dioxine est inexistant pour les poissons sauvages ; fortement réduit pour les poissons d'élevage, dans la mesure où les farines animales sont interdites, et où la provenance est bien établie. Le problème de la qualité et l'innocuité sur la santé humaine de l'alimentation des animaux d'élevage, a été soulevé publiquement par les médias et les instances internationales : la FAO a proposé un projet de Code de bonne conduite en matière d'alimentation animale, qui vise à empêcher la transmission à l'homme de maladies provoquées par des produits d'origine animale contaminés par des agents nocifs contenus dans la nourriture des animaux d'élevage[43].

(Les dioxines, qui sont absorbées par le tissu adipeux des humains et des animaux, provoquent des cancers chez beaucoup d'espèces animales. Elles ne sont pas produites commercialement mais constituent des sous-produits de la production industrielle et chimique. Elles peuvent contaminer les terres agricoles et l'eau, et sont extrêmement résistantes aux agents chimiques ou biologiques utilisés contre la pollution.)

43. Communiqué de presse 99/36 : ALIMENTATION ANIMALE : LA FAO RENOUVELLE SON APPEL POUR UN CONTRÔLE PLUS RIGOUREUX.

Rome, 10 juin 1999. Dans son communiqué qui fait suite à la crise internationale provoquée par la contamination par la dioxine – agent cancérigène – de volailles, porcs, bœufs et produits dérivés, la FAO exhorte ses 175 États membres et la Communauté européenne à adopter d'urgence des mesures de contrôle plus rigoureuses en matière d'alimentation animale, afin de prévenir d'autres contaminations de la chaîne alimentaire et garantir ainsi en permanence la qualité et l'innocuité des produits proposés aux consommateurs.

Les meilleurs poissons

Au mieux ils seront sauvages, jeunes et frais.

Les poissons gras

Le thon

Le thon rouge a un aspect général très ferme, œil brillant, peau luisante, la chair fraîche est compacte, rouge vif et couleur de sang frais ; altéré, la chair devient brunâtre, les faisceaux musculaires se dissocient.

Valeur nutritive/100 g : 144 cal, protéines 23,3 g, graisses 4,9 g, cholestérol 38 mg.

Très abondant en décembre, absent de janvier à avril.

Le thon germon a une chair blanc rosé très ferme, œil brillant, le meilleur thon pour la conserve.

Valeur nutritive/100 g : 160 cal, protéines 23 g, graisses 6,8 g, cholestérol 41 mg, vitamine A 0,09 mg, calcium 18 mg, fer 1,50 mg, vitamine B2 0,02 mg, vitamine D 0,025 mg.

De juin à octobre.

Le maquereau

Très ferme, très brillant, dos bleu vert parcouru de zébrures d'un bleu plus foncé avec des reflets irisés.

Valeur nutritive/100 g : cal 195, protéines 18,7 g, graisses 11,9 g, cholestérol 69 mg.

De mars à octobre.

L'espadon

Beau poisson très effilé avec un long rostre aplati en forme de lame d'épée, jusqu'à un tiers de la longueur de son corps. Facile à découper et sans arête sauf l'arête centrale ; sa chair à texture fine et goût délicat est facile à découper et donne de très beaux steaks.

Valeur nutritive/100 g : 120 à 188 cal, protéines 19 à 22 g, graisses 4 à 12 g, cholestérol 39 mg.

Le hareng

Poisson semblable à la sardine, dos bleu profond avec des reflets dorés, flancs argentés, mais plus grand. Aspect ferme, ventre gris.

Valeur nutritive/100 g : 120 à 188 cal, protéines 19 à 22 g, graisses 0,4 à 12 g, cholestérol 91 mg, toute l'année sauf de mai à octobre. Vitamine A, 0,06 mg, B1 0,03 mg, B2 0,23 mg, vitamine D 0,07, phosphore 220 mg, calcium 20 mg, magnésium 36 mg, fer 1 mg, zinc 80 mg.

Aux Pays-Bas, le maatjes, jeune hareng cru mariné, est très apprécié.

Le saumon du Pacifique

Aspect ferme, très brillant, œil vif, flancs argentés, dos vert sombre à noir ou bleu métallique.

Valeur nutritive : 120 à 188 cal, protéines 19 à 22, graisse 4 à 12 g.

Toute l'année, aquaculture en cage, Chili, Canada, USA, Japon.

Le saumon de l'Atlantique

Élevé dans des cages ou bassins fermés en mer ; on peut dire globalement que les meilleurs viennent d'Irlande (plus de muscle et de saveur : élevés en haute mer et régime alimentaire plus naturel), puis dans l'ordre : d'Écosse (élevage traditionnel), et enfin de Norvège et d'Écosse façon Norvège (saumon de belle taille, gras et à chair onctueuse : élevés aux farines animales de poisson, végétales, et avec compléments alimentaires).

Très brillant, chair plus ou moins ferme selon élevage, œil vif, flancs et ventre argentés, c'est l'espèce la plus adaptée pour le saumon fumé.

Valeur nutritive/100 g : 120 à 188 cal, protéines 19 à 22 g, graisse 4 à 12 g, cholestérol 66 mg, disponible toute l'année. Chili, Europe.

Les poissons semi-gras

La sardine

Dos bleu avec reflets argentés, aspect très ferme et brillant, œil vif, écailles serrées.

Valeur nutritive : 135 cal, protéines 19,4, graisse 5,2 g, calcium 85 mg, phosphore 490 mg, fer 1,20 mg, vitamine B2 0,40 mg, vitamine D 0,036 mg.

Toute l'année, sauf février à avril.

Le rouget-barbet

Couleur rose-orangé, frais œil convexe, écailles non abîmées, ventre très ferme.

Valeur nutritive pour 100 g : cal 107, protéines 20,1, graisse 2 g.

D'août à novembre, pas de février à avril.

Le rouget de Méditerranée est plus gras (7,8 g de lipides).

Le saumon fumé

À consommer avec prudence :

– Fumé à chaud : Le fait d'être fumé fait peut-être perdre de la graisse au saumon (9 g de lipides selon certains), mais il s'imprègne de graisses brûlées fumées, benzopyrènes cancérigènes, et n'échappe pas aux produits de conservation.

– Le saumon fumé à froid est soumis à des traitements chimiques et présente des dangers bactériologiques, les parasites éventuels ne sont pas éliminés.

Les poissons maigres

Bar « de ligne », bar commun ou tacheté

Poisson argenté effilé, à chair très fine et recherché.

Très frais, sa chair est ferme, sa peau brillante, ses branchies rouge vif, il a de beaux reflets dorés.

Valeur nutritive pour 100 g : 91 cal, protéines 18,7 g, graisse : sauvage 0 à 5 g, élevage 3 à 15 g. De novembre à mars.

Bar d'élevage Label Rouge

Bassin d'élevage ; 40 kg de poisson/m^3, au lieu de 110.

Moins de matières grasses dans l'alimentation, pas d'hémoglobine, ni de farines de viande (porteuse de prions).

Il faut 26 mois pour obtenir un beau poisson de 500 g, au lieu de 12 dans les exploitations intensives.

La dorade royale (ou daurade, seulement pour la royale)

Poisson de couleur grise à reflets argentés, avec une bande dorée entre les deux yeux, la dorade royale possède une tache noire sur le côté.

Valeur nutritive/100 g : 91 cal, protéines 19,7 g, graisse 0 à 5 g pour la sauvage, et 15 g pour celle de culture. D'avril à février, mai.

La lotte, ou baudroie

Peau brillante et humide, l'absence de peau surtout sur les gros spécimens, peut cacher un manque de fraîcheur. Chair normalement blanche et translucide, ne doit pas virer au jaune.

Valeur nutritive : 72 cal, protéines 14,9 g, graisse 0,7 g, cholestérol 0,06 mg.

Toute l'année, surtout en avril.

Le turbot, turbotin (petit turbot de 500 à 600 g)

Fraîcheur : chair très ferme, filets se levant facilement, face aveugle blanc légèrement rosé (ne doit pas virer au jaune sale). Le turbot est un poisson aussi cher qu'il est bon… d'autant plus que 50 % partent en déchets.

Valeur nutritive : Sauvage : 96 à 113 cal, protéines 16 à 18 g, graisse 0,6 à 1,2 g, cholestérol 60 mg. Élevage : 109 à 125 cal, protéines 18 à 19 g, graisse 0,8 à 1,9 g, cholestérol non détectable. Surtout de mai à juillet, pas en janvier-février.

Le Saint-Pierre

Chair maigre très digeste, blanche et très délicate, poisson noble, de mer et non de lac, laissant 60 à 70 % de déchets (très grosse tête), ce qui associé à sa rareté, le rend encore plus cher, mais très prisé des amateurs de bouillabaisse.

Riche en protéines, en phosphore et vitamine B ; valeur calorique : 75 cal/100 g seulement.

La dorade rose

Brun rouge, avec une grande tache noire sur le flanc. Aspect brillant avec des reflets dorés, ce sont ses filets qui ont une teinte rosée.

Valeur nutritive/100 g : 86 cal, protéines 17,6 g, graisse 1,5 g. Toute l'année sauf de février à avril.

La sole

Multiples espèces, dont les plus courantes sont les tropicales : soles du Sénégal ou soles de roche.

La sole fraîche est brillante, uniforme, translucide ; face aveugle blanc rosé,

Valeur nutritive : 90 cal, protéines 17,5, graisse 1,4 g, cholestérol 50 mg.

Très abondant en février et mars, disponible toute l'année.

Le cabillaud

Œil vif, convexe, corps ferme et brillant, chair fraîche : brillante et compacte. C'est la morue à l'état frais.

Valeur nutritive pour 100 g : 82 cal, protéines 17,7, glucides 0,3 g, graisse 0,4 g dont 47 mg de cholestérol, vitamine B1 0,05 mg, vitamine B2 0,16 mg, fer 0,90 mg, magnésium 22 mg, calcium 18 mg, phosphore 189 mg. Novembre surtout, pas en mai.

Le flétan noir

Ses filets sont brillants, blancs avec un léger reflet ivoire, aspect assez mou et odeur fade (filets d'importation appelés greenland turbots).

Valeur nutritive/100 g : 110 cal, protéines 20,2 g, graisse 2,3 g, cholestérol 41 mg, riche en vitamine A.

La dorade grise

Brillante à reflets dorés, grande fermeté, tend à remplacer les autres dorades.

Valeur nutritive/100 g : 77 cal, protéines 17 g, graisse 1 g. Toute l'année sauf de mai à juillet.

La dorade sébaste

Poisson petit, épineux, au corps orange à rouge vif. On l'appelle aussi rascasse du nord. Frais, les filets sont brillants côté peau avec deux bandes brunes, de couleur beige rosé clair.

Valeur nutritive : cal 114, protéines 18,2, graisse 3,6 g, cholestérol 35 mg,

Le merlan

Couleur beige très brillant, flancs argentés, écailles petites faiblement implantées ; appelé merlu en Méditerranée.

Frais et vidé, un merlan entier est rigide et très brillant, œil cerclé de jaune, chair blanche brillante et homogène de couleur nacrée.

Valeur nutritive/100 g : 92 cal, protéines 21 g, graisse 0,9 g, phosphore 240 mg, calcium 45 mg, magnésium 30 mg, fer 0,90 mg ; vitamines B1 0,09 mg, B2 0,07 mg. Toute l'année.

Le merlu

Rond, de couleur gris clair, corps allongé, dents pointues bien développées ; parfois appelé à tort colin. Le petit merlu est appelé merluchon ou colinot, merlan en Méditerranée.

Valeur nutritive/100 g : 84 cal, protéines 17,2 g, graisse 0,8 g, cholestérol 0,06 mg. Toute l'année sauf de septembre à décembre.

La raie

Entière et en ailes non pelées, la raie fraîche est très rigide avec deux faces brillantes.

Pelée, les ailes doivent être rigides et brillantes, le jaune terne est signe d'altération comme l'odeur d'ammoniaque.

Valeur nutritive/100 g : 102 cal, protéines 20,5 g, glucides 1 g, graisse 1,2 g, potassium 0,250 mg, phosphore 240 mg, calcium 20 mg, magnésium 24 mg, fer 1 mg. Toute l'année.

La limande

Valeur nutritive/100 g : 73 cal, protéines 16 g, graisse 1 g, vitamines B1 0,09 mg, B2 0,20 mg, phosphore 260 mg, calcium 120 mg, magnésium 29 mg, fer 0,90 mg.

Le colin, ou lieu noir

Ferme, brillant quand il est frais, il devient terne, mou et grisâtre en s'altérant.

Valeur nutritive/100 g : 88 cal, protéines 18,3 g, graisses 0,78 g, cholestérol 71 mg. Toute l'année.

La truite

La truite arc-en-ciel : élevage en eau douce, elle est ensuite mise en mer : après 4 à 6 mois, elle porte l'appellation « truite élevée en mer » ; fraîche, sa chair est ferme, blanc rosé ou orangé.

Valeur nutritive/100 g : 112 cal, protéines 19,5 g, graisse 2,73 g, cholestérol 56 mg. Disponible toute l'année, sauf juin à août.

– *Les fruits de mer*

Les huîtres

Fraîche et vivante, l'huître doit être fermée, ou se fermer quand on la touche.

Valeur nutritive/100 g : 80 cal, protéines 10 g, graisse 1,8 g, cholestérol 48 mg. Disponible toute l'année. Point fort : tous les minéraux marins, en particulier **le zinc** (100 mg/100 g) :

L'huître est l'aliment le plus adapté à une reminéralisation rapide et naturelle, dans la mesure où elle est de provenance fiable : on peut la trouver sous forme d'extraits d'huîtres naturels en gélules ou dragées, plus faciles à administrer pour un traitement des carences au quotidien, et d'une efficacité réelle et rapide[44] (cf. dérèglement hormonaux, fatigue après accouchements...).

Les moules

Doivent être achetées vivantes, brillantes et humides, coquille fermée.

Valeur nutritive/100 g : 56 cal, protéines 9,8 g, graisse 1,3 g, cholestérol 126 mg. Disponible toute l'année. Point fort : minéraux marins surtout **fer** (24 mg/100 g).

Le calmar

Chair blanche et maigre, légèrement sucrée et tendre. Frais, son œil est vif, légère odeur de marée.

Valeur nutritive/100 g : 92 cal, protéines 15,6 g, graisse 1,4 g, cholestérol 233 mg. Disponible toute l'année, sauf mai à juillet.

---

44. **P.O.P.**, poudre d'huîtres portugaises (chair d'huîtres séchées et réduite en poudre) : sa composition est un concentré (extrait sec) des éléments tirés par l'huître de son milieu de vie : 22 g de minéraux sur 100 g dont calcium 1,75 g, phosphore 0,71 g, sodium 3,7 g, potassium 0,575 g, fer 0,012 g, **magnésium 0,923 g**, manganèse 0,003 g, arsenic 0,0004 g, cuivre 0,230 g, **zinc 1,085 g**, cobalt 0,00005 g, vit. B1 0,23 mg, B2 0,33 mg, B6 0,38 mg, Ac. panthothénique 0,74 mg, biotine 0,078 mg, cobalamine 0,015 mg, PP 5,24 mg ; acides aminés : arginine 3,6 g, histidine 1,4 g, isoleucine 2,7 g, leucine 0,63 g, lysine 4,30 g, methionine 1,1 g, phénilalanine 1,6 g, thréonine 0,30 g, L tryptophane 0,23 g, DL tryptophane 0,44 g, valine 0,29 g. Ce produit naturel est très bien assimilé, sauf allergies aux huîtres, et se trouve en magasins diététiques.

Les coquilles Saint-Jacques

Aquaculture : Japon et Chine. Les acheter entières dans leurs coquilles pour la fraîcheur, une coquille Saint-Jacques ouverte doit se refermer vivement en claquant dès qu'on la touche. À l'état frais, les noix doivent avoir une coloration blanc cassé avec des reflets irisés ; la présence de corail est seulement un critère commercial. Les noix très blanches ont été blanchies à l'acide citrique, avec souvent trempage dans de l'eau et ajout de polyphosphates (interdit en France, ce procédé aboutit à des produits de mauvaise qualité qui réduisent à la cuisson : attention aux noix congelées glaçurées (recouvertes de glace). Une étiquette de salubrité, obligatoirement délivrée à l'achat, atteste des bonnes conditions sanitaires des coquillages. Surtout d'octobre à avril, absentes de mars à septembre.

Valeur nutritive/100 g : 77,5 cal, protéines 19,5 g, graisse 0,5 à 1 g, cholestérol 50 mg. Sauf mai à septembre.

Les noix de pétoncle

Appelées aussi noix de Saint-Jacques, les noix de pétoncle congelées doivent présenter leur nom latin et leur pays d'origine en clair sous leur dénomination. France, Angleterre, Saint-Pierre-et-Miquelon, Canada, USA.

L'utilisation des phosphates abîme la noix, qui devient opaque, molle et brillante.

Valeur nutritive/100 g : 80 cal, protéines 19,3 g, graisse 0,3 g. Sauf mai à août.

La langouste

Elle doit être vivante, avec réflexes au niveau de l'œil, des antennes et des pattes.

Valeur nutritive/100 g : 91 cal, protéines 17,2 g, graisse 1,1 g, cholestérol 140 mg. Disponible de mars à octobre.

Le homard

– Le homard d'Amérique : vert olive, rougeâtre et parfois tâché de bleu ; ou homard canadien ; l'acheter vivant, avec réflexes au niveau de l'œil, des antennes et des pattes.

Les queues congelées ne doivent pas avoir de brûlures par la congélation.

Valeur nutritive/100 g : 90 cal, protéines 18,8 g, graisse 0,9 g, cholestérol 95 mg. Disponible de mars à décembre.

– Le homard européen, dit homard bleu, a une pince plus grosse que l'autre, sa face ventrale est blanc rosé ; il doit être vivant, avec réflexes au niveau de l'œil, des antennes et des pattes.

Valeur nutritive/100 g : 90,5 cal, protéines 19,7 g, graisse 0,3 g, cholestérol 135 mg. Non disponible de novembre à février.

Le crabe

Le tourteau, crabe dormeur, doit être acheté vivant, avec réaction de l'œil, des antennes et des pattes.

Valeur nutritive/100 g : 95 à 121 cal, protéines 13 à 22 g, graisse 0,2 à 7,5 g. Disponible de mars à décembre.

Les langoustines

Fraîches, leurs yeux sont noirs et brillants, les pattes toujours roses, elles sont commercialisées vivantes (golfe de Gascogne) ou surgelées (celtique, entre Irlande et Royaume-Uni).

Valeur nutritive/100 g : 88,5 cal, protéines 19,5 g, graisse 0,6 à 2 g. Disponible de mars à août.

Le bulot

Vivant, l'orifice du bulot doit être fermé par l'opercule.

Valeur nutritive/100 g : 80 cal, protéines 17,9 g, graisse 0,7 g, magnésium 120 mg. Disponible toute l'année, sauf juillet-août.

Les crevettes

– La grise, très fragile à la chaleur et à la glace, est cuite à bord des navires ; elle doit être très brillante, glisser entre les doigts comme du grain, sans odeur.

Valeur nutritive/100 g : 96 cal, protéines 18,6 g, graisse 1,4 g, cholestérol 138 mg. Disponible sauf de janvier à mars.

– La Nordique, espèce sauvage, crevette rose, du Groenland ou boréale ; fraîcheur : rigide et brillante, corps bien attaché à la tête, bonne odeur.

Valeur nutritive/100 g : 92 cal, protéines 19,4 g, graisse 1 g, cholestérol 184 mg. Disponible toute l'année. Traitée aux antioxydants, conservateurs, colorants ; conservation limitée.

– La sauvage, de Guyane : de couleur marron rosé, ne doit pas être appelée gambas ni crevette tropicale. Lorsqu'elle est altérée, elle a des taches noire et une carapace abîmée.

Valeur nutritive/100 g (cuite) : 47 cal, protéines 22,4 g, graisse 0,8 g. Disponible toute l'année.

– La noire : « black tiger », produite en élevage, commercialisée sous le nom de gambas, élevage en Asie. Non fraîche, elle a des tâches noires et une carapace abîmée.

Valeur nutritive/100 g : 95 cal, protéines 20 g, graisse 1 g, cholestérol 90 mg. Disponible toute l'année.

L'écrevisse (eau douce)

Rouge vineux foncé, devient rouge vif à la cuisson.

Les espèces les plus commercialisées sont l'écrevisse à pattes grêles ou turque, et l'écrevisse rouge de Louisiane ou écrevisse américaine, rouge.

Fraîche, l'écrevisse a une odeur agréable.

Valeur nutritive/100 g : 70 cal, protéines 15 g, graisse 0,47 g, cholestérol 158 mg. Disponible toute l'année en fonction des provenances.

La seiche

Le plus souvent commercialisée sous forme du blanc de seiche, ou manteau ; fraîche elle doit avoir l'œil vif, avec une légère odeur de marée, elle ne doit ni jaunir, ni se ternir.

Valeur nutritive/100 g : 79 cal, protéines 16,1 g, graisse 0,9 g, potassium 273 mg. Disponible sauf février, mars, juin et juillet.

4. Le Lait et les produits laitiers

Les habitudes alimentaires méditerranéennes utilisent des laitages surtout fermentés, au lait cru ou pasteurisé, surtout de chèvre ou de brebis, toujours associés à des végétaux, avec de l'huile d'olive ou du miel, et sans excès.

Le Beurre

Très discret dans l'alimentation Méditerranéenne, il est évincé par l'huile d'olive aux acides gras bénéfiques (croissance et ostéoporose, maladies cardiovasculaires, intolérances...) : à consommer cru en petites quantités, éviter les « beurres végétaux » ou margarines, hydrogénés. Il apporte, pour 100 g, 82 g d'acides gras (54 saturés), 280 mg de cholestérol, 3 500 UI de vitamine A (abricots, 2 500 à 3 000), et 1,5 mg de vitamine E (5 fois + dans l'huile d'olive).

Le Lait

Composition pour 100 ml : 67 cal, 3,5 g de protéines, 4,5 g de glucides, 3,6 g de lipides, surtout saturés, 13 g de cholestérol, 0,7 g de minéraux : *calcium 125 mg*, phosphore 100 mg, magnésium 12 mg, sodium 50 g, potassium 125 mg, fer 0,03 mg, vitamines : A 150 UI, D, E, C 2 mg, B (B12 0,6 mg).

Digestibilité du lait et des laitages

Le lait contient du sucre sous forme de lactose, des protéines dont la plus importante est la caséine et des lipides surtout présents dans la crème du lait. Pour être digéré dans l'estomac, l'organisme a besoin d'enzymes, substances spécifiques qui « coupent » en molécules simples les molécules complexes du lait.

Le lactose est donc transformé en deux molécules de saccharose et de glucose, grâce à la lactase... Dans nos pays les études ont montré que seulement la moitié de la population posséderait la lactase pour faciliter la digestion du lait. On comprend que ceux qui disent « ne pas supporter le lait » puissent digérer les yaourts qui sont des laits fermentés et donc ne contiennent plus le lactose mais ses constituants simples.

Les laitages fermentés facilitent la digestion du lait

Le lactose est le principal sucre du lait et des produits laitiers : le lait de femme en contient 7 g/100 ml, et le lait de vache 4,7 g/100 ml. Chez le nourrisson, il représente la source principale des glucides ; chez l'adulte 10 % de l'apport glucidique quotidien.

Pour être digéré, le lactose qui est constitué de deux sucres (glucose et galactose), doit subir l'action d'une enzyme : la lactase. L'activité de la lactase diminue avec l'âge. Chez l'adulte, elle est inférieure de 10 % à celle de l'enfant. Une minorité d'adultes conserve une « activité lactasique élevée ».

33 % des Africains de race noire et des Asiatiques n'ont pas de lactase. Chez nous, les sujets sans lactase sont autour de 10 %. Chez les sujets à activité lactasique faible, la digestion du lait peut être améliorée

par la consommation de yaourts, car la lactase microbienne des ferments lactiques résiste aux sucs gastriques. Les ferments lactiques (qui permettent la transformation du lait en fromages ou laitages fermentés, yoghourts, etc.) rendent digestibles les protéines du lait.

Le galactose est absorbé beaucoup plus rapidement que le fructose (sucre des fruits), et un peu plus vite que le glucose. D'où l'intérêt des fruits à la récréation pour les enfants, ou en coupe-faim.

Du lait frais ou stérilisé ? L'antinomie conservation-hygiène/ digestion-assimilation-santé

Il faut le dire : le ***lait stérilisé*** est dénaturé : le traitement par la chaleur, qui permet de détruire les germes du lait et de le conserver plusieurs mois, non seulement détruit ses vitamines mais provoque une dégradation de ses protéines et en particulier de ses acides aminés, de ses sucres, et désactive ses enzymes[45] (effets de la réaction de Maillard, effets pervers des supplémentations en fer et vitamine C, apparition de radicaux libres…). Il en résulte un produit peu digestible, très dégradé, qui n'est pratiquement pas assimilable.

Les laits crus sont aujourd'hui très surveillés, et le ***lait pasteurisé*** est débarrassé des germes les plus dangereux (pathogènes), son *goût* est proche de celui du lait cru (qualités organoleptiques : goût, saveur, texture, témoignent de sa fraîcheur). Mais il faut le consommer rapidement, ce qui est une chose tout à fait naturelle puisque notre santé est liée à la consommation d'aliments *frais*.

Influence de l'alimentation sur la teneur en acide gras du lait des ruminants

Les aliments apportés aux ruminants sont directement responsables de la qualité des acides gras du lait qu'ils produisent ; si ce sont des farines, les acides gras saturés seront en plus forte proportion et donc directement impliqués dans les maladies cardio-vasculaires, cancers, etc. Ainsi, l'influence de l'alimentation sur la teneur en acide gras « trans » du lait a été étudiée sur deux populations de chèvres, l'une alimentée par du foin de luzerne, l'autre part du foin de luzerne (Rumiluz) enrichi en acides gras poly-insaturés. Les chèvres nourries au Rumiluz produisent ces acides en plus fortes proportions (+ 20 à + 40 %). De même les proportions acides gras trans augmentent quand on passe

45. « Le lait est-il encore du lait ? », *Science et Vie* n° 978, mars 1999, p. 140.

d'une alimentation riche en fourrage à une alimentation pauvre en fourrage[46].

Des laits de remplacement ?

– Du point de vue de la composition nutritionnelle, mieux vaut consommer ***des laits de chèvre ou de brebis (élevées en liberté)***, en particulier pour leurs acides gras et leur teneur plus équilibrée en minéraux et en calcium. Bien entendu ce ne doit pas être des laits stérilisés, et ils sont très rares sur le marché.

– Certains producteurs remettent sur le marché le ***lait de jument***, réputé depuis l'Antiquité pour ses vertus revitalisantes, utilisé aussi comme remplacement du lait maternel chez le nourrisson, en Asie et dans plusieurs pays d'Europe ; ce lait paraît d'une composition d'autant plus intéressante (vitamine C, zinc, acides gras essentiels ou poly-insaturés, non synthétisés par notre organisme...) que les pacages sont sélectionnés (compositions comparées : voir tableaux ci-après laits, maternel, végétaux, animaux : vache, chèvre, brebis, jument...).

– Cependant les personnes à qui le lait est interdit (allergies, intolérances, maladies rhumatoïdes, Crohn...) doivent éviter tous les laits et produits laitiers animaux[47] en particulier de vache, à l'exception d'un peu de chèvre ou brebis au lait cru et avec modération.

– De même sont déconseillés les laits et produits dérivés de vache aux nourrissons de moins de quatre mois qui ont des antécédents familiaux de diabète sucré, en tant que facteur environnemental prédisposant au diabète de type 1.

– *Laits végétaux* : soja, riz même complet, avoine, lait de coco, amandes, noisettes, châtaignes, associés à de la dextrose de maïs : les laits végétaux peuvent être trouvés sur le marché normal ou plus souvent bio, le plus courant étant le lait de soja en briques, stérilisé : il ne faut pas utiliser ce lait de façon trop fréquente ou en allaitement complet, il peut à long terme provoquer des allergies au soja, en outre son taux très élevé en phytohormones a été mis en cause dans des pubertés précoces chez la fillette (utilisation chez le nourrisson allergique aux laits en poudre), enfin il apporte peu de minéraux et de vitamines, surtout s'il est stérilisé.

---

46. Laboratoires de l'AFSSA, Unité qualité du lait et analyse sensorielle, site de Maisons-Alfort.

47. Jean Seignalet, *L'alimentation ou la troisième médecine*, 1996, éd. F.-X. de Guibert.

Les autres laits végétaux en poudre (surtout AB) ont un apport intéressant en acide linoléique et calcium, l'un aidant à assimiler l'autre, ils sont obtenus à partir de procédés qui respectent mieux leur composition en minéraux, vitamines et acides gras ; ils sont utilisables dans tous les usages du lait normal, à diluer pour les nourrissons.

Composition de laits végétaux : Pour 100 g (diluer 1 à 2 c. soupe/100 ml d'eau pour nourrissons : 3 c. café/100 ml)			
	Amandes % ajr*	Noisettes % ajr*	Femme moy/j
Protéines	14,6 g	12,5 g	2,4 g
sucres	60,5 g	67,0 g	7,0 g
acides gras :	13,5 g	13,5 g	moy. graisses 3,8 g
« saturés	0,9 g	0,7 g	
« mono-insaturés	8,8 g	9,1 g	
« polyi-nsaturés	3,8 g	3,7 g	1 à 15 g (linoléique)
« cholestérol	0,0 g	0,0 g	
Fibres végétales	3,3 g	2,9 g	
Sodium	0,05 g	0,02 g	
Calcium	200 mg *25 %*	160 mg *20 %*	} tot. minér 0,18 g
Phosphore	250 mg *31 %*	210 mg *26 %*	
Vitamine A	630 µg *78 %*	550 µg *68 %*	
Vitamine E	9,0 mg *90 %*	9,0 mg *90 %*	
Vitamine B2	250 µg *16 %*		300 à 400 µg

**Apport journalier recommandé*

– **Le lait maternel** a une composition évidemment idéale en ce qui concerne les besoins du nourrisson, dans la mesure où la mère veille à mener une vie régulière avec une alimentation naturelle, riche en fruits et légumes frais, en viande fraîche et de bonne qualité, point trop cuite et sans excès, en poisson, œufs et volailles frais, en huiles d'olive ou de noix (acides gras), en légumineuses, céréales complètes, fruits secs (minéraux), avec des modes de cuisson doux… (cf. p. 220, § 3). Si elle souffre de carences, elle doit veiller à les combler plutôt par son alimentation que par des compléments alimentaires de synthèse.

« Le lait maternel est la première et seule nourriture du nouveau-né ; son rôle dans la maturation du système nerveux central et des fonctions immunitaires est fondamental[48]. »

H. Lestradet[88] : « *Un veau double son poids de naissance en 2 mois alors qu'un jeune enfant le double entre 5 et 6 mois. Le veau a donc*

48 H. Lestradet, « Quel lait faut-il donner aux enfants ? », *Cah. Med.*, 6, 1981, p. 1239.

besoin de 3 fois plus d'éléments plastiques, protides et sels minéraux que l'enfant; mais le cerveau de l'enfant croît 2 fois plus vite par rapport à son poids que le cerveau du veau, imposant un apport de certaines substances, galactose et acides gras d'un type particulier, 2 fois plus important chez l'enfant. On constate que les deux laits sont exactement adaptés, dans chaque espèce, à la croissance du bébé ou du veau. »

Différences entre lait maternel et lait de vache[49]

Composition moy. lait de femme et lait de vache/100 ml	Femme	Vache
Matière sèche (g)	12,0	12,5
Valeur énergétique (kcal)	67	67
Protéines : totales (g)	1,55	3,5
Caséine (g)	0,85	2,8
Lactosérum (g)	0,7	0,7
a_lactalbumines (g)	0,35	0,2
b_lactoglobulines (g)	0	0,35
Immunoglobulines (g)	0,15	0,05
Glucides : totaux (g)	7,5	4,5
Lactose (g)	6,5	4,5
Oligosaccharides (g)	1,0	Traces
Lipides : totaux	3,5	3,6
Ac. linoléique (% lipides)	10	3
Cholestérol (mg)	20	13
Minéraux : totaux (g)	0,2	0,7
Calcium (mg)	30	125
Phosphore (mg)	20	100
Magnésium (mg)	5	12
Sodium (mg)	10	50
Potassium (mg)	45	125
Fer (mg)	0,1	0,03
Vitamines : vit. A (UI)	170	150
Carotène (µg)	50	25
Vit. D (UI)	2	4
Vit. E (mg)	0,5	0,15
Vit. C (mg)	4	2
Vit. B1 (mg)	15	40
Vit. B2 (mg)	40	175
Vit. B5 (mg)	160	90
Vit. B6 (mg)	5	60
Ac. folique (µg)	0,2	0,2
Vit. B12 (mg)	0,03	0,6

49. Dr Michel Massol, professeur à l'Université de Toulouse-III (*Revue Aesculape* n° 10, jan-févr. 1998) « Le lait de femme contient 2 à 3 fois moins de pro-

« Le lait maternel doit… rester la référence. Il est en particulier parfaitement adapté au statut de l'enfant prématuré, et sa composition évolue au cours de l'allaitement. Le lait d'une mère de prématuré contient davantage d'acides gras à chaînes moyennes, plus facilement utilisables, que celui d'une mère dont l'enfant est né à terme. La composition lipidique du lait est donc également primordiale pour le développement de l'enfant[50]. »

Des chercheurs (INRA) ont défini le **rôle des bifidobactéries**, des micro-organismes présents dans le tube digestif des enfants nourris au sein. – On savait que l'allaitement diminuait énormément le risque de diarrhée chez le nourrisson. En étudiant des souris à flore digestive humaine, ces chercheurs ont constaté que la présence de ces bactéries intensifiait la réponse du système immunitaire intestinal des animaux contre les rotavirus, les virus responsables de diarrhées[51].

Si le lait maternel est nécessaire à la santé du nourrisson (au moins 6 mois selon les critères de l'OMS), l'allaitement est bénéfique à la santé de la mère, notamment pour prévenir les cancers du sein (cf. p. 23) ; il ne doit pas fatiguer la mère s'il est assuré dans de bonnes conditions physiques nutritionnelles (aliments naturels variés, poissons et fruits de mer, légumineuses, fruits et légumes frais, noix diverses, huile d'olive, cuisson douce, repas suffisant...). Cf. p. 220.

– Les laitages doivent être fermentés pour faciliter leur digestion

Dans environ 20 % des cas, notre estomac ne possède pas, ou très peu, *l'enzyme nécessaire à la digestion du lait,* ce qui explique que tant de personnes ne digèrent pas le lait, mais les ferments lactiques (qui permettent la transformation du lait en fromages ou laitages fermentés, yoghourts, etc.) rendent digestibles les protéines du lait.

---

téines, mais dans la répartition des aminoacides, il est plus riche en cystéine, plus pauvre en tyrosine, phénylalanine et tryptophane ; il ne contient pas de b-lactoglobuline mais renferme trois fois plus d'immunoglobulines. »

Au niveau des lipides le lait humain contient trois fois plus en moyenne d'acides gras poly-insaturés à longue chaîne (AGPILC), dont les acides linoléiques (18:2, n-6), a-linoléique (18:3, n-3) et cervonique (22:6, n-3) particulièrement importants pour le développement harmonieux du SNC et de la rétine de l'enfant.

Le lait de femme renferme 1,5 fois plus de glucides, dont le lactose et des oligosaccharides, deux fois plus environ de vitamines E, C, B3, mais par contre beaucoup moins de Ca, de P, de B1, B2 et B6. L'intolérance au lactose du lait de vache oblige à s'interroger sur sa digestibilité.

50. B. Chevallier et J. de la Tullaye, « Lipides des laits infantiles », *Cah. Nutr. Diét.*, vol 30, n° 3, 1995, p. 189.

51. 15/04/2002 INRA.

Des fromages pour les minéraux et le calcium ? Surconsommation de laitages et décalcification : Calcium et Ostéoporose

Certes, les fromages sont une source de calcium, mais il faut les consommer *sans excès car ils sont trop riches en graisses animales (saturées),* et l'apport de calcium est contrarié lors du métabolisme par la présence des protéines animales porteuses des graisses (cachées), responsables directement d'une perte calcique importante. Déjà en 1991, le Dr Serge Renaud (INSERM de Lyon) le démontrait :

« C'est la consommation de lait (et non de fromage) qui explique, dans un pays donné, la fréquence des maladies cardio-vasculaires » :

– Le fromage, « grâce à son processus de fermentation, dégage du calcium qui neutralise les graisses nocives et *se combine à elles pour constituer un agrégat que le corps parvient à expulser* ».

– Le calcium du fromage n'est donc pas assimilé, mais, agrégé aux graisses saturées, *directement expulsé.*

> *C'est pourquoi un régime à tendance végétarienne est fortement recommandé à la ménopause pour éviter l'ostéoporose (grâce à une forte proportion de protéines végétales et de phyto-estrogènes, voir p. 21 et suivantes), et prévenir une prise de poids excessive.*

Il faut ici rappeler :

– **la richesse des *végétaux* en calcium** si leur consommation est suffisamment importante, et en vitamine C et fibres,

– **et celle en *acide oléique* (composant de la formation osseuse associé au calcium) de l'huile d'olive**[52]**,** qui favorise l'absorption intestinale du calcium, du phosphore et de la vitamine D,

– **la notion importante : plus l'apport de calcium au cours du repas est important, et moins son coefficient d'absorption digestive est élevé**[53] (la surconsommation de laitages conduit à la décalcification : acides gras saturés animaux) ; il faut consommer au cours d'un même repas des laitages avec modération, et toujours diversifier largement les apports (végétaux, minéraux, eau...) pour associer sans excès tous les éléments nécessaires à cette absorption (magnésium, phosphore, fer, protéines végétales, vitamine C, fibres...),

– **l'apport du calcium au milieu du repas** paraît en revanche augmenter les capacités intestinales d'absorption (*idem*), lorsque les composants du repas s'harmonisent.

---

52. Cf. plus haut : « phyto-estrogènes et ménopause », p. 52-59, et « huile d'olive », p. 130 s.

53. *Calcium, des sources et des femmes,* Act Méd Int – Gastroentérologie (11), n° 4, avril 1997.

Les laits de chèvre ou de brebis

La valeur en calcium et en acides gras des laitages de chèvre et de brebis n'est pas la même que celle du lait de vache et de ses dérivés, ils sont moins riches en calcium, ce qui ne nuit pas à son assimilation, comme nous l'avons vu plus haut.

Ce sont les acides gras spécifiques du lait de chèvre qui lui apportent sa saveur : *acide caproïque 0,07 %, caprylique 0,07 %, caprique 0,23 %* ; il apporte en outre 0,36 % d'acide butyrique, 0,10 % d'acide taurique, 0,30 d'acide myristique, 0,66 d'acide palmitique, 0,30 d'acide stéarique, *0,56 % d'acide oléique, 0,07 % d'acide linoléique, 0,03 % d'acide linoléique.*

Selon certaines études américaines, les protéines du lait de chèvre auraient un rôle efficace contre la sclérose en plaques et le cancer[54].

Composition approximative des différents laits connus

g/100 g	Caséine	Albumine	Graisses	Lactose	Sels divers	Eau
Femme	0,34	1,30	3,80	7,00	0,18	87,38
Ânesse	0,60	1,55	1,50	6,40	0,32	89,63
Chèvre	3,50	1,35	4,40	3,10	0,35	87,60
Brebis	04,6	1,00	7,80	4,70	0,90	87,60
Vache	3,00	1,20	3,20	4,30	0,70	88,00
Jument	1,20	0,70	0,60	4,80	0,40	92,30

Les laits fermentés : yoghourt, fromages frais et lait caillé

Rappelons que la digestion du lait n'est pas toujours facile : en effet souvent les adultes ne possèdent plus l'enzyme nécessaire à la digestion du lait, présente chez l'enfant : la lactase. Or, les ferments lactiques prédigèrent les protéines du lait et le rendent plus assimilable, ce qui permet aux personnes ne digérant pas le lait d'en consommer sous forme de yoghourt ou de fromage.

Utilisez de préférence des yoghourts au bifidus, ferment lactique, pour son effet stimulant de la flore et du transit intestinal, et du système immunitaire (les propriétés du bifidus ont été testées en laboratoire), et des yaourts au lait de chèvre ou de brebis pour leur composition (meilleurs acides gras, calcium mieux assimilé).

Composition du yaourt de brebis : Énergie 95 cal, protéines 5,45 g, glucides 4,79 g, lipides 6 g, calcium 185 mg

---

54. Étude de Boston, USA.

Laitages et listeria : il faut être très attentif à la provenance et à la qualité des laitages frais (suivi des contrôles vétérinaires, conditionnement, indications de fraîcheur...). Les produits de l'Agriculture Biologique présentent moins de risques de contamination (meilleures défenses immunitaires des animaux, transmises dans le lait).

Des fromages de chèvre ou de brebis, à base de lait pasteurisé ou cru...

Tardivement hérités des Sarrasins, les fromages de chèvre sont parmi les plus prisés des Français, et des fins gourmets. Ils sont très souvent associés à des préparations culinaires auxquelles ils donnent une onction et un parfum inimitables, et ils ont l'avantage d'apporter, dans une très petite quantité, beaucoup de saveur et encore plus de satisfaction : ce qui est un grand atout pour la maîtrise sans douleur des calories, surtout si on le consomme frais (moins concentré)...

... mais attention à leur provenance (contrôles vétérinaires) pour éviter les risques de brucellose (dans l'incertitude, il faut compter quarante jours d'affinage).

La composition des fromages							
Composition fromage	frais	pâte molle chèvre	croûte fleurie	pâte molle croûte lavée	pâte pressée	pâte pressée cuite	persillée
eau	79 g	50 g	50 g	40 g	35 g	40 g	50 g
énergie	118 cal	310 cal	310 cal	355 cal	375 cal	378cal	320cal
glucides	4 g	4 g	4 g	3 g	2,5 g	1,8 g	1,5 g
lipides	7,5 g	24 g	24 g	24 g	28 g	32 g	20 g
protéines	8,5 g	20 g	20 g	28 g	29 g	21 g	20 g
calcium	100 mg	400 mg	450 mg	700 mg	1 050 mg	620 mg	160 mg
phosphore	140 mg	250 mg	320 mg	360 mg	620 mg	420 mg	340 mg
magnésium	10 mg	20 mg	23 mg	35 mg	50 mg	25 mg	23 mg
potassium	130 mg	150 mg	125 mg	100 mg	140 mg	120 mg	300 mg
sodium	40 mg	700 mg	970 mg	880 mg	200 mg	1 600 mg	1 000 mg
zinc	0,5 mg	5 mg	6 mg	10 mg	10 mg	6 mg	1 mg
vitamine A	170 U.I.	1 010 U.I.				1 140 U.I.	1 200 U.I.
riboflavine	0,15 mg	0,75 mg				0,4 mg	0,6 mg

Chèvre sec : Eau 30,6 g, sodium 790 mg, magnésium 26 mg, phosphore 526 mg, potassium 114 mg, calcium 260 mg, fer 1,1 mg, manganèse traces, cuivre 0,36 mg, zinc 1,3 mg, sélénium et iode traces.

Roquefort: Eau 41,2 g, sodium 1 600 mg, magnésium 25 mg, phosphore 430 mg, potassium 120 mg, calcium 5 à 600 mg, fer 0,5 mg, manganèse traces, cuivre 0,09 mg, zinc 2,8 mg, sélénium µg et iode 50 µg.

Dans l'étude ABARAC (chap. I, note 10), le roquefort bio montre des taux significativement plus élevés que les roqueforts non bio (AR et AC) de même provenance (Ca 584 mg).

IV. COMMENT CONSOMMER DES MICRO-NUTRIMENTS ESSENTIELS SANS PASSER CHEZ LE PHARMACIEN, AVEC DES FRUITS ET DES LÉGUMES FRAIS

(En mg/100 g de produit comestible)

Besoins quotidiens en vitamines

	A	B1	B2	B3 ou PP	B6	B9 Ac Folique	C	D	E
enfant									
1 an	0,4 mg	0,3 mg	0,5 mg	9 mg	0,8 mg	0,1 mg	35 mg	10/15 µg	5/7 mg
5 ans	0,6 mg	0,7 mg	1,1 mg	12 mg	1,4 mg	0,3 mg	50 mg	10 µg	10 mg
10 ans	0,8 mg	1,0 mg	1,5 mg	14 mg	1,6 mg	0,3 mg	60 mg	10 µg	15 mg
adolescent									
garçon	1,0 mg	1,2 mg	1,7 mg	17 mg	2,2 mg	0,3 mg	80 mg	10 µg	15 mg
fille	0,8 mg	1,0 mg	1,5 mg	15 mg	2,0 mg	0,3 mg	80 mg	10 µg	15 mg
adulte									
homme	1,0 mg	1,5 mg	1,7 mg	17 mg	2,2 mg	0,3 mg	80 mg	10 µg	15 mg
femme	0,8 mg	1,3 mg	1,5 mg	15 mg	2,0 mg	0,3 mg	80 mg	10 µg	15 mg
enceinte	1,2 mg	1,5 mg	1,7 mg	20 mg	2,5 mg	0,8 mg	90 mg	15 µg	15 mg
allaitante	1,4 mg	1,7 mg	1,7 mg	20 mg	2,5 mg	0,5 mg	90 mg	15 µg	15 mg

Les 3 minéraux fondamentaux végétaux les contenant

1. Calcium

Persil	200 mg	Noix fraîche	61 mg
Pissenlit	165 mg	Figue fraîche	60 mg
Cresson	160 mg	Cassis	60 mg
Figue sèche	160 mg	Haricot vert	56 mg
Épinards	104 mg	Abricot sec	55 mg
Fenouil	100 mg	Noisette fraîche	44 mg
Brocoli	93 mg	Datte fraîche	41 mg
Pourpier	79 mg	Orange	40 mg
Crambé maritime	73 mg	Raisin sec	40 mg
Noix de pécan	73 mg	Ail	38 mg
Datte sèche	62 mg	Laitue	37 mg

2. Magnésium

Noix de cajou	252 mg	Noisette fraîche	56 mg
Noix de pécan	142 mg	Châtaigne	45 mg
Noix fraîche	130 mg	Fenouil	40 mg
Pourpier	106 mg	Persil	40 mg
Oseille	103 mg	Pissenlit	36 mg
Banane séchée	90 mg	Avocat	33 mg
Figue sèche	62 mg	Ail	21 mg
Épinards	58 mg	Pomme de terre	21 mg
Datte sèche	58 mg		

3. Phosphore

Noix fraîche	510 mg	Artichaut	95 mg
Noix de cajou	466 mg	Châtaigne	85 mg
Noix de pécan	290 mg	Raisins secs	85 mg
Noisette fraîche	230 mg	Cerises	71 mg
Ail	144 mg	Dattes sèches	74 mg
Abricot sec	131 mg	Asperges	70 mg
Petit pois	126 mg	Persil	70 mg
Champignon	125 mg		

Les oligo-éléments

1. Fer

Pigeon	20 mg	Pissenlit	3,1 mg
Quinoa	9 mg	Datte sèche	3 mg
Soja	8 mg	Épinards	2,7 mg
Lentilles	7,7 mg	Figue sèche	2,5 mg
Pois chiches	7,5 mg	Noix fraîche	2,4 mg
Pois cassés	5,8 mg	Raisin sec	2,4 mg
Persil	5,5 mg	Datte fraîche	2,1 mg
Abricot sec	5,2 mg	Noix de coco	2,3 mg
Noix de cajou	5,2 mg	Ail	1,4 mg
Cresson	3,1 mg		

2. Iode

Noix de cajou	0,01 mg	Ail	0,003 mg
Poireau	0,01 mg	Asperge	0,002 mg
Oseille	0,007 mg	Melon	0,002 mg
Ananas	0,006 mg	Pêche	0,002 mg
Figue sèche	0,004 mg	Épinards	0,002 mg
Aubergine	0,004 mg	Tomate	0,002 mg

3. Zinc

Huître	100 mg	Noix fraîche	3 mg
Hareng	80 mg	Noisette fraîche	2,4 mg
Germe de blé	8 mg	Noix de cajou	2,1 mg
Foie de canard	7 mg	Pissenlit	1,2 mg
Lentilles	5 mg	Ail	1 mg
Haricots secs	5 mg	Petits pois	1 mg
Œufs	4 mg	Avocat	0,6 mg

4. Sélénium

Ail	0,02 mg	Oignon	0,003 mg
Endive	0,013 mg	Laitue	0,002 mg
Champignon	0,01 mg	Radis	0,002 mg
Poireau	0,01 mg	Épinards	0,001 mg
Figue séchée	0,006 mg	Persil	0,001 mg
Pêche	0,004 mg		

Les vitamines

Vitamine C

Goyave	243 mg	Fenouil	52 mg
Cassis	200 mg	Citron	52 mg
Persil	170 mg	Épinards	50 mg
Poivron	130 mg	Mangue	44 mg
Oseille	125 mg	Clémentine	41 mg
Estragon	120 mg	Pamplemousse	37 mg
Brocoli	110 mg	Asperge	31 mg
Kiwi	80 mg	Ail	30 mg
Chou vert	80 mg	P. de terre nouvelle	30 mg
Fraise	60 mg	Châtaigne	27 mg
Chou fleur	60 mg	Melon	25 mg
Cresson	60 mg	Tomate	18 mg
Chou rouge	57 mg	Ananas	18 mg
Orange	53 mg		

Provitamine A

Animales : Rétinol UI/100 g :		*Végétales : ß-carotène /100 g :*	
Huile de foie de morue	85 000	Melon	2 500
Œufs crus	1 150	Abricot	2 500 à 3 000
Beurre	3 500	Carotte	1 200
Fromage	± 1 000	Épinards	1 000
Lait	± 100	Fenouil	700
Foie	de 5 000 à 50 000	Persil	800
Poissons	de 1000 à 2000	Patate douce	8 000
		Pêche jaune	800
		Potimarron	1 700

*Vitamine E**

Levure de bière		Seigle complet	0,4 mg/100 g
Riz bio complet	3,3 mg/kg	Poisson	
Blé germe	14 mg/kg	Porc	
Lentilles	0,5 mg/100 g	Foie	
Soja		Œufs	
Sarrasin	4,7 mg/kg	Lait	

**détruite à 80 % min. par cuisson et procédés de raffinage.*

Vitamine B1 (thiamine)

Levure de bière		Seigle complet	0,4 mg/100 g
Riz bio complet	3,3 mg/kg	Poisson	
Blé germe	14 mg/kg	Porc	
Lentilles	0,5 mg/100 g	Foie	
Soja		Œufs	
Sarrasin	4,7 mg/kg	Lait	

Vitamine B2

Levure	3 à 5 mg/100 g	Blé germe	0,5 mg/100 g
Foie, rognons		Sarrasin grain	0,3 mg/100 g
Cœur		Seigle complet	0,22 mg/100 g

Vitamine B3 ou PP

Riz bio complet	3,8 mg/100 g	Son de riz	50 à 60 mg/100 g
Germe de blé	4,3 mg/100 g	Viande	
Pommes de terre	1,2 mg/100 g	Poisson	

Vitamine B6

Foie de veau	1 à 2 mg/100 g	Blé germe	1,2 mg/100 g
Viandes	1 à 2 mg/100 g	Poisson	0,3-0,7 mg/100 g
Farine complète blé maïs	0,5-0,7 mg/100 g	Œufs	0,1-0,2 mg/100 g

Vitamine B9 ou Acide Folique

Levures	2000-4000µg/100 g	Haricots verts *crus*	10-50 µg/100 g
Blé germe	100-200 µg/100 g	Œuf	50-90 µg/100 g
Asperges, épinards *crus*	100-150 µg/100 g		
Carottes, chou, *crus*	10-50 µg/100 g	Seigle complet	

Chapitre III

L'ART DE CHOISIR ET DE PRÉPARER SANS NUIRE POUR CONSERVER LES QUALITÉS NUTRITIONNELLES

I. Comment choisir. – II. Que choisir ? – III. Ne maltraitez pas vos aliments.

Des aliments le plus frais possible

Chaque aliment, qu'il soit d'origine animale ou végétale, est composé de nutriments actifs qui jouent un rôle essentiel dans la vie de nos cellules et de notre corps comme ils l'ont joué dans la vitalité de l'aliment originel (la plante ou l'animal).

Il importe qu'il soit le plus près possible de son état originel, pour assurer au mieux ses fonctions de nutrition.

Les aliments ont pour rôle d'assurer le bon fonctionnement de notre organisme, et ils rempliront d'autant mieux cet office que leur capital en éléments nutritifs parviendra entier à notre système digestif. En effet, l'assimilation de chaque nutriment est dépendante de la présence des autres, comme sont liés par exemple pour l'assimilation du calcium, la vitamine C, l'acide oléique, le calcium et le fer. Vitamines, minéraux, protéines, acides gras, enzymes, glucides, eau… tout est lié et indispensable.

Le temps de conservation commence à la cueillette du produit et se termine à sa consommation : il doit être le plus court possible.

La teneur en vitamines est très importante et très fragile

Le premier facteur de détérioration des aliments est le *temps,* ajouté à la lumière, la chaleur, les manipulations, qui favorisent l'oxydation : dès la cueillette, dès l'abattage, le compte à rebours commence, le problème de leur conservation se pose : la perte des vitamines a déjà commencé.

Le temps de conservation doit être très limité, dans les meilleures conditions possibles.

La fraîcheur des aliments au moment de leur consommation est donc essentielle, et il importe de savoir la reconnaître pour le bien de notre organisme, d'autant plus que nous ne pouvons pas contrôler le délai de stockage, depuis leur récolte, des produits que nous trouvons sur le marché.

C'est pourquoi la fraîcheur doit être notre premier critère de choix.

I. Comment choisir : Aspect, saison, conservation

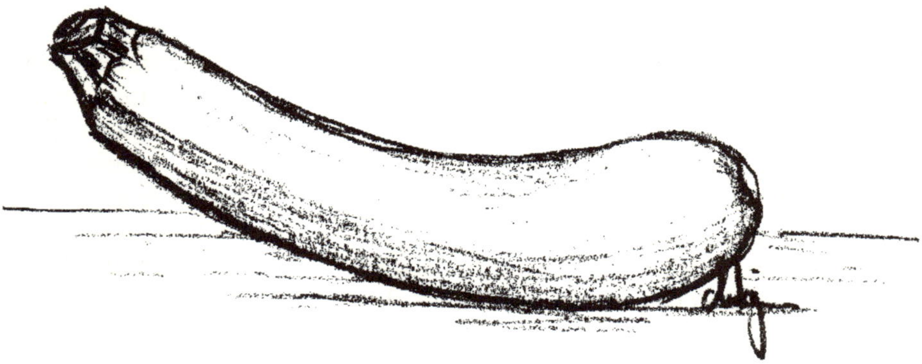

Aiguisez vos cinq sens pour reconnaître qualité et fraîcheur

Première étape, le coup d'œil

L'aspect doit être sain, tonique, ferme.

Méfiez-vous des produits trop bon marché, et observez-les bien : il peut s'agir de produits très frais, et très abondants sur le marché parce qu'en pleine saison ; mais ce peut être aussi des fins de stocks, des invendus que l'on écoule à bas prix avant qu'ils ne soient trop gâtés.

À force d'observation, vous reconnaîtrez vite :

– **le fruit ou le légume abondamment traité,** il brille d'un éclat suspect ;

– **celui qui a attendu sur l'étalage,** il commence à se ratatiner, la queue se dessèche (mais souvent elle a été recoupée), sa peau prend un aspect terne et une coloration inégale, des taches brunes (tallage) apparaissent, signes d'une altération du tissu végétal, d'une perte en minéraux et d'atteintes microbiennes… (sauf la banane dont les taches sont un signe de bonne maturation) ;

– **celui qui est resté longtemps en frigo,** qui a été récolté trop tôt ou a grandi sous serre (pas de soleil), en culture « assistée », il a un aspect translucide, fragile…

– **celui qui porte des moisissures**, atteint de champignons ;

– **quant au poisson, attention :** à l'aspect des branchies (bien rouge non ratatinées, bien hydratées), des yeux clairs et non vitreux, une peau lisse et brillante gardant ses écailles, non arrachée ; une sardine qui rougit par la tête n'est pas fraîche). Les poissonniers connaissent bien la « table de mirage ».

… alors évitez ces produits, même (et pour cause) objets de promotions alléchantes ; et cherchez plus frais.

Deuxième étape : le toucher

Il suffit de prendre un fruit ou un légume sans le maltraiter, de le soupeser, pour constater s'il est plutôt lourd et compact, ferme, craquant, ou s'il est plutôt déshydraté, moins lourd qu'il ne devrait être, ramolli, élastique, voire caoutchouteux. Point n'est besoin d'enfoncer son doigt dans un avocat pour juger de sa maturité, le serrer très légèrement dans sa main suffit pour tester sa souplesse, et le poids d'un melon, sa fermeté, vous diront beaucoup sur sa qualité. De même, la peau tendue d'une courgette bien fraîche est prête à éclater si l'on y pousse un peu le bout de l'ongle.

Un poisson à chair flasque et grasse (mauvais élevages) est à éviter ; ses ouïes doivent être brillantes, colorées, leur extrémité fraîche et non recroquevillée. Sa peau brillante et lisse, sans accrocs.

Autres paramètres

– ***L'odeur*** peut être un facteur important pour le choix de certains fruits en particulier (melon, mangue, pomme, et bien sûr fraise, mais aussi tomate…) ; il est certain que le parfum est d'autant plus net et sensible que le produit – fruit ou légume – est sain et fraîchement cueilli, qu'il n'a pas séjourné en chambre froide, qu'il a poussé et mûri en plein air. Inversement, un des signes de sa détérioration est clairement le changement de son odeur…

Par contre, le poisson frais doit sentir la mer plus que le poisson… pas frais.

– ***L'écoute*** nous permet non seulement d'apprécier la fraîcheur d'une noix de coco (bruit d'eau) ou le craquant d'un bon pain, d'une salade, d'une pastèque ou d'un melon –… mais aussi d'entendre, et de profiter des conseils et de l'expérience de nos maraîchers, qui connaissent mieux que nous les ressources du marché.

– **Quant au *goût*, c'est le paramètre final, le but en quelque sorte,** car comment garder l'envie, le plaisir de se bien nourrir, si son côté le plus satisfaisant, le plus agréable, vient à disparaître ? Si la délicatesse de la fraîcheur vire à l'amertume (courgettes). Le goût, le « bon goût », n'est-il pas un des grands facteurs de civilisation, après celui de notre survie ? Goûter, c'est apprécier plus encore que tester, c'est faire sien, posséder totalement et mémoriser à jamais ce qui a, ne serait-ce qu'une fois, charmé nos sens ; et plus le goût s'affine, plus il devient exigeant, plus il nous pousse à obtenir le meilleur des aliments qui nous font vivre. Le meilleur s'entend de ce qui est *le plus naturel possible,* car les goûts et les parfums artificiels trompent nos sens, qui doivent être rééduqués aux goûts et aux parfums naturels : c'est ce que montrent les habitudes alimentaires de *fast-food*, cantine, produits industriels et en général tout produit soumis à des cuissons ou conservations excessives, usage de colorants, conservateurs, édulcorants, exhausteurs de goût, etc., qui éloignent les consommateurs des produits frais en déformant leurs perceptions gustatives. Si vos enfants refusent les fruits et se bourrent de barres sucrées, il y a à faire sur leurs habitudes…

Attention : Identifiez l'origine de vos poissons et fruits de mer

On peut avoir de grosses déceptions…

Dorades roses : ce ne sont que des pagres d'Afrique.

Les *bouquets* (30/kg) ne sont que de vulgaires crevettes roses tropicales (8/kg).

La *coquille Saint-Jacques d'Écosse* : la noix est saturée d'eau douce et de polyphosphates pour en augmenter le poids.

Les produits de la Baie de Seine sont souvent chargés en métaux lourds.

Les poissons venant du *Danemark* estampillés Union Européenne, viennent souvent de la Russie et des pays de l'Est.

Les poissons crus mode nipponne, sushi et sashimi (thon rouge cru), contiennent un ver parasite, l'anisakis, qui peut provoquer un kyste intestinal responsable d'occlusions intestinales (300 par an au Japon) : à bannir ; les larves de ce ver sont tuées par la *congélation et la cuisson*, mais demeurent dans les chairs crues.

Les *filets de perche* du Nil, provenant de la région du lac Victoria en Afrique Équatoriale, et avérés bourrés de pesticides en 1999, étaient très utilisés avant leur interdiction en mars 1999, en restauration collective.

Profitez pleinement de chaque saison

Choisissez en priorité les *légumes et les fruits de pleine saison*, ils sont économiques et adaptés naturellement aux besoins saisonniers de notre corps : par exemple, en hiver, agrumes, kiwis, mais surtout les choux et le persil, sont très riches en vitamine C, utile à la lutte contre le froid et les infections, en plus de son rôle immunitaire et anti-cancer. Crucifères et alliacés sont très riches en composés soufrés qui protègent et restaurent notre système respiratoire.

En outre, le fruit de saison est, par définition, mis très vite sur le marché, sans stockage prolongé ni traitements conservateurs trop lourds. Son capital en vitamines est donc mieux préservé.

Consommez vite, ne stockez pas

Évitez de conserver trop longtemps vos fruits et légumes frais, **achetez moins et renouvelez souvent**, vous aurez *le plaisir de choisir*, d'écouter et de varier vos envies, en fonction de vos besoins et de vos humeurs (cela compte), et le bénéfice de leur fraîcheur – *couleur, odeur et saveur préservés !*

Et vous éviterez, en achetant frais et consommant vite, nombre de *risques liés à la conservation prolongée des aliments,* contre lesquels les responsables de la Direction Générale de la Santé [1] mettent en garde avec insistance : attention à votre frigo, lavez les fruits exotiques, enfermez tout séparément, nettoyez souvent (eau + vinaigre ou javel/tous les 15 jours), réchauffez bien vos restes ou plats cuisinés, et consommez

---

1. *Bulletin Épidémiologique Hebdomadaire de la Direction Générale de la Santé*, février 1999 : 7 858 hospitalisations et 1 décès liés à des infections alimentaires en 1996.

rapidement. (Les denrées périssables conservées entre 10 et 35° deviennent les lits de prolifération de milliers de germes, source d'intoxications alimentaires ou listériose.)

Les produits surgelés dans de bonnes conditions (pas de rupture de la chaîne du froid) sont meilleurs que les produits de conserve, s'ils ne sont pas cuisinés : attention à ne pas les décongeler et recongeler inconsidérément.

II. Que choisir ?

La plus grande variété

Variez le plus possible fruits et légumes, *consommez-les en priorité et largement, plutôt crus* que cuits, en entrée, en dessert de préférence aux crèmes, gâteaux ou autres pâtisseries (gardez-les pour les grandes occasions, elles n'en auront que plus de… goût !), et même en coupe-faim.

Vitamine C

En hiver surtout, la vitamine C est très importante, faites-en une habitude : *persil* (à feuilles plates) en abondance (crèmes de persil, salades de persil, vrais taboulés), salades de *choux* divers, *citron* et *agrumes* à toutes les sauces, *kiwis*… mettez des fruits dans vos salades vertes, pommes ou mandarines avec la frisée ou la scarole (doux-amer), pamplemousses et avocats, et pourquoi pas de fines tranches de rhubarbe fraîche pour une note aigre-douce et un peu anticonformiste ?

Moins de viandes

Si la viande est nécessaire à notre équilibre alimentaire, par son apport en protéines, en fer, en zinc…, *un excès de graisses animales* est la cause de nombreux cancers et maladies cardio-vasculaires. Rappelons que de 1936 à 1985, la consommation de viande en France a plus que doublé (de 47 kg à 110 kg)… et les maladies cardio-vasculaires et les cancers se sont multipliés.

Limitez votre consommation en viandes rouges : une à deux fois par semaine au maximum, et une seule fois par jour, suffit à un régime normal ; les viandes blanches sont moins grasses, et un ou deux repas végétariens par semaine sont une bonne occasion de privilégier les protéines végétales.

Mettez-vous à l'heure marine

La mer est un formidable réservoir de sels minéraux dont on commence à peine à entrevoir l'importance. Alors profitez de ses fruits deux à trois fois par semaine.

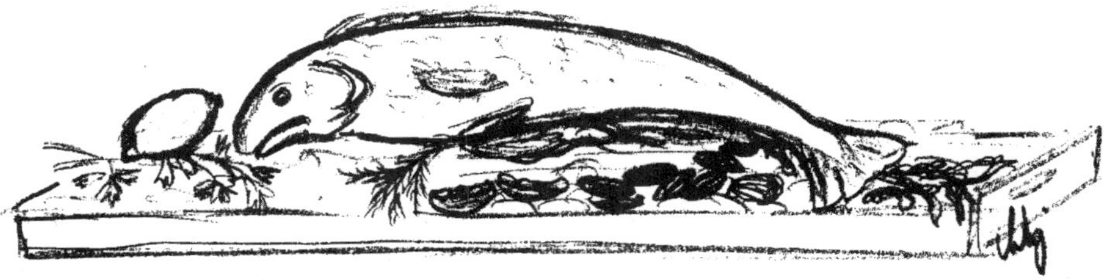

Le poisson :
Très riche en acides gras poly-insaturés (en particulier les poissons gras comme le saumon, le maquereau, la sardine, l'anchois, le hareng) qui protègent contre les maladies cardio-vasculaires, en phosphore (aliment du cerveau), en protéines…

Les fruits de mer :
Très riches en sels minéraux : sodium, potassium, magnésium, sélénium, et donc excellents reminéralisants (croissance, grossesse, convalescence…)

Les algues :
Appelées légumes de mer, les algues apportent une grande richesse en minéraux (dont phosphore, magnésium, calcium, zinc, cobalt, fer…) et vitamines (toutes, y compris B12), mais aussi en protéines végétales, en fibres douces, elles sont d'usage peu courant mais appelées à prendre une place croissante dans notre alimentation. On peut les utiliser séchées et les ajouter en complément dans notre alimentation.

Consommez plus souvent des céréales complètes et des légumineuses

Les céréales complètes sont très riches en minéraux et en protéines végétales (il n'est donc pas nécessaire de les accompagner de viande), ainsi que les légumes secs, pois cassés, pois chiches, lentilles vertes, ils sont *incontournables pour équilibrer correctement un régime végétarien.*

Ils constituent en outre le plus intéressant apport en phyto-estrogènes, nécessaires à l'équilibre hormonal à court (périménopause) ou long terme (prévention des cancers hormono-dépendants, de l'ostéoporose et des maladies cardio-vasculaires)…

Ils ont conservé leur germe, très riche en vitamines du groupe B : (faites germer grains de blé ou lentilles pour les mêler à vos salades et vous assurer un apport équilibré en vitamines…)

Assaisonnements : soyez écologiques

Consommez le beurre cru, avec modération. Les graisses animales sont peu digestes, surtout si on les cuit, elles sont transformées en *benzopyrènes* si on les laisse brûler (cancérigènes). Mais le beurre n'est composé que de 60 % de matières grasses, ne comprend ni colorants (à moins qu'il ne soit trop jaune : ne craignez pas un beurre blanc), ni conservateurs, contrairement à beaucoup de succédanés. Ceux-ci sont en outre composés de graisses hydrogénées, qui apportent des acides gras toxiques, (acides gras « trans »), responsables de 30 000 cas de maladies cardio-vasculaires aux USA.

Privilégiez l'huile d'olive (acides oléique et linoléique évitent les obstructions vasculaires ; pas d'acides gras trans ; facilite le transit intestinal par contraction de la vésicule biliaire), sur vos légumes, votre poisson, ou même vos viandes, mêlée à quelques poireaux ou oignons. Première pression à froid, ni raffinée ni traitée (contrairement à toutes les huiles végétales du commerce), elle supporte très bien la chaleur (210°), mais aime à être consommée crue, mariée au citron (vitamine C), au vinaigre de pomme (riche en sélénium) ; vous pouvez également utiliser en assaisonnement le lait fermenté ou yoghourt (au bifidus, contenant le bifido-bacterium longum, qui favorise défense immunitaire et transit intestinal), ou mieux au lait de brebis ou de chèvre, relevé de fines herbes et de condiments.

Consommez des fromages frais…

… mais suffisamment affinés (attention aux bactéries), pasteurisés ou au lait cru, de provenance contrôlée, et surtout de chèvre ou de brebis (intolérances fréquentes au lait de vache et dérivés).

Pour ce qui est du calcium, le gruyère ou emmenthal en est particulièrement riche (il peut être servi en assaisonnement sur des légumes ou céréales chauds), mais tous les végétaux en comportent, à des taux plus ou moins importants mais très bien assimilés. Au cours d'un repas, le fromage passe pour fort bien remplacer la viande par sa richesse en protéines ; en fait il est bien plus riche en graisses animales saturées (vache surtout), moins bien digéré et assimilé, en particulier son calcium (cf. chap. I et II), contrairement aux idées reçues ; consommer les deux au cours d'un même repas est superflu.

En effet, certaines personnes digèrent mal le fromage, du fait de sa richesse en matières grasses animales, et l'excès de celui-ci le soir peut expliquer certaines insomnies, d'origine digestive. Et l'ostéoporose ? Le calcium ne se trouve pas exclusivement dans les laitages, n'oublions pas que notre organisme le trouve aussi et très abondamment dans tous les végétaux, dont les vaches se nourrissent exclusivement (en principe) pour être les plus grandes productrices de lait. C'est pourquoi il convient de consommer beaucoup plus de fruits et des légumes, graines et légumineuses assaisonnés à l'huile d'olive.

III. Ne maltraitez pas vos aliments

Savoir choisir les produits les plus frais ne sert à rien s'ils sont conservés trop longtemps, nous l'avons déjà dit, mais *la manière dont ils seront lavés, épluchés, coupés, peut leur être très dommageable*.

On peut donc conseiller quelques bonnes habitudes

1re règle

Ne les épluchez ni ne les coupez pas *trop longtemps à l'avance*, vous favoriseriez leur oxydation. Si des contraintes de temps vous y obligent, mettez-les alors une fois épluchés et coupés de la bonne manière, puis rincés à l'eau fraîche, dans une boîte fermée au réfrigérateur, sans délais excessifs (quelques heures à une journée…).

2e règle

Épluchez-les et coupez-les avec un *couteau très bien aiguisé, et sans scie,* de manière à obtenir une coupe franche et nette qui ne s'oxydera pratiquement pas, et *de haut en bas en suivant le sens de la pousse* : c'est-à-dire que vous éplucherez vos carottes de la fane vers le bout de la racine, vos pommes de terre de l'œil de pousse (unique à son

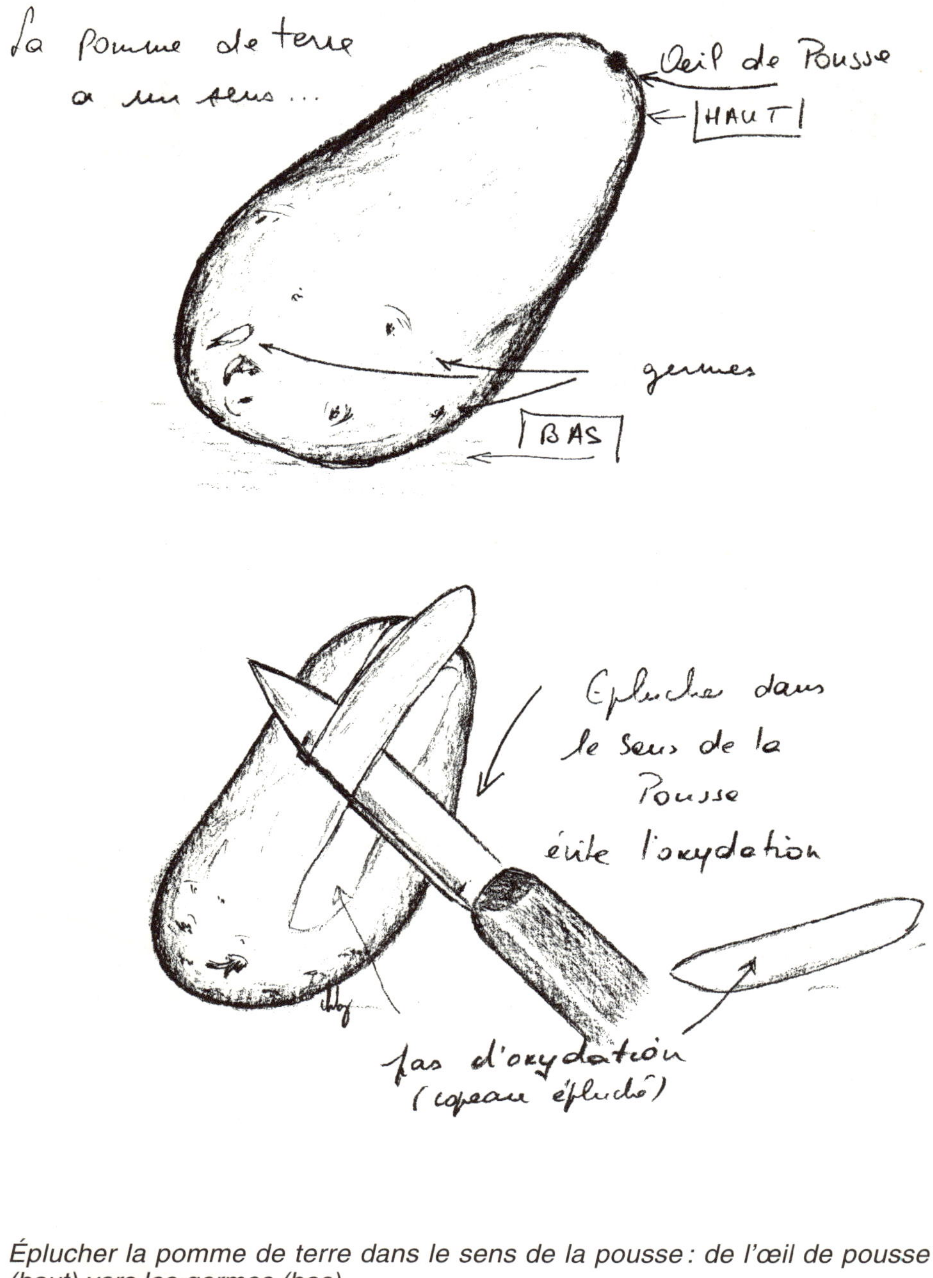

Éplucher la pomme de terre dans le sens de la pousse : de l'œil de pousse (haut) vers les germes (bas).

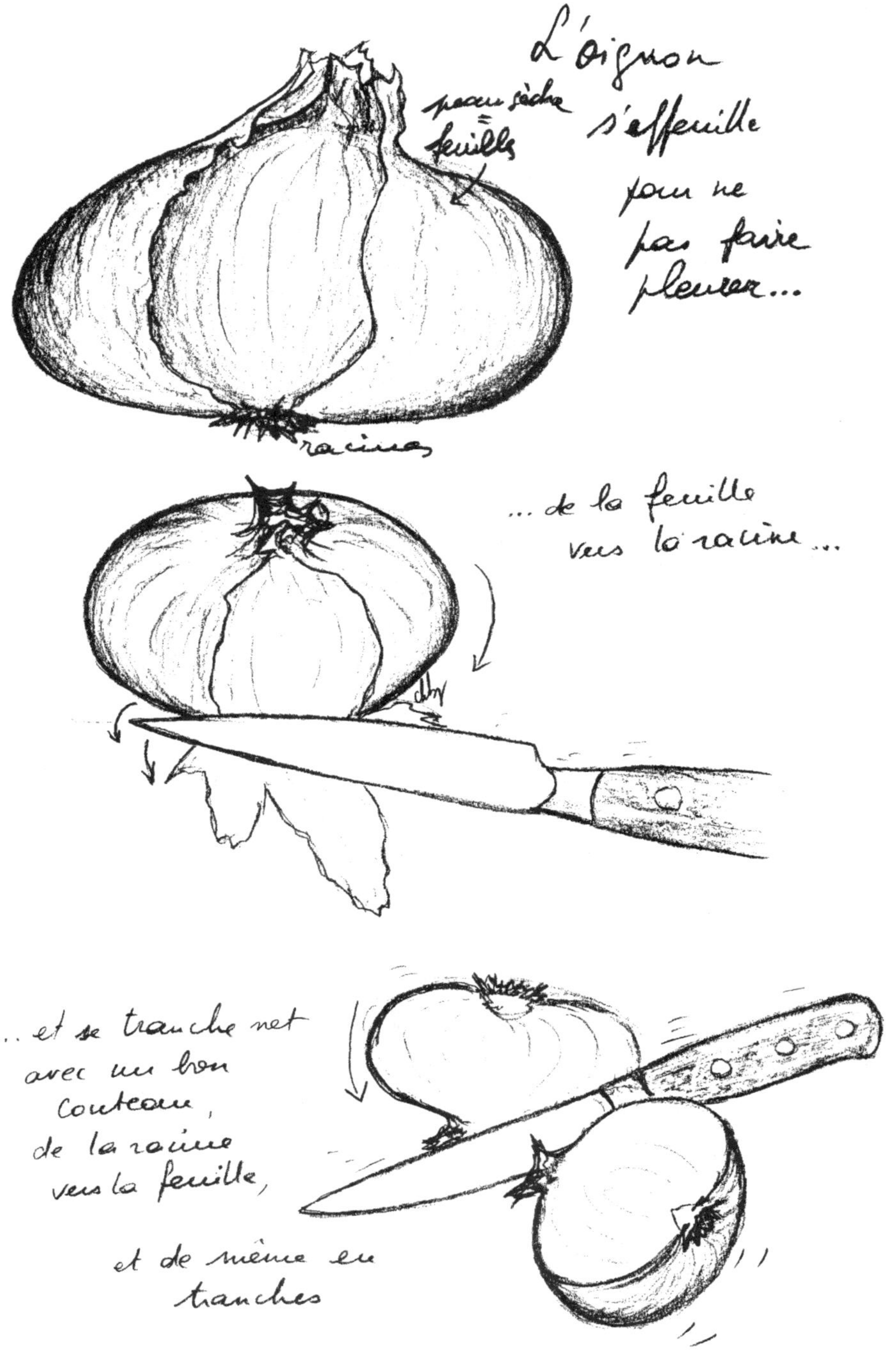

Comment éplucher et couper un oignon, sans pleurer ?

extrémité) vers les yeux des racines (multiples à l'autre bout, plus large), les courgettes (si vous n'aimez pas leur peau, qui peut devenir amère lorsqu'elles sont moins fraîches, mais c'est dommage) à partir de leur queue ; oignons et poireaux seront effeuillés depuis la feuille vers la racine, et ensuite coupés avec un bon couteau de la racine vers le haut en deux, puis en lamelles, etc.

Par exemple, prenez deux pommes de terre, et épluchez-les avec deux couteaux différents, l'une comme avant dans n'importe quel sens avec un couteau mal aiguisé et usagé comme il en traîne dans toutes nos cuisines, et l'autre dans le sens de la pousse avec un couteau neuf ou très bien aiguisé. La première va très vite noircir, tandis que la seconde gardera un aspect net et sans oxydation. Quant aux oignons et poireaux, moins vous les « arracherez », moins ils vous feront pleurer.

3e règle

Rincez-les abondamment à l'eau fraîche, voire tiède, plutôt que chaude, et ne les laissez pas tremper plus de quelques minutes (avant épluchage) afin de leur conserver leurs sels minéraux.

Ces actes de bonne gestion alimentaire posés, c'est dans le même esprit de ne pas altérer les qualités des aliments choisis et préparés que nous allons aborder le problème de la cuisson.

Chapitre IV

LE CHOIX DE CUISSON

I. Le rôle de la cuisson. – II. Conseils pour une cuisson plus écologique. – III. La cuisson idéale : la cuisson vapeur. – IV. Comment pratiquer la cuisson vapeur ?

I. Le rôle de la cuisson

Quelques points de repère :

1) Certains aliments sont impossibles à digérer sans cuisson ; (asperges, pommes de terre, poireaux…)
2) D'autres sont dangereux à consommer crus, du fait des bactéries, parasites… (poulet, poissons, viandes…)
3) La cuisson développe le goût et les parfums de beaucoup d'entre eux.
4) **Aujourd'hui la cuisson a acquis une fonction santé** :

- **éliminer** les graisses, et les conservateurs, colorants et autres produits toxiques utilisés par l'industrie agro-alimentaire ;
- **préserver** au maximum la qualité nutritionnelle des aliments : en particulier, conserver minéraux et vitamines.

Cuisson, vitamines et minéraux

Nous avons déjà insisté :

– sur l'importance des vitamines dans le fonctionnement du corps humain, et dont fruits et légumes constituent la source principale :
Vitamine C : antioxydante, immuno-stimulante, anti-mutagène, elle joue un rôle essentiel dans la défense contre infections et maladies et dans la prévention des cancers.
Vitamine A : peau, vue. Retarde le développement de certains cancers.
Vitamines du groupe B : peau, cheveux. Certaines ont une action contre le cancer.

– sur l'importance des sels minéraux nécessaires aux fonctions des organes, leur action se combine avec celle des vitamines, et leurs carences provoquent de graves déséquilibres, notamment immunitaires et hormonaux.

Or le mode de cuisson peut éliminer totalement ou partiellement ces apports : en effet, la cuisson porte atteinte à la teneur en vitamines et en minéraux des aliments, lorsqu'elle ne respecte pas des règles simples quant aux modes et à la température de cuisson.

La « perte d'identité » par la cuisson

Les méfaits de la cuisson

La cuisson peut aboutir à une véritable perte d'identité.

À partir de 100 °C la chaleur détruit les vitamines.

À partir de 100°, la plupart des vitamines sont détruites, la couleur et le goût des aliments, leur odeur sont modifiés, abîmés ; il en va de même pour leur valeur nutritive.

La cuisson dans l'eau dissout les sels minéraux.

Or le plus souvent, cette eau n'est pas consommée (légumes « blanchis », c'est-à-dire plongés et cuits dans une eau à forte ébullition).

Les graisses cuites sont indigestes et dangereuses.

Les graisses brûlées (aliments carbonnés ou portés à une température comprise entre 300 et 700 °C) sont transformées en benzopyrènes, suies cancérigènes que l'on détecte à leur fumée irritante pour les muqueuses conjonctive, nasale et pharyngée (formation d'acroléine, liquide volatile bleu qui fait tousser et pleurer). **La cuisson modifie les acides gras**.

Certains contenants ont des effets néfastes sur la santé.

L'aluminium, libérant des particules pendant la cuisson, surtout en présence de sel ou d'acide, est suspecté dans certaines pathologies comme la maladie d'Alzheimer (USA).

II. Conseils pour une cuisson plus écologique

1. Éviter les graisses cuites

*Les cuissons dites « sautées », « rissolées », les fritures et autres cuissons à l'huile bouillante, à la sauteuse ou à la poêle, sont à éviter car elles développent de très hautes températures, d'où la formation de benzopyrènes (**au-delà de 200°,** température que l'on atteint très vite avec de l'huile chauffée, en particulier sur des foyers à gaz).*

En conséquence, il est conseillé :

- **d'éliminer au maximum les graisses de cuisson,**
- **de ne pas consommer de friture plus d'une fois par semaine,**
- **de réduire le niveau du feu dès que l'ébullition est atteinte,**
- **de ne pas réutiliser les huiles de friture plus de 4 à 5 fois,**
- **de les filtrer après chaque usage.**

2. Éviter les cuissons à forte température

*Toute cuisson à forte température (**à partir de 100°**) détruit les vitamines indispensables à notre santé, transforme la structure des acides gras, provoque l'apparition de benzopyrènes et d'hydrocarbures cancérogènes, détruit le goût, l'odeur et l'aspect naturels des aliments, et donc leur capital santé, et enfin les rend difficiles à digérer.*

En conséquence, il est conseillé :

– **d'éviter de cuire à four trop chaud :** un four ne doit jamais dégager de vapeurs toxiques (acroléines) qui dénoncent une température supérieure à 200° ; le bon usage d'un four peut se contrôler grâce à l'absence de projections grasses sur ses parois. Pour un meilleur usage, on peut d'emblée et systématiquement baisser le thermostat de deux crans, et ajouter un plat d'eau au fond du four qui créera une atmosphère de vapeur favorable à une cuisson écologique, mieux répartie et plus rapide. Servez vos rôtis légèrement dorés au four après si possible cuisson à la vapeur douce, ils n'en seront que plus savoureux !

– **d'éviter de cuire à forte ébullition** (en particulier lors des cuissons de longue durée, viandes en sauce par exemple) : l'eau bout à 100°, température qui marque le stade de destruction des vitamines : lorsque l'eau arrive à ébullition, il est impératif de réduire le feu à son minimum de manière à être toujours en deçà, à maintenir au maximum un frémissement qui permettra une cuisson savoureuse, en particulier pour tous les plats mijotés : votre cuisine gagnera en finesse et en digestibilité ;

– **d'éviter les cuissons à feu vif,** (poêle, sauteuse, cocotte...) qui en « saisissant » l'aliment, du fait de la température, transforment les graisses partiellement en produits toxiques et détruisent les vitamines. Le surplus de goût recherché dans cette habitude culinaire provient d'une caramélisation des sucs de l'aliment mélangés aux graisses de cuisson, c'est la base de toutes les « sauces » qui alourdissent notre régime alimentaire depuis des générations, et sont mises en accusation par le corps médical depuis longtemps ;

– **d'éviter les cuissons sous pression :** autocuiseur ou « cocotte-minute ».

Dès lors qu'il y a un couvercle à fermeture par serrage avec soupape de sécurité, il n'y a pas cuisson à la vapeur, mais à l'étuvée, avec une vapeur *sous pression* qui dépasse très vite une température minimale de 105° et monte jusqu'à 120°. La pression détériore les aliments (consistance « éclatée », pâteuse) et la chaleur forcée détruit les vitamines très rapidement. Il en résulte une *détérioration, en même temps que des vitamines, de la couleur, de l'odeur et du goût de l'aliment,* d'autant plus visible que l'on ne maîtrise pas aisément des temps de cuisson difficiles à évaluer.

La vapeur exclut la pression, tout couvercle ou porte qui se verrouille ou se visse est à exclure : la vapeur doit pouvoir s'échapper en cas d'excès.

Dans tous les profils de cuisson qui précèdent, systématiquement baissez le feu.

– **d'éviter la cuisson en papillotes,** qui comporte certains dangers liés à l'oxydation de l'aluminium, ou à la chaleur[1] ; par ailleurs, cette cuisson doit tenir compte des règles de cuisson énumérées plus haut quant au réglage du feu et de la chaleur, et la préservation des vitamines ; elle n'élimine pas les graisses contenues par l'aliment, mais

1. Les particules d'aluminium libérées pendant la cuisson en présence de sel ou acide, sont suspectées dans certaines pathologies : vieillissement prématuré, insuffisance rénale, Alzheimer.

lui conserve goût (sels minéraux) et moelleux (humidité), favorisant la fusion des parfums (herbes et épices ajoutées).

– de limiter l'usage du micro-ondes, et ne pas l'employer pour cuire, mais à la rigueur pour réchauffer : en effet, on a constaté que des germes pouvaient résister à ce mode de cuisson inégal et entraîner des intoxications alimentaires (viandes, poulets...) ; par ailleurs il a été observé une modification de la structure cellulaire de certains aliments (protéines du lait, légumes...) ; enfin, le risque de cataractes précoces est important, ainsi que celui de brûlures (notamment du nourrisson : risques de cancers de l'œsophage à long terme), dans la mesure où le récipient reste froid (nombreux cas publiés), et il faut être attentif au risque de fuite d'ondes lorsque le four commence à prendre quelques années d'âge. N'utiliser que des récipients adéquats (« transparents »).

Des expériences aux USA ayant mis en évidence la possibilité d'appliquer à la cuisson des aliments les ondes électromagnétiques utilisées pour la détection radar, les fours à micro-ondes ont été propulsés sur le marché avec force publicité et arguments de vente : rapidité d'emploi, innocuité, diététique... Des articles et des chapitres ont cru nécessaire d'apaiser les craintes des utilisateurs : mais leurs arguments – moins de pertes que dans la cuisson à l'eau, protéines « mieux préservées », graisses « augmentées » en acide linoléique, sucres non modifiés, vitamines préservées (sauf hydrosolubles), cuisson sans graisse et « sécurité bactériologique de stérilisation supérieure au four conventionnel »..., convivialité, gain de temps, étanchéité de l'enceinte – s'avèrent des plus contestables : par exemple, les protéines du lait voient changer leur structure moléculaire lorsqu'il est chauffé au micro-ondes.

Fonctionnement : les ondes n'agissent que sur les molécules d'eau par forte agitation, d'où sa rapidité d'action. Le plat reste froid. Mais la densité en eau des aliments varie de l'un à l'autre et en chacun selon ses parties : pas de stérilité garantie.

Précautions d'emploi : elles font réfléchir : pas de fonction porte ouverte, maintien d'une propreté parfaite, détecteur de fuite nécessaire. Doivent garder leurs distances : les femmes enceintes, les yeux des enfants (à hauteur de la porte), les porteurs de stimulateurs cardiaques...

Un rapport de l'OMS déjà en 1991 signale des effets nuisibles pour la santé : brûlures, stérilité, hausse de température du corps humain, cataractes.

Des chercheurs ont montré l'illusion d'une étanchéité que les ondes attaquent sans cesse en détériorant les joints de caoutchouc, et déclenchant des leucémies chez l'animal par longue exposition aux ondes, et des malformations *in utero* chez les mammifères.

Des inflammations oculaires se voient chez des porteurs de lentilles de contact...

Et la qualité des aliments ?

Perte accrue des vitamines hydrosolubles: vitamines C, B1, B2, B6, plus que dans la cuisson par la chaleur.

Modification de la composition des aliments: destruction de la paroi cellulaire de certains légumes, décomposition aggravée des acides gras, modification de la structure chimique des acides aminés [2] (rendus toxiques pour les reins, le foie et le système nerveux, et difficiles à métaboliser) et pertes en vitamines B et C du lait.

Tous ces dégâts dus au chauffage par frottement cellulaire ont une incidence sur la digestion, souvent, mais surtout sur l'assimilation des nutriments et sur l'immunité, et, à cause de la répartition inégale de la chaleur, souvent limitée à 50°, augmentent les risques alimentaires (salmonelles et listeria sont détruits à partir de 70°).

Rien ne nous oblige à avoir un micro-ondes, ni à l'utiliser, en particulier pour les jeunes enfants.

Les ustensiles de cuisines dont on peut se passer

Les poêles et casseroles à revêtement téflon :

Résine synthétique, le téflon doit être utilisé avec précaution, sans dépasser 250° : en effet une chaleur trop forte détériore ce revêtement (stabilité et adhérence) ; comment savoir que l'on a atteint une telle température ? Si l'on chauffe une de ces poêles à vide, des fumées apparaissent : elles ne se produisent qu'à partir de 345° ! Le seuil est dépassé depuis longtemps...

Mieux vaut utiliser une poêle en inox à fond épais, et toujours éviter de trop fortes chaleurs !

2. *The Lancet*, 9 déc. 1989, « les transformations au sein des acides aminés conduisent à des changements structurels, fonctionnels et immunologiques ».

Les barbecues classiques (foyer sous la viande) :

Les aliments cuits au contact des flammes présentent une croûte chargée de benzopyrènes et très indigeste, d'autant plus qu'elle est brûlée : il faut l'éliminer.

Faut-il renoncer au barbecue ?

Non, à condition que :

– la viande soit le plus maigre possible,
– la viande soit le moins cuite possible,
– la cuisson soit faite à la verticale ou à la latérale de la source de chaleur (barbecues verticaux : cf. Camping Gaz International, et mise au point de barbecues à chaleur oblique).

La cuisson sur pierre de lave produit beaucoup de benzopyrènes. Mais on peut l'utiliser pour réchauffer des aliments déjà cuits à la vapeur, et donc dégraissés, sans griller ni recuire.

La cuisson à la broche doit se faire loin de la source de chaleur et au-dessous ou à côté d'elle.

Peut-on identifier un aliment trop ou mal cuit ?

Y a-t-il des signes faciles à reconnaître pour identifier bonne ou mauvaise cuisson ?

Un aliment trop cuit change complètement d'aspect : sa *couleur* ternit, son *odeur et son goût* se dénaturent ; sa *texture* ramollit et tend à s'effriter.

Une bonne cuisson garde à l'aliment sa tonicité, sa couleur est plutôt exaltée, avivée, que ternie ; les légumes doivent être à la limite entre un léger craquant et un fondant plein de toutes les saveurs du produit frais ; le couteau s'enfonce déjà alors que la couleur est encore très vive ; il faut alors *tout de suite arrêter la cuisson* et ôter l'aliment du plat de cuisson pour éviter qu'il ne continue à cuire. On peut le garder au chaud dans un plat couvert, préalablement réchauffé avec de l'eau chaude.

La cuisson idéale préserve la couleur, l'odeur et la saveur de l'aliment, témoins objectifs du respect de ses qualités nutritives.

III. La cuisson idéale : La cuisson vapeur

Un mode de cuisson traditionnel et historique

La cuisson à la vapeur a toujours existé : les Chinois la pratiquent depuis plus de 7000 ans, les Étrusques l'avaient incluse dans leur mode de vie particulièrement équilibré, et l'Afrique du Nord, à la suite de ses antiques prédécesseurs les Carthaginois il y a 2500 ans, l'utilise encore.

Si la longévité et l'art de vivre des Chinois sont légendaires, ceux des Étrusques font encore parler d'eux, et à notre époque très orientée sur le respect de la nature et l'écologie, il ne faut pas négliger un moyen de cuisson universel et réellement bénéfique.

Un mode de cuisson écologique

C'est celui qui respecte le mieux l'aliment qu'on lui confie.

Il agit comme un **sauna**. La vapeur d'eau, à **95° maximum,** très abondante, pénètre à l'intérieur des cellules, les réchauffe très rapidement et en profondeur ; elle provoque *sudation et élimination des toxines et des graisses.* Mais l'aliment conserve *toutes ses vitamines et ses sels minéraux*, donc ses qualités gustatives et visuelles.

Un moyen de désintoxiquer l'organisme...

Un des effets les plus spectaculaires de la cuisson vapeur est la modification du transit intestinal (régularisation et disparition des odeurs désagréables dues à la dénaturation des aliments et de leurs fibres, et à un transit ralenti favorisant la prolifération microbienne) ; un autre est la fréquence de réactions d'intolérance au moment du changement de régime, d'autant plus fortes que le régime antérieur était peu diététique : ces réactions *naturelles* (désintoxication, désaccoutumance) vont très vite disparaître, avec un retour à l'équilibre digestif, qui aura des effets sensibles sur l'équilibre physique et psychique, ainsi que sur le sommeil et les migraines digestives, sur la peau, les cheveux, le teint, le surpoids...

... et de restaurer équilibre en minéraux et défenses immunitaires

En effet, il résulte de ce changement de cuisson bien des avantages, meilleure forme, meilleure résistance aux infections, les rhumes et sinusites tendent à disparaître tandis que goût et odorat semblent « réveillés », les peaux à problèmes en ont beaucoup moins (moins de matières grasses animales, moins de graisses cuites), enfin, comme on nous l'a souvent fait remarquer, « on retrouve le bonheur de manger ». Précisons bien qu'*il ne faut pas consommer l'eau de cuisson,* chargée de tout ce que les aliments ont rejeté, cuite et recuite, et dont l'odeur et l'aspect vous rebuteront très vite.

La cuisson vapeur n'exclut pas une cuisine gastronomique

Faut-il rappeler que de très grands cuisiniers se sont fait un nom en pratiquant et en diffusant la cuisine vapeur ? Celle-ci permet autant de variété qu'on en désire, et n'exclut pas l'adaptation des recettes familiales ou traditionnelles, plats mijotés ou autres, dès lors que les règles de saine cuisson sont respectées.

Par ailleurs, goût et odorat ayant repris de l'acuité, et les aliments cuits vapeur ayant gardé tout leur goût avec leurs minéraux, l'on retrouve un réel plaisir à composer menus et plats originaux ou classiques, et surtout à les déguster.

La cuisson vapeur est rapide et économique. Elle prend moins de temps :

Avec une même eau en ébullition, vous pouvez cuire simultanément ou successivement plusieurs aliments différents, sans mélange de goûts ni d'odeurs ; il suffit qu'ils soient préparés pendant que l'eau chauffe, et prêts à se succéder dès que la première fournée est cuite. Notons que la vérification du stade de cuisson est très simple et immédiat, puisqu'il suffit d'un coup d'œil après avoir soulevé le couvercle, et de piquer l'aliment, sans risquer d'arrêter la cuisson comme dans un autocuiseur.

Elle consomme donc moins d'énergie, puisque c'est la même eau en ébullition, toujours prête à servir (attention au niveau de l'eau et à l'évaporation rapide), qui opère chaque cuisson.

Elle demande moins d'assaisonnement, puisque les aliments ont plus de goût, ayant gardé leurs sels minéraux : c'est la cuisson sans sel idéale.

La cuisson vapeur débarrasse les aliments de leurs acides ou de leurs graisses et les rend plus digestes

Ail, oignons, poireaux, peuvent être consommés largement et comme légumes à part entière, sans surcharger l'haleine ni l'estomac. La cuisson du chou et du chou-fleur ne sont plus malodorantes, et permettent de consommer plus souvent ces légumes clés de nos hivers en forme. Bien sûr il ne faut *pas* les blanchir ! (c'est-à-dire les précuire à grande eau bouillante). Ils perdraient leurs minéraux.

Les viandes les plus grasses, les saucisses ou le lard et autres charcuteries réputées particulièrement indigestes, seront tolérés par les estomacs les plus fragiles dès lors qu'ils auront été cuits à la vapeur douce.

IV. Comment pratiquer la cuisson vapeur ?

La technique de la cuisson vapeur est très simple : elle consiste à produire de la vapeur en abondance et d'y « immerger » le produit à cuire juste le temps nécessaire à sa cuisson – et pas plus. Mais comment ?

Choix de l'instrument :

Il s'agit d'une sorte de couscoussier, mais avec de *larges orifices* permettant un *passage abondant de vapeur*.

Le cuit vapeur doit se composer d'un *grand récipient inférieur*, susceptible d'accueillir une quantité importante d'eau ; d'un compartiment supérieur, sorte de *« passoire » à larges trous* (5 à 7 mm de diamètre), sur lequel s'adapte un *couvercle bombé* permettant à la fois une forte circulation de vapeur autour des aliments, et une évacuation de l'eau de condensation sur les côtés de l'appareil ; ceci pour éviter la chute de cette eau sur les aliments comme lorsque le couvercle est plat, ce qui provoquerait une cuisson « à l'eau », et une perte des sels minéraux.

Est-il possible de trouver ce type d'appareil, qui n'est pas très répandu, il faut le reconnaître ?

Il existe des cuit vapeur chinois de très grande taille, avec d'énormes trous, propres à cuire un gigot entier ou de très gros poissons, mais peu maniables et en aluminium, donc d'entretien malaisé et sujets à l'oxydation.

Quant aux cuit vapeur du commerce, s'ils tendent à s'améliorer, il faut reconnaître qu'ils ne sont pas vraiment adaptés à une cuisson vapeur optimale, soit les trous sont trop petits, soit les couvercles sont plats ou peu bombés, soit ils superposent plusieurs étages : tout ceci rend la cuisson inégale et moins valable.

Cependant des couvercles en cône ou en cloche commencent à faire leur apparition parmi les belles séries en inox ; et il faut reconnaître qu'existe, encore peu répandu dans les circuits commerciaux, un excellent cuit vapeur : mis au point par André Cocard, après des années de recherche et d'études[3] sur les modèles chinois et méditerranéens, avec des performances de rapidité et de qualité de cuisson excellentes, c'est le « Vitaliseur[4] ». Cet ustensile produit de manière constante une vapeur à 95° qui préserve au mieux les qualités des aliments.

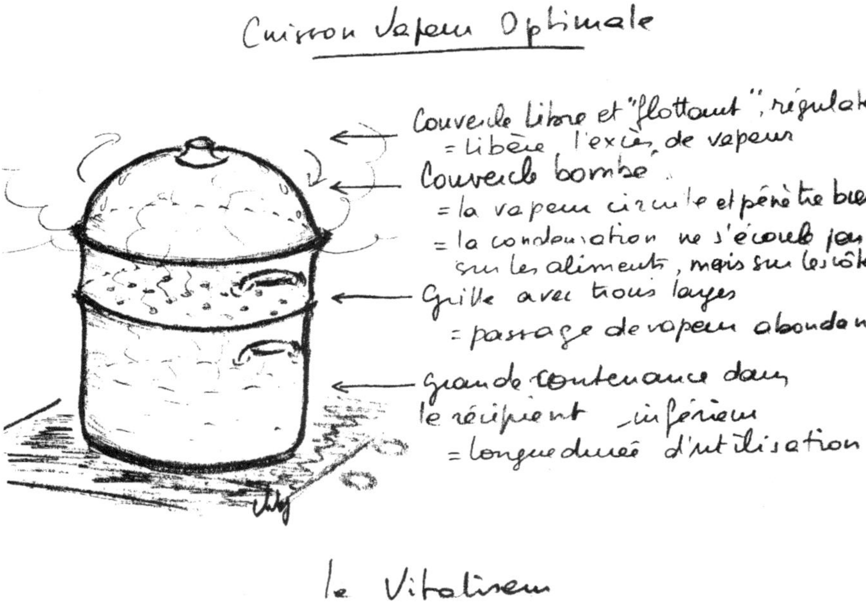

3. Et testé 1 ans dans l'équipe du Pr H. Joyeux.

4. À ne pas confondre avec l'« omnicuiseur vitalité » qui fonctionne soit en cuisson traditionnelle sur un mode réduit et plus convivial, soit en « cuit-vapeur ».

Mise en service : obtenir une production de vapeur abondante

L'eau dont on a rempli largement le compartiment inférieur (2/3 environ) doit être portée à ébullition : *pour que la production de vapeur soit abondante, le feu doit être constamment élevé*, il n'y a pas de surplus de vapeur, ni de pression excessive, dans la mesure où le couvercle se soulève de lui-même (c'est la raison de l'absence de tout blocage, serrage ou autre fermeture exerçant une pression). Dans le cas du Vitaliseur, on peut dire que son couvercle « flotte » sur le coussin de vapeur dans lequel l'aliment est immergé, et sert de régulateur : la température n'excédera jamais 95°. Le feu peut être réglé, en particulier pour la cuisson du poisson, mais s'il est *trop faible,* la vapeur sera insuffisante, la cuisson sera beaucoup plus longue, irrégulière, et la texture des aliments cuits ramollie, leur couleur ternie et inégale.

Préparation des aliments : gagner du temps

Si l'on veut gagner du temps et préserver au mieux la fraîcheur des aliments jusqu'à la cuisson, le mieux est de *mettre à profit le temps pendant lequel l'eau chauffe :* ainsi peut-on éplucher, laver et couper ses légumes ; lorsqu'ils sont prêts, l'eau bout déjà, et pendant qu'ils cuisent on peut : – préparer sa viande ou son poisson et les saler pour les aider à évacuer leurs toxines ; – préparer des céréales ou des légumes secs, certains déjà trempés, ou quelque plat élaboré, quelque fruit cuit pour le dessert… Ce qui permet de faire une cuisine aussi rapide que saine, simplement en s'organisant un peu, et de rester proche de la cuisson des aliments qui doit être surveillée pour ne pas dépasser le temps requis et détériorer leurs qualités.

Cuisson des aliments : surveillance

Dès qu'il y a production abondante de vapeur, et pas avant, l'aliment peut être déposé sur la grille supérieure, le couvercle le recouvrant : la cuisson commence, elle peut ne prendre que quelques minutes ; il faut être attentif et *tester régulièrement* l'aliment à la pointe du couteau pour vérifier son degré de cuisson. De telles vérifications sont importantes surtout au début pour prendre l'habitude, et même le *sens, des temps de cuisson vapeur*. Le geste est si facile – soulever le couvercle d'une main, piquer de l'autre – qu'il n'a rien de fastidieux, et l'aspect de l'aliment suscite un intérêt réel et persistant.

Il est conseillé de ne pas cuire trop longtemps à l'avance, mais plutôt pendant que l'on est présent dans la cuisine, occupé à proximité, afin de *ne pas oublier l'aliment dans un bain de vapeur trop prolongé*

La Cuisson Vapeur douce

1- remplir le récipient inférieur d'eau aux 1/2 ou 3/4 (+ vinaigre)

2- mettre à chauffer

3- éplucher et couper les aliments

4- l'eau bout : déposer les aliments dans la grille supérieure - Couvrez

5- Pleine Cuisson : le couvercle régule la vapeur, s'il y en a trop elle s'échappe faisant flotter et tourner le couvercle : régler le feu.

6- Contrôle de la cuisson : Soulever le couvercle Piquer à la fourchette ou couteau Refermer le couvercle la cuisson n'est pas interrompue

7- Dès que la cuisson est optimale, retirer l'aliment

qui finirait par nuire à sa composition en vitamines, minéraux, fibres… ! (une perte de couleur en sera le premier signe).

Gestion de l'eau de cuisson

Il n'est pas utile de changer l'eau entre deux cuissons, sauf si elle est trop chargée d'odeurs ou tend à déborder (cuisson des poissons, du mouton : baisser le feu), mais veiller à ce que son *niveau soit suffisant* pour éviter que le fond ne brûle ; cette eau ne doit être *ni utilisée dans des préparations, ni consommée* : en effet, elle a recueilli toutes les impuretés rejetées par les aliments : c'est l'effet-sauna.

1. La cuisson des légumes

La cuisson des légumes est très simple, elle varie selon leur grosseur ou la taille des morceaux que vous aurez coupés : vous la vérifierez avec une pointe de couteau ou une fourchette.

Pour simplifier :

La cuisson des légumes-feuilles

… (épinards, bettes, salade ou chou en feuilles ou coupé…) est très rapide, de l'ordre de 2 à 5 mn selon la quantité – mais la cuisson sera mieux réussie sur de petites quantités, pour éviter les amalgames : ne cuisez les épinards que par grosses poignées de feuilles, et donc procédez en plusieurs fois, de façon très rapide.

Les légumes coupés en dés

… mettront environ 10 mn pour une quantité assez importante, la vapeur circulant facilement entre les morceaux ; mais le temps de cuisson des *pommes de terre* peut varier considérablement selon leur âge (les vieilles cuisent plus vite mais on ne peut les manger avec la peau) et leur espèce. Vérifiez la cuisson à la pointe du couteau. Les *poireaux coupés* cuiront en 5 à 7 mn, ils doivent rester bien verts et légèrement transparents, moelleux et non pas mous ; les *oignons* doivent être bien cuits, transparents et souples, il faut 10 à 15 mn selon les morceaux et la variété : les oignons frais doivent rester légèrement craquants. *Carottes, navets, potiron et pommes de terre* mettent plus longtemps (10 à 15 mn) que les *courgettes* (5 à 8 mn) et les *poivrons* (non cuisinés) (env. 10 mn), les *haricots verts très fins* (5 à 10 mn puis rincez à l'eau froide et assaisonnez), ou les *petits pois frais extra-fins* (5 à 8 mn puis cuisinez, sans recuire).

Les légumes entiers mettront plus de temps

… selon leur volume, leur consistance, leur fraîcheur et leur tendreté (les jeunes légumes cuisent presque deux fois plus vite que ceux laissés plus longtemps sur pied avant cueillette) ; compte tenu de ces variantes, il faut compter entre 10 (grosses courgettes) et 25 mn (très grosses pommes de terre), et donc il faut contrôler la cuisson régulièrement « à la pointe du couteau » (très vite, vous aurez acquis un sens assez précis des durées de cuisson). Les courgettes entières doivent être retirées encore très fermes, leur cuisson se poursuivant à l'extérieur : les ouvrir en deux dès leur sortie du cuit vapeur.

Les temps de cuisson sont affaire de logique et d'observation :

poids, volume, variété sont des données auxquelles tout praticien de la cuisine est très habitué, et dont il faut tenir compte pour la cuisson vapeur ; nous reprendrons ces données pour chaque aliment présenté plus loin.

2. La cuisson des céréales et légumes secs

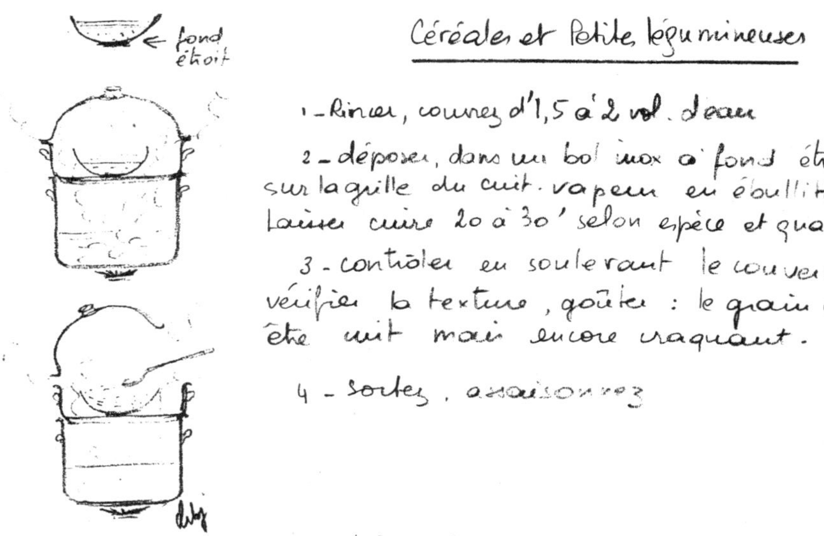

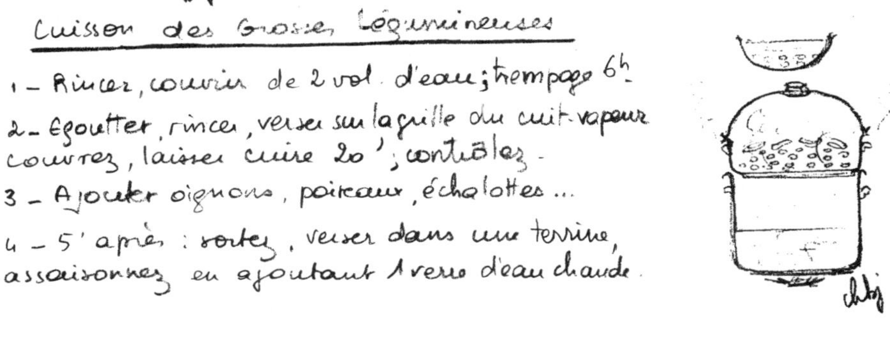

Céréales

Pour éviter que ***riz, couscous, boulgour, orge***, mais aussi ***sarrasin, quinoa, etc***. ne tombent à travers les trous du compartiment supérieur, faites-les cuire ***à la manière chinoise :***

Dans un plat creux à fond étroit (pour ne pas fermer les trous de passage de la vapeur), en inox (le plus rapide) ou porcelaine ou grès, etc., mettez votre riz rincé, recouvrez-le d'eau jusqu'à un demi-volume de plus, et déposez-le dans votre cuit vapeur.

– Votre riz cuira en **15 à 20 mn** environ pour 500 g (vérifiez toujours le degré de cuisson en prenant quelques grains de riz, bien au centre, à la pointe du couteau), il doit être ferme et bien détaché. S'il colle et présente un aspect pâteux, c'est que vous aurez dépassé la quantité d'eau suffisante ; en revanche, trop peu d'eau le laissera sec et rendra la cuisson très lente, le riz n'ayant que la vapeur ambiante pour gonfler. Le laisser trop longtemps, inversement, risque de le gorger d'eau et de le ramollir. ***Avec un minimum d'attention, vous aurez un riz parfait, bien plus facilement que par cuisson dans l'eau, et avec plus de goût.***

– Procédez de même avec les **autres céréales**, avec un temps de cuisson un peu plus long pour le *riz complet* (25 à 30 mn), pour l'orge perlée, pour le sarrasin en grains, mais plus court pour le *boulgour* gros (15 mn) ou fin (10 mn), ou le quinoa (15 mn).

Légumineuses

– Procédez de même pour ***lentilles ou pois cassés***, avec le double de leur volume en eau, et une cuisson de 30 mn environ, trempage conseillé (env. 4 heures ou la veille pour les lentilles, deux ou trois heures pour les pois cassés) ; par contre, ***haricots secs et pois chiches*** devront subir un trempage d'au moins 6 heures avant d'être cuits directement sur la grille du cuit vapeur, pendant 30 à 40 mn, puis vous pourrez les cuisiner à votre gré, sans les recuire (pas d'ébullition).

3. La cuisson des viandes

Les viandes de toutes sortes doivent être salées quelques minutes avant leur cuisson pour mieux rejeter leurs graisses et leurs toxines. Le sel sera éliminé par l'action de la vapeur.

Les viandes cuisent plus rapidement à la vapeur qu'au four ou à la poêle. Leur cuisson varie selon leur variété et leur volume.

Toute viande gagne à être cuite à la vapeur douce, même le poulet

Pour qu'il croustille, passez-le légèrement sous le gril pour un peu de doré : la peau, riche de composants nutritifs, ne doit pas être recuite ni brûlée.

Cuisson des viandes

Viandes rouges

Les steaks de bœuf,

... entiers ou hachés, seront cuits directement sur la grille, 2 à 3 mn de chaque côté selon les goûts, ainsi que les côtes ou côtelettes de mouton, les tranches de gigot ; l'agneau sera légèrement plus long à cuire.

Si vous les préférez grillées, vous pourrez passer légèrement vos viandes, après cuisson vapeur, sans les recuire, au grill ou dans une poêle avec quelques herbes de Provence, mais sinon vous pouvez les servir telles quelles, nappées de sauce à l'échalote (voir assaisonnements), ou avec un peu de beurre persillé frais, ou du persil haché nappé d'huile d'olive...

Les rôtis ou gigots

... seront cuits de même, sur la grille du cuit vapeur après présalage, à raison de 10 mn par livre, puis mis à rôtir très légèrement à four assez chaud pendant dix minutes de plus pour les faire un peu dorer, avec herbes de Provence et sans ajouter de corps gras. N'oubliez pas de faire raccourcir l'os de votre gigot afin qu'il puisse loger dans votre cuit vapeur, ou bien coupez le tendon de l'articulation afin de la replier sur elle-même.

Si votre gigot est très gros (gigot de mouton, gros gibier...), mettez-le directement dans votre four, après l'avoir salé, sur une grille ou un lèchefrite, sans corps gras, et mettez un grand plat creux en inox rempli d'eau chaude sur le fond du four, afin de créer une source de vapeur. Ne le piquez pas, et ne récupérez pas les graisses de cuisson. Votre viande sera plus moelleuse et très savoureuse.

Les viandes en sauce

... effectueront leur cuisson à la vapeur séparément pendant 40 à 50 mn selon les viandes (agneau, mouton ou veau : tester avec la pointe du couteau), puis seront placées dans un peu d'eau chaude dans une cocotte, assaisonnée de sel, herbes, oignons ou échalotes en lamelles, olives pour une blanquette, une cuillerée d'huile d'olive ; la sauce doit frémir et non bouillir (10 à 15 mn). Il est donc mieux de terminer la cuisson sur une plaque électrique pour mieux la maîtriser. Les légumes, cuits à part à la vapeur, seront ajoutés cinq minutes avant arrêt de la cuisson.

Viandes blanches

Le veau

... sera cuit de la même manière que le bœuf, rapidement, 2 à 3 mn de chaque côté selon la finesse des tranches et que vous l'aimez plus ou moins cuit, puis vous pourrez le napper d'une sauce à votre goût (cf. assaisonnements). Pour le blanchir on peut le citronner avant cuisson. Seule la viande de veaux naturels ou bio donne de bons résultats à la vapeur douce.

Le porc

... c'est une viande qui doit être consommée bien cuite pour des raisons d'hygiène; par ailleurs, très riche en graisses animales, d'autant plus toxiques qu'elles sont très cuites ou brûlées (benzopyrènes, goudrons...), elle gagne beaucoup à la cuisson vapeur qui la *dégraisse* en la laissant moelleuse et savoureuse. Le temps de cuisson est de 6 à 10 mn de chaque côté selon épaisseur pour des côtelettes ou de l'échine, puis accommodez-la comme ci-dessus (légèrement grillée, aux herbes ou avec sauce).

Les rôtis de veau ou de porc

...procéder comme pour les autres viandes, saler avant cuisson, mettre à la vapeur: veau, 20 mn par livre, 30 mn pour le porc, et 10 mn de plus par livre supplémentaire, et un court passage à four chaud pour légèrement dorer, avec aromates et sans corps gras.

Charcuterie

Les saucisses que l'on consomme grillées, chipolatas ou autres saucisses fraîches, seront délicieuses cuites à la vapeur (15 à 20 mn selon leur diamètre) et servies avec un légume vert, des tomates aux herbes de Provence, une purée fermière... Leur présentation n'a rien à voir avec de la charcuterie bouillie; leur aspect reste coloré et leur excès de graisse a disparu, ce qui les rend *très digestes.* Il en va de même pour boudin, 15 mn, merguez, 10 mn env., etc.

N'hésitez pas à passer tous vos ***jambons, lards, petits salés, poitrines grasses ou fumées***, à la vapeur (5 mn env.) pour les dégraisser et les purger de leurs conservateurs et autres additifs, avant de les cuisiner à votre gré. Leurs parfums seront transfigurés.

Chauffez de même ***saucisses de Strasbourg, Francfort, boudins***, etc. (5 à 10 mn). Agissez ainsi pour les lardons de vos salades ou de vos quiches, qui embaumeront la bonne charcuterie. Et les pruneaux au bacon de vos apéritifs… un rêve !… pour cinq minutes de vapeur.

Volailles

Les volailles, une fois salées, cuiront entre 10 et 20 mn selon la taille des morceaux, 30 à 45 mn pour une *volaille entière d'un kilo environ*, selon sa qualité : vérifiez avec une pointe de couteau si la chair est bien devenue blanche (rosée mais non saignante pour les cuisses de poulet surtout fermier ou bio), alors stoppez la cuisson et la chair restera bien tendre et moelleuse. Pour donner un *léger craquant à la peau*, on peut la passer quelques minutes au four avant de la servir, sans ajouter de corps gras, mais en l'agrémentant d'herbes, de poivre ou d'épices. Mais ce sera au détriment des vitamines et acides gras contenus dans la peau.

Les blancs de poulet ou escalopes (10-15 mn) peuvent être servis accompagnés d'une sauce ou d'un légume (oignons fondus, poireaux tendres, champignons, épinards, petits pois…).

Le poulet peut aussi finir de cuire en sauteuse ou cocotte comme plat mijoté, en sauce ou avec légumes préalablement cuits à la vapeur (blanquettes, tajines, à la basquaise, etc.) à condition de *ne pas laisser bouillir, mais de cuire à tout petit feu* (frémir), et pendant un temps limité (trois à six minutes). *Plus le poulet est cuit, plus il est sec et fibreux.*

Les foies de volaille, après avoir été salés, seront déposés délicatement sur la grille du cuit vapeur : 2 mn de chaque côté, puis dans un saladier, assaisonnés avec : thym, sel, poivre, une pointe d'ail, vinaigre de pomme, huile d'olive : délicieux servis sur une salade, en entrée, ou même en plat principal, accompagnés d'oignons et de poireaux cuits… ou en terrine de volailles.

4. La cuisson des poissons

Les poissons doivent toujours être cuits à sous-ébullition et vapeur douce :

– d'abord parce que le poisson cuit à température modérée : s'il est cuit à forte température, il devient sec et fibreux, au lieu de rester moelleux ;

– ensuite pour éviter que l'eau de cuisson ne mousse et ne déborde sous l'effet de leur « transpiration », ce qui les cuirait à l'eau bouillante, les rendant fibreux et effrités. Salez avant cuisson.

En filets : cuisson rapide, 5 à 10 mn selon épaisseur ; contrôle : le poisson blanchit et commence à se détacher.

Retirez alors les filets sans tarder et servez tout de suite.

Entiers : Déposez en rond dans la passoire et laissez cuire à petite vapeur 10 mn par livre ; *testez toujours à la pointe du couteau*, coupez le feu et laissez terminer la cuisson s'il y a lieu, couvercle fermé. Si la cuisson est suffisante, il faut sortir votre poisson pour la stopper et lui garder son moelleux. Couvrez d'un saladier renversé pour garder au chaud.

5. Autres utilisations

Dans votre cuit vapeur, vous pouvez :

1) faire réchauffer plats ou légumes ou viandes, sans risque de les brûler, rapidement, en les réhydratant ;

2) fondre beurre ou chocolat pour vos préparations, sans les cuire : il suffit de maintenir une vapeur moyenne ;

3) cuire du pain (pâte à pain ou à pizza) de façon très rapide, en façonnant de petites boules ; vous obtiendrez des boules de mie moelleuse à la manière chinoise ;

4) réhydrater à cœur votre pain sec avant de le mettre au four, sans le mouiller ; cinq minutes suffisent pour le pain de la veille : à surveiller ;

5) cuire des plats cuisinés comme au four : flans, flans aux légumes, soufflés – (en couvrant avec papier d'aluminium ou assiette), – mais aussi quenelles, raviolis frais (dans un plat avec de l'eau ou une sauce tomate très diluée), ou même des pâtes en les recouvrant à peine d'eau et par quantités modérées (200 g env.)… Les quenelles fraîches peuvent être cuites aussi nature, directement sur la grille.

Chapitre V

MENUS-SANTÉ, MENUS-PLAISIR

Manger mieux et meilleur

I. Équilibrer les apports journaliers – II. Quelques exemples de menus. – III. Profils nutritionnels santé.

Notre corps tire sa vitalité de ce qu'il absorbe : il a besoin d'être nourri sainement : c'est-à-dire :

- **régulièrement, de manière variée et équilibrée, et donc avec plaisir, sans excès générateurs de fatigues et de troubles, voire de pathologies,**
- **en fonction des besoins de chacun (activité, croissance, profils alimentaires spécifiques…),**
- **en intercalant des repas de type végétarien, c'est-à-dire composés de végétaux très variés, en insistant sur les légumes secs et les oléagineux (riches en protéines, acides gras insaturés, et vitamines), et incluant fromages (cf. Chap. II) et œufs.**

I. Équilibrer les apports journaliers :

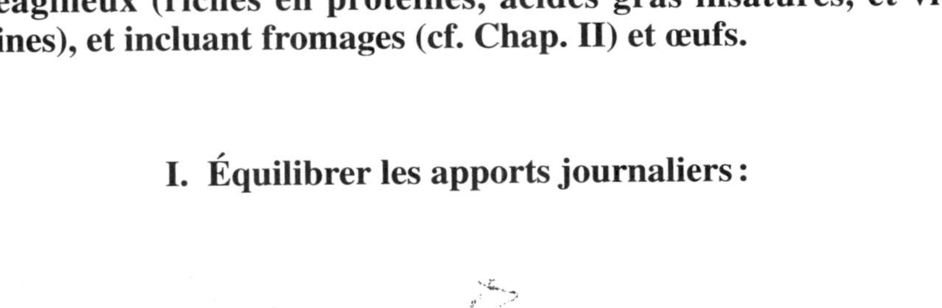

Le matin :
- fruits ou jus de fruits frais,
- 1 yoghourt de préférence chèvre ou brebis, ou 1 tasse de lait frais 1/2 écrémé, ou lait végétal,

- céréales (pain 2 tranches, ou flocons, ou muesli, sans surcharge en sucres, parfums ou autres additifs),
- thé ou café ou chocolat chaud [1].

À midi : repas diversifié, tonique : éviter cuissons longues, graisses cuites, (un ou deux repas végétariens par semaine).

Normal :
- crudités,
- légumes + viande ou poisson peu grillé ou poché,
- fruits.

Végétarien :
- crudités,
- céréale complète ou légumineuse,
- fromage ou œufs,
- fruits.

Le soir : repas léger à base de légumes vapeur, céréales ou légumes secs, salade, 1 laitage/fromage et fruits frais. Bien entendu, on peut parfaitement se contenter de temps en temps d'un repas simplifié de pain complet, salade, fromage sans excès [2] ou laitages ou noix, et de plusieurs fruits de saison, ou fromage et fruits, ou fruits seuls variés… mais pour les enfants ou les jeunes en pleine croissance, ne pas réduire mais plutôt ajouter un ou deux œufs frais.

Potage ou crudité
Légumes et/ou céréales
Salade verte
Laitage frais ou fromage ou œuf frais ou graines oléagineuses
Fruits frais.

1. Avec ou sans lait : dans le 1er cas, éliminer yoghourt ou verre de lait.
2. Trop de fromage surtout de vache et à pâte cuite peut nuire à la digestion et donc au sommeil.

II. Quelques exemples de menus (Recettes détaillées plus loin) :

I. Midi :

Salade grecque
Filet de cabillaud vapeur, sauce méditerranéenne
Riz thaï vapeur, crème de courgettes et oignons frais
2 fruits frais de saison

Soir :

Velouté de poireaux
Légumes entiers de saison vapeur et sauce yoghourt aux herbes
Scarole aux émincés de mandarines
Fromage ou laitage frais
Tranches de pommes fraîches cannelle aux raisins vapeur

II – Midi :

Émincé de pamplemousse aux crevettes
Côte d'agneau vapeur
Purée de pois cassés
Poires williams fraîches au citron

Soir

Flan de courgettes et gruyère au lait cru
Salade verte de saison
Laitage frais ou fromage de chèvre
Fruits frais de saison

III – Midi :

Carottes râpées vinaigrette aux émincés de fromage de brebis corse (ou radis noir)
Cuisse de poulet au cumin
Épinards en feuilles et pomme vapeur
Fruits de saison

Soir :

Soupe chinoise aux champignons
Gratin de boulgour aux olives
Salade de pommes et endives aux noix
Crème de fruits frais au yoghourt bifidus

IV – Midi :

Avocat vinaigrette
Filet de saumon frais sauce à l'oseille ou au cumin
Céleri-rave en pièces et pommes charlotte vapeur
Tranches d'oranges au sirop d'érable

Soir :

Potage aux légumes vapeur
Riz complet aux poireaux et raisins blonds vapeur
Fromage ou yaourt de brebis
Fruits frais de saison

V – Midi :

Chou rouge râpé aux pommes
Moules fraîches aux herbes
Petites rates en robe des champs, à l'huile douce
Bananes au citron vert

Soir :

Polenta aux tomates et ail frais
Salade d'épinards frais aux champignons,
… servie sur tomme de chèvre ou de brebis
Salade d'agrumes au miel d'acacia

VI – Midi :

Baguettes de légumes à la croque au sel (ou au tarama)
Chou vert aux raisins blonds et chipolatas
Kiwis

Soir :

Soupe aurore
Haricots verts et pommes vapeur
Chèvre aux figues (ou pain de figues)
Pommes

VII – Midi :

Salade de concombre au yoghourt
Pintade aux pommes et échalotes
Patates douces vapeur

Salade planteur (papaye, mangue, ananas, banane, citron vert, rhum et cassonade)

Soir :

Flan de saumon et poireau
Riz complet chinois
Salade de pommes aux raisins et fromage de brebis

VIII – Menu végétarien :

Midi

Œufs mollets aux petits légumes
(poireau, courgette émincée, fleurs de brocoli)
Lentilles du Puy aux alliacées (oignon, échalote, ail)
Fruits frais de saison

ou :
Pamplemousse en tranches
Tofu à la provençale ou aux champignons
Flageolets au thym
Fruits frais de saison

Soir :
Potage de légumes aux céréales
Mendiant de riz complet aux pignons
Salade verte
Plateau de fromages
Pommes

ou :
Potage aux pois cassés
Tomates vapeur à la provençale
Petit épeautre vapeur
Salade d'endives aux pommes
Brousse de brebis au miel de garrigue, ou compote de fruits frais

III. Profils nutritionnels santé

Comment adapter notre alimentation à nos besoins et à notre état de santé

Intolérances, carences et excès alimentaires

Soulignons tout d'abord les **risques liés à la notion de « régime »**, mot sous lequel on voit se profiler les silhouettes les plus prometteuses et les assiettes les plus vides… Il ne faut pas jouer avec les régimes, sans raisons médicales sérieuses et sans suivi précis : ni consommer n'importe quoi sans heures ni mesure, trop de déséquilibres et de pathologies peuvent en résulter.

– Pas de restrictions en période de travail physique ou intellectuel intense, de croissance, de grossesse ou d'allaitement, de convalescence : mais plutôt un régime adapté, riche en vitamines et minéraux, fruits et légumes frais, légumineuses et céréales complètes, peu de viandes et peu cuites et non grasses, poisson.

– Attention aux régimes basses calories sur une longue période (moins de 1 500 cal) : les apports en minéraux et en vitamines dans l'alimentation sont insuffisants et entraînent des carences, aux effets indirects non négligeables (déséquilibres hormonaux, états dépressifs, baisse des défenses immunitaires…).

– Attention aux régimes d'exclusion (excluant totalement une catégorie d'aliments), source de déséquilibres graves (régime sans résidus : carencé en vitamine C ; végétalien : carencé en vitamine B12, biotine et zinc…) cf. p. 40.

1. De la petite enfance à l'adolescence

Les besoins de la croissance ne sont pas seulement énergétiques : il faut diversifier l'alimentation pour respecter l'équilibre des apports mais aussi pour donner des habitudes alimentaires saines et éduquer le goût suffisamment tôt : varier les aliments au cours d'un même repas contribue au sentiment de satiété et rend conscient de ce que l'on absorbe, prévient la boulimie. Beaucoup d'enfants n'aiment ni les fruits ni les légumes à cause de leur alimentation pendant la petite enfance, il est plus simple et plus facile de leur faire des pâtes et de la purée en flocons, outre les

« petits pots » pour bébés, « Ça descend mieux », mais ensuite on ne s'intéresse plus au fruit, on préfère le dessert en pot qu'on choisit dans le frigo. Les enfants nerveux cachent souvent ou plutôt expriment des carences minérales, en zinc surtout.

Faites du repas (l'enfant très vite à table en famille) un temps de dialogue et d'écoute dans la détente, sans télé ni stress.

Les goûts alimentaires s'éduquent très tôt, d'abord par petites quantités, puis en quantités normales :

Insistons par exemple sur :

– ***l'huile d'olive*** pour ses acides gras (mono-insaturé, l'acide oléique : croissance osseuse, digestion, absorption...) largement utilisée (plutôt que les huiles raffinées), et que l'on met déjà dans le biberon de soupe,

– ***les poissons gras*** (acides gras poly-insaturés, apport énergétique),

– ***les céréales de bonne qualité,*** et en particulier le petit épeautre et le riz complet, pour leur richesse minérale et en protéines végétales,

– ***les graines oléagineuses*** (noix, noisettes, amandes, sésame, tournesol...) pour leurs minéraux et acides gras surtout mono et poly-insaturés, et les fruits secs pour l'énergie,

– ***les fruits frais de saison, les crudités et salades*** le plus variées possible,

– ***les légumineuses,*** pour leur apport en protéines végétales complémentaires des céréales,

– ***la viande rouge sans excès*** une fois par semaine (surtout en période de croissance),

– ***les fruits de mer,*** pour leur apport exceptionnel en minéraux,

– ***les œufs frais,*** pour leur concentré en protéines, minéraux, vitamines.

Des enfants habitués à une alimentation saine, diversifiée, riche en fruits et légumes, crudités surtout, iront moins volontiers vers les sucreries et barres ou autres « coupe-faim », surtout s'ils sont accoutumés à boire eau, lait frais ou jus de fruits fraîchement pressés chez eux plutôt qu'un soda, et à préférer une pomme ou une carotte ou du pain complet/chocolat, ou une poignée de fruits secs, à un lot de sucreries.

Laissez toujours un panier de fruits à la disposition de vos enfants, et « oubliez » de remplir vos placards de biscuits et sucreries ; cela leur facilitera les bons gestes-santé à court et à long terme, et leur évitera le geste sucrerie et l'hypoglycémie qui les conduit une demi-heure plus tard à recommencer, souvent en cachette tout en se sentant frustrés... Ce qui pose le problème des cantines scolaires et de leur impact sur les habitudes et goûts alimentaires des jeunes et leur santé future[3], problème mis en relief par l'augmentation continue des cas d'obésité. Le soir, compensez les carences de la cantine.

En cas d'acné à l'adolescence, éviter les graisses saturées et conservées, transformées industriellement : charcuterie, viandes grasses cuites dans la graisse ou frites ; éviter les sucreries et barres « énergétiques » coupe-faim avec sucres, conservateurs, émulsifiants et graisses ajoutées, édulcorants ; plats trop cuits et gras ; ***consommer*** fruits, légumes frais, salades, poisson, légumineuses, céréales et graines, huiles vierges d'olive, germes de blé et noix, en se calquant sur les régimes riches en phytohormones (ménopause) et en minéraux qui aideront à la mise en place de l'équilibre hormonal.

2. En période d'examens, surmenage, convalescence, fatigue…

Insister sur *les aliments riches en vitamine C* (fruits et légumes frais, en tête : persil (à feuilles plates) et poivrons, kiwis, fraises, crucifères (choux, brocolis, radis, radis noir), et agrumes, *de préférence crus, ou cuits à la vapeur douce et « al dente », avec un filet d'huile d'olive*) ;

et riches en *magnésium* (cacao, flocons d'avoine, légumes secs, céréales complètes, graines et fruits secs : sésame, sarrasin, amandes, graines germées, pruneaux…). Notons que la pomme de terre en est très riche.

Minéraux : fruits et légumes secs, et surtout fruits de mer (huîtres en particulier), poisson, viande rouge maigre et peu cuite.

Pas de café, mais du *thé vert* sans restrictions particulières. Boire beaucoup, et faire des repas légers le soir (digestion facile = sommeil sans problèmes).

Des infusions de thym, romarin, toniques et digestives, aident à surmonter la fatigue ; mais pas après 16 heures, pour préserver le sommeil.

3. J'attends un bébé

La grossesse est un temps fondamental pour le bien du bébé.

– D'abord *le plus de calme possible*, et une alimentation riche en minéraux (fruits de mer : huîtres, fruits secs, graines, légumineuses) et

3. L'enquête de la Fédération Familles de France sur l'alimentation des jeunes montre clairement l'installation des habitudes alimentaires dénoncées par la recherche médicale, dès l'âge scolaire. (Enquête publiée le 16 juin 1997.)

en vitamines (*fruits et légumes très frais en abondance,* graines et légumineuses germées) ;

– *acides gras :* mono-insaturés, huile d'olive (acide oléique : croissance osseuse), acides gras poly-insaturés : poissons gras (saumon, sardine...), noix, huile vierge de colza ou de soja...

– *calcium :* laitages de chèvre ou de brebis sans excès, végétaux : fruits et légumes à volonté le plus frais et le moins cuits possible (cuisson vapeur douce) : graines oléagineuses (amandes : riches en calcium associé à l'acide oléique : très bonne absorption ; noix, noisettes, ...) et légumineuses (protéines, minéraux, phytohormones utiles à l'équilibre hormonal), céréales : graines et céréales en particulier germées (multiplication des vitamines), eau ;

– *éviter, au maximum, tout traitement médical* : comme dans l'allaitement maternel, tout produit absorbé par la mère passe au nourrisson. Attention aux sodas chimiques, à ceux contenant de la quinine. Pas d'excès en sucreries (remplacer par des fruits frais et secs en cas de fringale) ; ni café : à partir de 4 tasses/j, risque d'enfant mort-né (p. 137) [4] ;

– proscrire le tabac, mis en cause dans la mort subite du nourrisson [4] (par précaution, coucher les nouveau-nés à plat dos) ;

– pesticides : mis en cause dans les malformations génitales de l'enfant (CHU Montpellier - mars 2003), sont à éviter.

4. L'allaitement

La nécessité de l'allaitement maternel ne fait plus aucun doute : pendant au minimum les six premiers mois de la vie, recommande l'OMS. Pour C. Dolto-Tolitch, une grossesse dure douze mois : neuf plus trois *au plus près* de la mère. On peut s'interroger légitimement sur la valeur nutritionnelle de laits traités pour être stériles, moins gras, plus riches, plus proches du lait maternel mais qui ne font que s'éloigner de plus en plus du naturel, donc de l'assimilable. Les dernières publications médicales viennent encore de signaler qu'il n'y a « aucun avantage à donner aux nourrissons du lait enrichi en acides gras poly-insaturés à longues chaînes » : des études britanniques et australiennes montrent que, donné pendant six mois et comparé à du lait de vache ou du lait artificiel standard, le lait enrichi n'a eu aucune influence sur la croissance ni le développement mental ou moteur des bébés [5]. Par contre, le lait maternel « ne devrait pas être considéré comme une simple source

4. Proceedings of the National Academy of Sciences (PNAS), 10 sept. 2002 : altération des réflexes réglés par un récepteur à la nicotine.

5. *The Lancet*, 4 décembre 1999.

nutritive, mais comme un stimulant majeur de la physiologie du développement du nouveau-né », selon une étude qui montre que la glande mammaire synthétise durant l'allaitement de la gonadolibérine, hormone régulant la maturation et le fonctionnement du système reproducteur et du cerveau[6]. (Voir le lait maternel, ci-dessus, p. 165.)

La mère qui allaite doit veiller à sa santé et son alimentation :

– *beaucoup de calme et de repos*, pour une meilleure disponibilité envers l'enfant et pour éviter les effets du stress ; éviter tout traitement médical non indispensable qui passe dans le lait maternel (on retrouve certains traitements dans le lait de la mère un an après l'arrêt de la prise du médicament), éviter le tabac, l'alcool, une alimentation posant des problèmes de digestion (l'enfant souffre des malaises de la mère : pleurs dus à des douleurs digestives, selles de couleur verdâtre…) ;

– *beaucoup de minéraux* : fruits de mer, fruits et légumes secs, céréales complètes, graines, légumineuses (avec huile d'olive et aromates : seules ou avec alliacés, sans aliments sucrés ni protéines animales) ;

– *acides gras* : huile d'olive (acides oléique et linoléique), poissons gras et noix (acide gras poly-insaturés) ou huile (vierge) de noix ;

– *vitamines* : beaucoup de fruits et légumes frais (à volonté) ;

– *calcium* : laitages surtout sous forme de yoghourt et fromages de chèvre ou de brebis ; les végétaux (amandes 250 mg/100g, noisettes 225, pois chiches 150, jaune d'œuf, haricots blancs, mais aussi bettes, fenouil, endives, olives vertes 100…) en abondance et le pain sont une source de calcium importante, et mieux assimilée (effet de perte calcique lié à une surconsommation de graisses animales : viande *et* laitages sont concernés).

(Le nourrisson au sein présente des selles grumeleuses, liquides et de couleur orangée ; leur fréquence suit l'évolution de la composition du lait maternel.)

Le maintien d'intervalles fixes entre les tétées n'a pas de véritable fondement, dans la mesure où les besoins du bébé varient selon les heures, sa croissance, ses problèmes dentaires et gastriques.

Attention si l'on vous dit que « vous n'avez pas assez de lait »; intérêts industriels obligent. C'est la succion/aspiration du bébé qui stimule les montées de lait. Rassasié par des compléments (lait, eau sucrée), il têtera mal. Mieux vaut l'affamer un peu… Éviter tétines et « bouts de sein » artificiels.

---

6. Étude Pr. Y. Koch, Weizmann Institute of Science, Israël – *Proc. Nat. Acad. Sci.*, 24 mai 1994 , vol 91, P 4994.

5. Le sevrage

Le sevrage doit être fait de manière progressive :

1 – *Sevrage complet du lait maternel* : il se fait par suppression et remplacement d'une tétée tous les 3 jours sur 15 jours (rythme physiologique de décroissance du lait maternel). Ce mode de sevrage pose souvent des problèmes au bébé.

2. – *Sevrage maternel : à partir du 6e mois*, introduire une soupe de légumes frais cuits à la vapeur, très bien mixée et enrichie d'un peu d'huile d'olive. Observer l'accoutumance de l'enfant en faisant preuve de patience.

• Si le *passage au lait normal pose des problèmes de digestion ou d'allergie*, des alternatives existent : on voit fréquemment des intolérances chez le nourrisson au lait de vache ou aux laits préparés industriellement et donc stérilisés (beaucoup moins digestibles). On peut passer aux **laits végétaux** alternés aux **jus de carottes** (50 % d'eau), bouillons de légumes frais (avec suffisamment de légumes très frais et de bonne qualité, si possible bio et cuits à la vapeur douce, pour que l'apport en nutriments soit adéquat). L'idéal est, après le sixième mois, de pouvoir conserver la tétée du matin, et d'introduire progressivement une purée de légumes naturellement riches en vitamines et protéines (aux carottes, pomme de terre, courgette, poireau, on peut associer progressivement : haricots verts, petits pois frais… premiers pas vers une introduction à petites doses de légumineuses et de céréales non allergisantes : riz, petit épeautre, bien cuits), avec 1 cuillerée à café d'huile d'olive. À quatre heures, un yoghourt ou lait caillé de chèvre ou brebis, le soir soupe de légumes additionnée de céréales, cf. ci-dessus ou légumineuses, avec 1 cuillerée à café d'huile d'olive ;

• Si la mère est en état de surpoids, d'obésité, souvent synonymes de prédiabète ou de diabète installé, ou s'il y a des antécédents familiaux de diabète, il faut éviter pour l'enfant comme pour la mère les produits laitiers ou lait de vache et dérivés, impliqués dans les facteurs déclenchants du diabète.

Le ***lait de soja*** : à utiliser peu, susceptible de créer des allergies, pose des problèmes à long terme par sa richesse en phytoestrogènes (pubertés précoces).

Laits de remplacement : Cf. le Lait, laits végétaux, p. 164.

6. Dans les grandes fatigues des grossesses et des enfants en bas âge

Toute grossesse signifie un passage très important et constant pendant près d'un mois, de substances nutritives depuis la mère vers l'enfant, ce qui veut dire que la mère doit avoir une nutrition très choisie et riche en vitamines, minéraux, acides gras insaturés, ... et composée de produits très frais. Il reste certain qu'après une naissance et à fortiori pendant et après l'allaitement, la mère doit reconstituer son capital nutritionnel, et une mère de plusieurs enfants est souvent carencée.

Son alimentation doit donc être aussi sélective qu'avant ou pendant la grossesse, c'est-à-dire :

– *beaucoup de minéraux* : fruits de mer, fruits et légumes secs, céréales complètes, graines, légumineuses (avec huile d'olive et aromates : seules ou avec alliacés, sans aliments sucrés ni protéines animales) ;

– *acides gras* : huile d'olive (acides oléique et linoléique), poissons gras et noix (acide gras poly-insaturés) ou huile (vierge) de noix ;

– *vitamines* : beaucoup de fruits et légumes frais (à volonté) ;

– *calcium* : laitages surtout sous forme de yoghourt et fromages de chèvre ou de brebis ; les végétaux (amandes 250 mg/100g, noisettes 225, figues sèches 160, pois chiches 150, jaune d'œuf, haricots blancs, mais aussi bettes, fenouil, endives, olives vertes 100...) en abondance et le pain sont une source de calcium importante, et mieux assimilé (effet de perte calcique lié à une surconsommation de graisses animales : viande *et* laitages sont concernés).

En outre, si des carences importantes sont constatées, et en particulier sources de déséquilibres hormonaux (malaises, règles hémorragiques, fatigue intense...), il faut porter l'accent sur les minéraux et surtout le zinc et le fer, donc : fruits de mer (huîtres surtout, moules) naturels : frais ou sous forme de poudre d'huître (P.O.P.) très vite efficaces.

7. Face au syndrome prémenstruel (cf. p. 58)

– *rétention d'eau* : moins de sel ; la cuisson à la vapeur préservant les sels minéraux, permet de n'avoir pas besoin de rajouter du sel ou très peu ; quelques gouttes de citron peuvent remplacer ce dernier en rehaussant le goût des aliments trop fades ;

– *hypoglycémie* : moins de sucreries (sucres rapides : confiseries, chocolat...) ;

– *nervosité* : éviter les excitants (café, thé sauf vert, alcool, vitamine C sauf fruits et légumes) ;

– *douleur* (contractions utérines), *nervosité, fatigue*, *immunité* : vitamine B6 ou pyridoxine : consommer soja, châtaignes, noix, noisettes, amandes, céréales complètes, pommes de terre avec peau (cuites à la vapeur)... ; magnésium (cacao, amandes, noisettes, soja en grains, haricots secs, céréales complètes, pois cassés, sarrasin, pommes...) ;

– *équilibre en eau et contractions musculaires*: potassium (abricots secs, olives vertes, fèves, bananes sèches, haricots secs, figues sèches, pruneaux, pois cassés, amandes, persil, avocats, pommes de terre, bananes, céréales complètes,...) ; *boire beaucoup...*

– *réduire les graisses saturées* (animales), viandes rouges et laitages en particulier: le mélange fromage/vin peut être à l'origine de *migraines* très importantes; consommer poissons gras (graisses polyinsaturées) et fruits de mer; utiliser huiles d'olive et de noix (vierges);

– *privilégier les acides gras essentiels*: l'huile d'onagre (72 % linoléique et 10 % gamma linoléique) agit sur la tension et le volume mammaire (anti-prolactine, anti-inflammatoire), sur les migraines.

8. Autour de la ménopause: éviter l'ostéoporose

La ménopause est la fin de la période de fécondité de la femme, environ 35 ans de la puberté jusqu'à l'arrêt complet des règles (il faut six mois d'arrêt consécutifs). C'est une phase délicate pour toute femme, que d'aborder directement la deuxième partie de sa vie en s'éloignant concrètement de sa jeunesse: et c'est le moment d'apprendre à vivre différemment une seconde moitié de vie plus libre, moins dépendante, moins fatigante; découvrir des horizons nouveaux culturels, sociaux; élargir son environnement affectif... et nutritionnel: la ménopause se prépare; il y a dans notre alimentation toutes les ressources hormonales vraiment naturelles et biodisponibles pour équilibrer efficacement nos changements et nos troubles « de croissance », garder sa forme et rester belle naturellement (cf. p. 57).

Dès les premiers signes de déséquilibre hormonal

Atténuer les symptômes par la consommation d'aliments riches en phytoœstrogènes (baisse de moitié au moins des bouffées de chaleur):

– Aliments riches en phytohormones: *Légumineuses*, *graines* (fruits secs, lin, sésame...), et en particulier *soja,* wild yam, dong quai, végétaux frais: fenouil, *sauge*, anis, réglisse, igname, patate douce.

– L'ostéoporose est *directement inhibée* par les phyto-œstrogènes qui freinent fortement la perte de calcium osseux; *les protéines animales augmentent l'excrétion urinaire du calcium (1 g de protéines animales ingéré = 1 mg de calcium excrété), tandis que les protéines végétales font très fortement baisser cette excrétion.*

– L'*huile d'olive* favorise la densité osseuse et ralentit la déminéralisation due à l'âge: elle joue un rôle important dans l'absorption intestinale du calcium, du phosphore et de la vitamine D (consommation de 500 à 1 000 ml/mois/pers.) ; son apport en vitamine E et en flavonoïdes (polyphénols, jouant le rôle de phytohormones) est important.

– Régime à tendance végétarienne, sans viande rouge, sans excès de fromages (plutôt chèvre, cf. chap. II, p. 170), avec poissons et protéines végétales (légumineuses, céréales complètes, graines...)

– Zinc, fer et autres minéraux (huîtres et harengs, moules, légumineuses, graines et céréales complètes : petit épeautre, riz complet, sarrasin, quinoa, noix, ...)

– Exercice physique régulier et sans excès (sport deux à trois fois par semaine) : oxygénation du corps, élimination, et densité osseuse.

Phytohormones à activité œstrogène[7] **:**

Soja (naturel), légumineuse riche en phyto-estrogènes ; sauge officinale (Infusions. Calmante, digestive, anti-infectieuse, anti-inflammatoire ORL et des voies respiratoires ; transpiration excessive, bouffées de chaleur, règles douloureuses, cycle, libido féminine) ; houblon (bière) (lactation, sédatif, œstrogénique et anti-androgénique. lutte contre le duvet, (ou hirsutisme) ; avoine (nervosité, déprime ; fortifiante, stimule l'appétit, défenses immunitaires) ; actée à grappes, (antispasmodique et antimigraineuse, anti-inflammatoire, vertiges, hypertension) ; huile d'onagre (syndrome prémenstruel : déprime ; irritabilité, tension mammaire, douleurs abdominales, rétention d'eau, maux de tête, ou de la ménopause : bouffées de chaleur, troubles de l'humeur...).

Phytohormones à activité progestérone *:* l'igname sauvage ou wild yam (ne se trouve pas frais), l'achillée millefeuille (règles trop abondantes, douloureuses, infusions), l'alchémille (fibromes, infusions), le gattilier, la salsepareille, auxquelles on peut ajouter une huile, la bourrache (ménopause, peau...).

9. Andropause, hormones et ostéoporose

Chez l'homme, les problèmes sont similaires à ceux de la femme, mais moins médiatisés. Les conseils nutritionnels que nous donnons à l'âge de la ménopause ne diffèrent pas ; en effet les enzymes des tissus masculins ont la faculté de transformer les phytohormones en hormone masculine, qui va se fixer sur le récepteur des androgènes présents sur les testicules, la prostate... Une alimentation adaptée vaut mieux que des traitements hasardeux, objets de recherches intensives pour médicaliser aussi l'homme.

---

7. Cf. phytohormones, p. 52.

10. Face aux maladies inflammatoires articulaires (arthrites, polyarthrites, rhumatismes), ou digestives (Crohn, Rectocolites...)

Elles ont des implications allergiques, et peuvent entraîner de très forts handicaps. L'alimentation peut apporter une aide efficace pour atténuer, voire supprimer les symptômes. Il n'est pas impossible, en outre, que les changements des habitudes alimentaires agissent sur la cause comme cela se voit dans la maladie de Crohn, ou la Recto-Colite-Ulcéro-Hémorragique (RCUH) à leur début, avant que des dégâts définitifs ne soient en place[8].

• **Supprimer dans l'alimentation *tous laitages et tous produits contenant des céréales*** (pain, viennoiseries, préparations contenant de la farine de blé), sauf le riz, le sarrasin et le petit épeautre (les céréales et les laitages apportent trop de protéines, et – du fait de la forte proportion de graminées, ou de farines dans l'alimentation des vaches – contiennent de nombreux allergènes. Leur transformation par manipulations faites pour rendre les semences plus productrices modifient leur valeur nutritionnelle et leur composition : gluten, etc.) ***et les viandes***. Lorsque l'état digestif s'est amélioré, on peut reprendre des produits à base de lait cru de chèvre ou de brebis, le plus naturel possible (provenance de régions à élevages en pleine nature, sans alimentation industrielle, ou mieux, certifiée de l'agriculture bio et avec modération).

• **Les remplacer par :**
– **des protéines végétales,** légumineuses, céréales complètes, graines : il est très important de veiller à éviter les carences (sarrasin, riz complet, soja, lentilles, pois chiches, haricots, pois cassés, quinoa, petit épeautre, châtaignes, entiers ou en farines pour pain et gâteaux) ;
– **des aliments riches en acides gras poly-insaturés (oméga 3) :** poissons gras, sardines, saumon...
– **des fruits et légumes frais,** et en particulier beaucoup de crudités.

Les aliments doivent être cuisinés le moins possible, donc en salades ou cuits à la vapeur douce.

• **Le bio** est important dans ces contextes : si possible, consommer les crudités bio, et le reste cuit à la vapeur douce (pp. 21, 116, 171).

---

8. Cf. J. Seignalet : *L'Alimentation ou la 3e médecine*, Éd. F.-X. de Guibert.

11. Devant un transit intestinal perturbé

Tous les végétaux, par leur richesse en fibres, ont un rôle bénéfique sur le transit intestinal lorsque le côlon est normal (en particulier absence de diverticules) ; il faut distinguer les fibres douces de celles qui irritent :

– certaines ont un effet doux mais efficace : épinards, courgettes et courges, blanc de poireau, pointes d'asperges, pommes de terre…

– attention à l'acidité (plus doux cuit que cru) : prunes, raisin, jus d'orange…

– effet plus radical : pain et céréales complets (attention aux irritations dues au pain « intégral », avec tout le son), huile d'olive (contraction de la vésicule biliaire).

En cas de constipation chronique, supprimer les céréales comme facteur de réactions intestinales allergiques, en particulier blé, avoine, orge, seigle, et de ralentissement du transit.

Le riz décortiqué est un ralentisseur efficace du transit, lui préférer le riz complet si nécessaire, et de toute façon pour un meilleur apport nutritionnel.

La cuisson à la vapeur permet en outre une régularisation et un assainissement du transit intestinal. *La cuisson à l'autocuiseur ou cocotte minute est à proscrire* ; en effet, par sa cuisson excessive elle détruit les fibres, vitamines, et détériore les minéraux : il s'ensuit ce que l'on peut appeler le « syndrome de la cocotte minute », c'est-à-dire une incapacité à digérer les végétaux crus avec ballonnements, contractions de l'intestin, perturbation du transit : ce sont des réactions qui reflètent le mauvais état général et microbien de l'intestin, facteur d'intolérances et de baisse des défenses immunitaires.

12. Garder tonus et vitalité pendant les troisième et quatrième âges

La déshydratation, fréquente chez les personnes âgées, provoque une intoxication de l'organisme qui ne se nettoie plus, une baisse de l'attention et de la mémoire, et accentue le vieillissement. Il faut donc boire beaucoup d'eau, de préférence le matin et jusqu'au milieu de l'après-midi, pour éviter des levers trop fréquents la nuit.

Vitamines, minéraux et fibres seront apportés par l'intermédiaire d'une alimentation plutôt végétarienne, avec du poisson au moins 2 fois par semaine, céréales complètes et légumineuses.

Huile d'olive en usage quotidien, pour l'équilibre osseux, le système cardio-vasculaire, le transit intestinal…

Ail pour la mémoire, l'équilibre hormonal, la tension ; oignons et poireaux.

Un verre de vin à chaque repas pour prévenir l'Alzheimer, stimuler transit, immunité et tonus.

Veiller à un apport calorique suffisant chez les personnes âgées qui en général tendent à se nourrir mal.

Et les centenaires ? Ils ont eu en général une alimentation saine, variée et un grand souci de la mesure : « Qui veut voyager loin... »

13. Face aux maladies cardio-vasculaires, hypertension, hyper-cholestérolémie

Moins de sel, plus d'eau pour faire fonctionner les reins.

Éviter :

– **Les graisses animales** riches en acides gras saturés (viandes rouges surtout, *beurre*, crème et tous produits laitiers de vache surtout), riches en graisses saturées, surtout lorsque ces aliments sont *cuits*. Fuir les charcuteries, salaisons. Préférer, sans excès, les volailles, les *fromages de chèvre surtout* ou de brebis, au lait cru, en petite quantité... et pas avec d'autres protéines animales au même repas. Consommer des *œufs* 1 fois par jour 5 jours par semaine, et bios (meilleurs acides gras), pour avoir la quantité minimum de cholestérol nécessaire à la fabrication des hormones sexuelles.

– De surcharger le foie en **alcool**, qui l'empêche de jouer son rôle de métabolisme et de lutte contre le mauvais cholestérol.

Consommer :

– de l'***ail***, de la ciboulette, du potassium (avocats, abricots secs, bananes sèches, haricots secs et autres légumineuses, pruneaux, amandes, persil, épinards...) ;

– **huile d'olive** et infusions de feuilles d'olivier (régulateurs du cholestérol dans le sang, hypotenseurs), noix et huile de noix vierge (90 % d'acides gras insaturés, dont 72 de poly-insaturés et 18 de mono-insaturés) ;

– tomates, aubergines, fenouil, fraises et pommes, raisin, riz complet, flocons d'avoine, seigle, soja et tofu, les acides gras « marins », (acides gras poly-insaturés des poissons gras), ont une action préventive et protectrice des maladies cardio-vasculaires, et en particulier les acides gras polyinsaturés de la série oméga (EPA et DHA) dont les huiles de poisson sont très riches. Consommer poisson (sauf élevage) ou fruits de mer au minimum deux ou trois fois par semaine (voir p. 153 s) ;

– les antioxydants contenus dans le vin et les végétaux de la nutrition méditerranéenne consommés régulièrement ont un rôle préventif :

fruits et légumes *frais*, riches en vitamines antioxydantes – ß-carotène, A, C et E –, en particulier tomates (lycopène[9]) vitamine C, pommes (flavonoïdes, vitamine C), et *vin rouge* (flavonoïdes) en quantité modérée, un verre à chaque repas.

La pratique d'un régime végétarien – par définition pauvre en graisses –, a pour effet, outre une diminution importante du cholestérol, et malgré un apport calorique *ad libitum, « une certaine perte de poids ou la prévention de la prise de poids liée à l'âge ».*

14. Face à un diabète non insulino-dépendant

On note une faible prévalence du diabète dans les populations qui consomment beaucoup de fibres : il convient donc de consommer des glucides à IG bas (indice glucidique) ou liés à des fibres solubles, et éviter les glucides à IG élevé.

En outre, le mode de consommation est un facteur important : un glucide isolé, en solution, est absorbé plus rapidement que consommé au cours d'un repas diversifié.

Régulation du taux de sucre dans le sang : huile d'olive (contrôle de la glycémie par les acides gras mono-insaturés) exclusive.

Régulation du métabolisme des sucres (diminution) et baisse de la fabrication d'insuline par les fibres alimentaires (céréales complètes, fruits, légumineuses et légumes frais[10]).

Préférer les sucres à IG bas : fructose (fruits, légumes frais), lentilles, légumineuses, châtaignes ; éviter les laitages : lait de châtaigne.

Éviter les sucres à IG élevé (pain, purée, riz, pommes de terre, glucose ; saccharose : pas plus de 10 % de la ration glucidique journalière, et à la fin du repas) et graisses (modification du profil lipidique et augmentation du risque cardio-vasculaire) ; faire de l'exercice régulièrement : le surpoids rend l'insuline du pancréas inefficace.

---

9. Le lycopène : pigment naturel de la tomate, est un caroténoïde. Il a un rôle antioxydant en piégeant les radicaux libres (produits d'oxydation de la cellule qui sont toxiques). Il est particulièrement actif contre les agents mutagènes : tabac, pollution, rayonnement, les cancérigènes. Multiprotecteur, le lycopène protège l'ADN, les membranes des vaisseaux, inhibe la formation de nitrosamines, composé cancérigène formé dans l'estomac à partir des nitrates alimentaires. Il abaisse le taux du LDL cholestérol, protégeant contre le développement de l'arthérosclérose.

Sa source essentielle est la tomate : il y en a plus dans la peau de la tomate que dans le fruit.

10. J. Alary. *Les fibres alimentaires*, in Lyon pharmaceutique (1994, 45, 3, 141-148).

Produits laitiers : les nourrissons de moins de quatre mois qui ont des antécédents familiaux de diabète sucré ne doivent pas consommer les laits et produits dérivés de vache qui sont un facteur environnemental prédisposant au diabète de type 1 ; par conséquent cette mesure de prévention doit aussi interpeller tout adulte ayant des ascendants ou un profil de prédiabète (surpoids compris).

15. Sportifs sans dopage

– *Préparer l'effort* : Pour aider à la contraction de la fibre musculaire lisse, il faut une alimentation riche en potassium, et des sucres lents (50 % maximum de l'alimentation), éviter les sucres rapides (fatigue accrue par hypoglycémie).

– *Au quotidien* : Pour la solidité des os, calcium (surtout végétal : amandes, noisettes. végétaux en abondance, légumineuses) + acide oléique (huile d'olive).

– *Après l'effort*, boire beaucoup d'eau pour éliminer les toxines (acide lactique), et pour lutter contre l'acidose, une eau alcaline (Badoit, etc.) sans excès.

– *Éviter :* les protéines de synthèse, dangereuses pour les reins.

16. Surpoids et obésité (cf. p. 22)

Le problème du surpoids doit être démystifié, ramené à de justes proportions : d'abord il y a surpoids et obésité : c'est l'obésité, « excès de masse grasse entraînant des inconvénients pour la santé », qui cause le plus de problèmes au niveau santé, maladies cardio-vasculaires, métaboliques dont diabète, et cancéreuses ; pour simplifier, il y a surpoids à partir de 10 % au-dessus du poids normal, et obésité au-delà de 20 %. Plutôt que de mettre en place des restrictions quantitatives frustrantes qui peuvent exacerber ces inquiétudes et angoisses que le fait de manger aide à calmer, il est plus positif de s'orienter vers des comportements simples, des *choix de qualité*.

– *La prise de poids varie selon les personnes et leur hérédité, ou les traitements qu'elles doivent suivre*, c'est pourquoi le rapport entre alimentation et surpoids doit être déculpabilisé et vu de façon avant tout qualitative. L'alimentation peut être le moyen d'équilibrer la santé et de parvenir progressivement à éviter certains traitements médicaux, avec avis médical de médecins compétents en nutrition.

– *Prise de poids, mal être, jambes lourdes*… les traitements hormonaux sont contre-indiqués à toutes les personnes ayant des problèmes de circulation : antécédents de phlébite, varices, diabète…

Signalons que l'obésité peut survenir tôt, il y a 10 % d'enfants obèses, autant que d'adultes. 50 % le resteront. Or c'est dans l'enfance que se prennent les habitudes alimentaires, un enfant qui n'a pas appris à manger des fruits et des légumes frais ne les aimera pas adulte. De même s'il ne bouge pas enfant, il restera sédentaire adulte.

Il n'y a pas de régime miracle, mais seulement une prise de conscience et une modification d'habitudes alimentaires qui ne conviennent pas à notre organisme : il ne faut pas oublier que le drame des régimes, c'est qu'ils sont si radicaux qu'ils créent des carences parfois très graves, et qu'une fois terminés, on retombe dans nos vieilles mauvaises habitudes alimentaires.

Chez l'obèse, il y a déficit de la thermogenèse glucidique lié à l'insulinorésistance. Il convient donc de consommer des glucides à indice glucidique bas (IG) ou liés à des fibres solubles, et éviter les glucides à IG élevé.

– **Éliminer les coupe-faim industriels** pleins de sucres, conservateurs et additifs qui créent des *hypoglycémies répétées* et donc de nouvelles *sensations de faim et de fatigue*, ralentissent le transit intestinal et favorisent la prolifération microbienne et les ballonnements : il vaut mieux, à la place, consommer *sans restriction* des fruits et des légumes, aliments frais, de préférence crus, ou cuits vapeur, dont les vitamines et minéraux rendent tonus et santé au corps et au teint ; les fibres régularisent l'absorption des sucres, le transit, l'équilibre hormonal. Le plaisir de manger reste, compensateur du stress et des carences affectives, et s'affine ; l'apport des vitamines et minéraux est plus important tandis que les calories diminuent, la digestion et le transit intestinal s'améliorent, la forme physique et psychique aussi.

– **Éviter les graisses**, c'est le plus important facteur de surpoids et de maladies cardio-vasculaires : la prise de poids augmente le risque cardiaque en accroissant notamment la tension artérielle, le taux de cholestérol et le risque de diabète. Toutes les études montrent que des modifications du régime alimentaire sont à même d'améliorer ou normaliser ces facteurs à risque chez les personnes en surpoids. Il s'agit d'abord des graisses animales, cachées le plus souvent dans les fromages : il y a plus de graisses animales dans le fromage que dans la viande, et la consommation (trop soutenue par les publicités indifférentes à la santé) de produits laitiers est en bonne place parmi les causes de l'obésité sans cesse croissante ; attention aux laitages, surtout sucrés, aux fromages. Le calcium des végétaux est le mieux assimilé (biodisponible), entouré des autres composants des végétaux qui aident à l'assimiler : vitamines, minéraux, acides gras insaturés, fibres. Il n'est pas de viande maigre, sauf de volailles. Consommer plutôt des volailles (escalope de dinde, 4 g mat. gr/125 g) que de la viande rouge, du steak (5 g mat. gr/125 g) que de l'entrecôte (16 g/140 g), une à deux fois par semaine, et en général du poisson, même gras (nous avons besoin de leurs acides gras) ou des fruits de mer deux à trois fois par semaine. Préférer une alimentation végétarienne, et l'huile d'olive.

Utiliser la cuisson vapeur qui élimine certaines graisses par sudation, et évite lors de la cuisson les graisses ajoutées et les sauces.

– **Éviter les sucres *à IG élevé (cf. ci-dessus)* et les sucres *raffinés***, qui provoquent des coups de fouet suivis d'hypoglycémies et de coups de fatigue importants, et enchaînent l'engrenage à prendre de nouveau un « petit quelque chose » pour se remonter.

– **Attention aux médicaments coupe-faim** : Certains (Isoméride et Pondéral) ont été retirés du marché, impliqués dans des complications cardiaques, hypertension pulmonaire artérielle, troubles thyroïdiens.

– **Attention aux hypocholestérolémiants :** En août 2001 Bayer supprimait des pharmacies un hypocholestérolémiant mondialement connu le « Staltor » car médicament dangereux responsable de problèmes cardiaques graves.

– **Les aliments crus** ont une digestion plus lente qui diminue leur indice glucidique : (cf. tableau p. 31).

– **Consommer des végétaux frais à volonté, avec des légumineuses non accompagnées de protéines animales** ; les fibres alimentaires ont en effet une très faible valeur énergétique pour un volume important, et un effet de satiété, qui aident à combattre efficacement l'obésité sans frustrations ni restrictions au-dessus de nos forces. Ils permettent (fruits, légumes, légumineuses et céréales complètes) de disposer d'une source équilibrée en fibres alimentaires, mais aussi de l'ensemble des vitamines et autres substances contenues dans les végétaux (risques de carences multiples en minéraux oligo-éléments, etc. [11]).

– **Privilégier les aliments favorisant l'élimination** : poireaux, aubergines, tomates, céleri, mâche, pissenlit, fenouil, asperges, ananas, papayes, pommes...

11. Cf. au chap. I, § 9, *Fibres alimentaires*, p. 50.

– **Faire des repas équilibrés, structurés, à heures régulières et dans de bonnes conditions** (assis, à table, dans le calme et d'une manière agréable : même si l'on mange seul, il faut être attentif à mettre son couvert, arranger sa table, se sentir bien, s'occuper de soi...).

– **Enfin et surtout, boire abondamment**, au moins un litre et demi d'eau au cours de la journée, et du thé vert, très tonique et qui aide à éliminer ; des infusions de sauge, romarin, thym, camomille, reine des prés, achillée, olivier, seront un appui d'herbes médicinales actives et toniques à ne pas négliger pour rééquilibrer l'organisme et ses défenses immunitaires.

– **Et puis faire de l'exercice** : bouger, marcher, se dépenser physiquement tous les jours, monter ses escaliers à pied, faire ses courses à pied, ses démarches administratives...

17. Allergies

Les allergies sont des réactions du corps contre des agressions qui peuvent être liées à l'environnement, à un vécu psychologique associé à la prise de médicaments, à des séquelles de maladies comme l'hépatite virale, à l'alimentation, à l'ablation des amygdales ou de l'appendice... (cf. chap. II, § Ail et Thym). Elles touchent 3 % de la population.

Les manifestations sont multiples :

Elles peuvent s'exprimer un peu à tous les niveaux du corps humain : cérébrales avec des maux de tête ou des vertiges ; respiratoires avec asthme, rhinites, sinusites, polypes ORL ; oculaires avec irritations et larmoiement ; digestives avec acidité gastrique, nausées ou troubles du transit intestinal (diarrhées ou constipation) ; dermiques avec eczémas, rougeurs, éruptions d'acné ; hormonales avec des troubles du cycle, aggravation de l'acné à la puberté...

On voit fréquemment des intolérances chez le nourrisson au lait de vache ou aux laits préparés industriellement et donc stérilisés (beaucoup moins digestibles).

Chez le jeune enfant, des eczémas ou des urticaires peuvent être la simple résultante de carences minérales que l'on peut retrouver chez la mère, et qu'il convient de corriger (zinc).

Plusieurs attitudes sont possibles sur le plan nutritionnel :

Pour le nourrisson et le jeune enfant, on peut passer aux laits végétaux alternés aux bouillons de légumes frais (avec suffisamment de légumes très frais et de bonne qualité, si possible bio et cuits à la vapeur douce, pour que l'apport en nutriments soit adéquat.)

En règle générale, il faut consommer beaucoup de fruits et légumes, riches en vitamines C, E et ß-carotène, limitant l'excès de radicaux libres (limitation des crises d'asthme par inactivation des substances responsables des crises [12]).

Bifidus, thym, oignon, poireau, *ail* surtout : des études au Japon ont montré l'effet antiallergique très puissant de l'ail. Des extraits d'ail diminuent de 90 % la réponse cellulaire après exposition à un allergène, son action est huit fois plus efficace que l'oignon et quatre fois plus que le poireau…

Les exclusions : 10 % des Français sont atteints d'allergie alimentaire ; une fois dépisté l'allergène, aucun traitement n'apporte la guérison. Il ne reste plus donc qu'à exclure le ou les allergènes.

Éviter la consommation d'aspartame (boissons « allégées »…).

Éviter la consommation d'aliments éventuellement responsables d'allergies : par **exclusion**, *cas par cas*, de certaines catégories d'aliments sur des périodes de quinze jours, on peut identifier certains éventuels facteurs alimentaires d'allergies qu'il faudra éviter : produits préparés industriellement et donc très cuits ou stérilisés, avec additifs ou conservateurs ; céréales et dérivés sauf riz, arachides, produits laitiers, aliments y compris fruits et légumes contenant de l'iode, chocolat, café...

18. Infections urinaires

Rôle préventif du jus de myrtilles (*Journal of the American Medical Association*).

Rôle des antibactériens (oignon, poireau, ail, thym).

Un verre de bon vin rouge à chaque repas, et chez l'enfant à partir de six ans environ, un doigt de vin mélangé à un grand verre d'eau pour tout un repas.

Veiller à la *régularité du transit intestinal*, qui est souvent à l'origine de ces affections (constipation chronique = pullulation de germes) : consommer des *fibres*, c'est-à-dire des céréales complètes, beaucoup de végétaux, en particulier ail, oignon, poireau, chou, persil, poivrons, agrumes, kiwi…, des laitages fermentés pour la flore intestinale (bifidus) mais attention aux produits laitiers et lait de vache, à remplacer par brebis et chèvre au lait cru, du poisson, et des aliments toujours cuits à la vapeur douce [13].

---

12. Rowett Research Institute of Aberdeen (section Nutrition, Dr Brown), 1994.
13. Cf. rôle des fibres, chap. I, § 9, p. 50.

19. Déprime

Les états dépressifs sont aussi liés à de mauvaises habitudes alimentaires : mal digestion, constipation. L'alimentation devra favoriser :

– les céréales complètes, le poisson, les œufs, les légumes verts, les graines..., riches en vitamines (A, B, C) et minéraux (magnésium, lithium) ;

– les avocats, ananas, pommes, tomates, brocolis, pamplemousses... précurseurs de la dopamine, de la sérotonine [14].

– Veillez à consommer des aliments complets (céréales, sucre, sel) et non raffinés (huiles), les plus variés pour éviter les carences, et les plus naturels (cuisson, fraîcheur) pour éviter les troubles de l'assimilation et de la digestion, facteurs d'insomnie et d'anxiété.

– Éviter une mise sous anti-dépresseurs trop rapide et trop longue, dangereuse à long terme du fait de la dépendance aux médicaments.

Solitude : partager le plus souvent ses repas en invitant et en sortant ; mettre la table, faire son menu santé (aliments à privilégier), se faire plaisir avec des produits de qualité frais et variés, inventer des salades, des combinaisons de fruits et de légumes, mettre de la couleur dans son assiette avec crudités et aliments cuits à la vapeur douce...

Et en outre essayer d'élargir son horizon pour sortir de ses propres problèmes par l'information (on peut commencer par l'alimentation santé), la culture, le bénévolat, etc.

20. Prévention des cancers

Pas d'excès caloriques : moins de calories, moins de cancers, plus de chances de vivre longtemps et dans de bonnes conditions. Chez la femme, le tissu graisseux joue le rôle d'une glande endocrine négative et fabrique des hormones dangereuses.

Pas trop de graisses animales ni de viande rouge (cancers du côlon et du rectum, de la prostate, du sein). Attention à certains produits laitiers : en effet, Ronco et al. ont démontré, par l'utilisation d'un questionnaire très pointu, qu'il faut tenir compte du type de produits laitiers. Ainsi, la consommation élevée de lait entier, de lait chocolaté, et de gruyère est associée à un risque élevé de cancer du sein [15].

---

14. Dopamine et sérotonine sont des neurotransmetteurs, molécules indispensables au fonctionnement du cerveau, qui ont un effet anti-dépresseur.

15. Dairy food and risk of breast cancer : a case-control study in Montevideo, Uruguay. Eur. J. Cancer Prev. 2002 oct., 11 (5) : 457-63.

Éviter tabac, alcool, impliqués dans les cancers du poumon pour le premier, de la gorge, du pharynx pour le second, du larynx et de l'œsophage pour les deux (alcool + tabac).

Attention aux nitrites, aux benzopyrènes dus aux modes de cuisson, aux aliments fumés ou en saumure (cancers de l'estomac), aux traitements médicaux trop prolongés (stéroïdes immunodépresseurs)…

Mais :

– Rôle protecteur des vitamines et minéraux, et aussi des fibres : *consommer beaucoup de fruits et légumes frais*, riches en antioxydants et en fibres, des légumineuses, des céréales complètes, de l'huile non raffinée : olive, noix…, un peu de vin, du fromage de chèvre, plus de poisson, pas de viande, boire du thé vert… cf. chapitre I (données scientifiques actuelles), et les paragraphes spécifiques à chaque aliment (chapitre II).

– Rôle du sport et de la transpiration pour éliminer les pesticides stockés dans les tissus graisseux.

21. Problèmes de thyroïde

Insuffisance d'iode : les régions éloignées de la mer voient plus de goitres dus aux carences en iode et en produits de la mer. Celles-ci ont des répercussions sur le développement hormonal et la croissance.

Comment en apporter : fruits de mer, poisson, pommes de terre, mais aussi algues, eau de mer, poudre d'huîtres…

Certains pesticides (herbicide total comme l'Aminothriazol) ont des effets antithyroïdiens puissants, et même cancérogènes pour la thyroïde.

Chapitre VI

JEUX DE RECETTES

I. Assaisonnements et sauces. – II. Recettes plaisir et découverte.

Quant aux recettes,
voilà un domaine tout à fait personnel,
et qui doit garder ce caractère :
en effet, chaque table, chaque maîtresse de maison a ses préférences,
sa touche personnelle doit se révéler et s'exprimer,
tant dans la présentation de ses tables de fête,
que dans les associations et mariages de goût et de couleurs de ses plats.

La cuisine
est un art et un mode d'expression,
en même temps qu'une responsabilité
de santé et d'optimisme, de bonheur familial.

Aussi dans un premier temps faut-il souligner ceci : **changer ses habitudes culinaires ne veut pas dire rejeter tout ce que l'on a appris, mais le redécouvrir, et les recettes de famille ne sont pas bonnes à jeter au panier.**

Bien au contraire, en les utilisant compte tenu de tout ce que vous venez d'apprendre, peut-être auront-elles enfin l'occasion de vous révéler tout un monde de parfums et de saveurs que vous n'aviez jamais reconnus, jamais soupçonnés…

Par exemple, vos petites pommes de terre nouvelles sautées… vous les lavez bien, sans les éplucher, vous les cuisez à la vapeur douce 10 ou 15 mn selon grosseur (testées à la pointe du couteau), puis vous les mettez *tout doucement, à feu très doux*, à rissoler dans votre cocotte ou sauteuse préférée, avec de l'huile d'olive et du thym : elles seront aussi savoureuses que digestes, et bien moins grasses. Quelques brins de persil, et les voilà prêtes à accompagner les plus fines de vos préparations. Royalement. Et que dire de l'humble poireau ou de l'oignon rustique, capables de métamorphoser les préparations les plus simples en repas somptueux…

I. Assaisonnements et sauces

Apprendre à agrémenter et assaisonner « santé ».

Lorsque vous aurez cuit vos légumes à la vapeur, peut-être allez-vous éprouver de la gêne à les présenter ainsi « tout nus » ; consommer nature des légumes n'est pas une hérésie, bien au contraire, lorsqu'ils ont conservé tous leurs sels minéraux et leurs vitamines : ils ont ainsi gardé tout leur goût.

Les assaisonner permet cependant d'élargir leur palette de saveurs et parfums, et en même temps de qualités nutritives, dans la mesure où sont respectées les règles de conservation des vitamines et des minéraux (ne pas *recuire*), et évitées les surcharges alimentaires (graisses animales, surtout cuites, sauces toutes prêtes saturées d'additifs industriels, sel en excès…).

Quelques idées simples peuvent vous servir de guide.

1. Assaisonnement simple

Sur des aliments sortant juste de cuisson, saupoudrer légèrement de sel et de thym, origan, ou autres herbes, et arroser d'un filet d'huile d'olive ; cette « huile douce » apportera, outre ses qualités nutritives et préventives précieuses à votre santé, une onctuosité et une chaleur au palais auxquelles on prend goût très vite quand on n'y a pas été habitué. On peut y associer ou la remplacer par de l'huile de noix vierge, riche en graisses poly-insaturées.

Bien sûr vous pouvez préférer une noix de beurre : à utiliser cru (vitamines et digestibilité) et en très faible quantité.

2. Assaisonnement par associations et mariages de goûts

Il suffit souvent d'un ingrédient pour « transfigurer » légume, viande ou poisson : vous pouvez ainsi utiliser en les ajoutant à vos préparations :

Thym, origan, herbes de Provence
Mariages d'alliacées (Poireau et oignon, échalote, ail,...) *cuits vapeur*
Fines herbes (persil, ciboulette, basilic, ail, aneth, coriandre...)
Champignons
Miettes de thon ou de saumon
Tomate
Crème d'épinards
Oseille
Avocat bien mûr + jus de citron (crus)
Olives
Fromage : frais (chèvre, feta) ou sec (gruyère, parmesan, comté, roquefort...)
Amandes effilées ou légèrement grillées, raisins secs gonflés à la vapeur
Citron, vinaigre de cidre, sauce soja
Pulpe de fruits : agrumes + échalotes + huile d'olive + vinaigre de cidre (canard, dinde...), ou avocats + citron + cumin (poissons vapeur ou marinés...) etc., au gré de votre palais, de votre fantaisie et de vos harmonies de goûts préférées : innovez.

3. Sauces légères

Viandes :

- **Sauce moutarde :** 1 yoghourt, 1 c. à café de moutarde en grains et 1 c. d'estragon frais, sel (ne pas cuire sinon le yoghourt perd sa texture : ajouter simplement au dernier moment).
- **Sauce au roquefort :** 1 yoghourt bifidus ou brebis, 100 g de roquefort écrasé.
- **Sauce aux échalotes** : 3 échalotes émincées vapeur, soy sauce (1 vol.), huile d'olive (2 vol.) : écraser les échalotes chaudes dans la sauce soja, puis ajouter l'huile et mélanger.
- **Crème d'ail** : 5 ou 6 gousses cuites vapeur, écrasées + huile d'olive + sel.
- **Crème de poireaux** : poireaux coupés, cuits vapeur, assaisonnés de thym, huile d'olive, sel, le tout passé au mixer.
- **Crème d'épinards** : épinards cuits vapeur et passés au mixer avec 1/2 volume d'eau et 1 c. à soupe de basilic frais ou surgelé, puis ajouter 1 c. à soupe d'huile d'olive, le jus d'un citron, 1 sucre roux, 1 yoghourt de brebis, sel, bien poivrer.
- **Sauce carottes** : 1/2 carotte entière, 2 épluchées, cuites vapeur, mixer. Ajouter le jus d'1 orange, sel, poivre, une pointe de sucre et une noix de beurre cru, ou 1 c. d'huile d'olive.
- **Sauce au curry** : 1 tasse d'eau, 1 c. à café de curry, 1 sucre, 1 c. à soupe d'huile d'olive, sel, 1 c. à café de vinaigre, pommes, oignons ou échalotes cuits vapeur et mixés.
- **Coulis de tomates et oignons** cuits vapeur, avec origan, thym, huile d'olive, sel, 1 morceau de sucre.
- **Sauce à l'orange** : zeste + jus + vinaigre de cidre + sel + sucre + échalotes vapeur.
- **Chutney d'oignons** : 3 ou 4 oignons émincés cuits vapeur, puis fondus à feu très doux avec 1 c. d'huile d'olive, sel, 2 sucres, vinaigre de cidre, poivre ou piment.
- **Sauce verte** (*très vitaminée*) : un gros bouquet de persil plat, un jus de citron, sel, 6 c. à soupe d'huile d'olive : hacher le persil dans un bol mixer, en ajoutant progressivement citron, sel, huile d'olive, un petit oignon frais, et un fruit, poire ou pomme, ou un avocat, pour une note aigre-douce et une meilleure texture ; servir avec viandes blanches, poissons, crustacés, légumes, céréales… ou pour napper salades, crevettes, avocats…
- **Sauce aux herbes** : deux yoghourts de brebis, une c. à soupe de vinaigre de cidre ou de miel, une c. à café de cassonade, 1/2 c. de sel, un bouquet de ciboulette et un de basilic hachés, un petit oignon frais haché.

Poissons :

- **Sauce cumin** : 2 c. à soupe de vinaigre de cidre, 1/2 c. à café de sucre roux, 1 c. à café de cumin en poudre, sel, 6 c. à soupe d'huile d'olive.
- **Sauce Méditerranéenne** : Huile d'olive macérée avec fenouil frais.
- **Aigre-douce** au yoghourt bifidus ou de brebis : 2 pots de yoghourt, 1 c. à soupe de ciboulette, 1 c. d'aneth ou fenouil hâché, 1 c. à café de vinaigre de cidre, sel, sucre ; variante avec petites crevettes.
- **Tropicale** : 1 gros avocat, 2 jus de citron, 1/2 citron vert entier, 1/2 pomme épluchée, sel, 1 c. à café de sucre roux. Mixer.
- **Yoghourt** et sel, câpres ou morceaux de cornichons (tiédie au bain-marie).
- **Mayonnaise** à l'huile d'olive, citron, avec herbes (basilic, ciboulette, aneth…) en quantité.
- **Sauce au beurre fondu** (dans un récipient au cuit vapeur) et jus de citron (variante : ajouter estragon ou aneth) ; préférer l'huile d'olive au beurre.
- **Sauce à la Valenciana** : tomate, échalote, ail (à la vapeur), huile d'olive, 1 c. de farine (riz, fécule…), eau, épices paella).
- **Sauce au citron** : 1/2 citron entier avec peau (bio), 1 citron entier sans peau, le jus d'un citron, sel, 1 sucre fondu, passer au mixer en crème onctueuse, ajouter 4 à 6 c. d'huile d'olive ou 1 yoghourt, 2 c. à soupe d'aneth ou vert de fenouil frais.

Légumes ou céréales complètes :

- **Assaisonnement simple** : thym ou herbes, huile d'olive, sel.
- **Mariage de saveurs** : oignons, poireaux, échalotes (ou ciboulette) relèvent et donnent plus de relief aux légumes, céréales, légumes secs.
- **Sauce aux œufs durs** vapeur hachés, huile d'olive, persil, vinaigre ou moutarde, sel (sur courgettes, tomates, aubergines… chaudes ou froides).
- **Gruyère râpé**, tomme de brebis râpée, chèvre frais ou fondu…
- **Coulis d'épinards** (1 oignon et 200 gr d'épinards vapeur, hachés, 1 c. à soupe d'huile d'olive, sel, poivre, muscade ou origan, 1 yoghourt, mixez et faites tiédir au bain-marie).
- **Yoghourt et crème d'anchois.**
- **Coulis de poireaux** vapeur avec thym, sel et huile d'olive.
- **Coulis de courgettes** : un grand bol de légumes-vapeur composé de : 4 courgettes, 1 poireau, 2 oignons, thym, 4 c. huile d'olive, sel. Mixer avec un peu de muscade et poivre, une pointe de sucre roux. (Pour viandes blanches, pommes vapeur, légumes entiers à la campagnarde, riz complet ou épeautre, poissons…)
- **Coulis de tomates** : 4 tomates et 3 oignons vapeur, thym, sel, poivre, huile d'olive, mixer.

- **Coulis de poivrons** : 2 à 3 poivrons rouges et 4 oignons vapeur, ail, thym, sel, 4 c. d'huile d'olive, mixer.

Salades :

- Chinoise : sauce poisson, vinaigre, épices, paprika ou poivron rouge écrasé, quelques râpures de carottes, sucre, eau (nems, raviolis vapeur, rouleaux de printemps, œufs pochés, salades composées aux poissons ou crevettes).
- Yoghourt, vinaigre, moutarde, sel, sucre, herbes (avocats, crevettes, courgettes ou poulet froids…).
- Yoghourt, thon écrasé, ciboulette, ail (tomates crues, pommes de terre, riz complet ou petit épeautre, courgettes cuites froides en moitié, etc.).
- Coulis de tomates + oignons + huile d'olive (salades cuites : pommes de terre, pâtes tièdes et riz, thon frais…).
- Autres coulis, cf. assaisonnement des légumes ou céréales complètes (ci-dessus).
- Sauce aux œufs durs vapeur – 10 mn – hachés avec persil, moutarde, huile d'olive, sel (tomates crues, courgettes cuites froides, œufs durs, champignons frais de Paris).
- Sauce aux olives (hachées avec citron, herbes de Provence et huile d'olive).
- Sauce vinaigrette : vinaigre de cidre ou citron, huile d'olive, sel.
- Vinaigrette à la moutarde : 1 c. de moutarde, jus de citron, huile d'olive.
- Vinaigrette douce au basilic : vinaigre de cidre, sel, sucre roux, huile d'olive, basilic frais.

4. *Assaisonnements doux pour desserts ou fruits*

- Sucre non raffiné, sirop de canne à sucre, sirop d'érable, sucre vanillé.
- Sauce au jus de citron et miel, au jus d'orange et miel (beaucoup plus liquide) ; les mêmes peuvent se faire avec du sucre roux dilué ou du « sirop batterie ».
- Coulis de fruits frais (fruits rouges : fraise, framboise, mûre, mais aussi abricot, reine-claude, poire, kiwi, tout est permis, avec jus de citron pour relever le goût et éviter l'oxydation).
- Un verre de muscat et un jus de citron.
- Amandes effilées et raisins secs gonflés 5 mn à la vapeur.

II. Recettes plaisir et découverte

A – Entrées

a) Entrées froides : Salades et crudités

En entrée, les crudités sont très fortement recommandées et appréciées : en été, vous n'aurez aucune peine à jongler avec les infinies possibilités des légumes de saison, des fruits et des herbes fraîches, auxquelles vous pourrez ajouter quelques spécialités méditerranéennes comme le taboulé – (le vrai, fait d'une quantité de légumes et herbes frais, coupés très fin, avec un peu de boulgour « cuit » dans le jus de nombreux citrons, une vraie cure de vitamines) – ou la salade grecque : tomates, poivrons, oignons, concombre et olives mêlés de sel, d'huile d'olive et de ce chaleureux fromage de brebis, la feta ; mais l'hiver, associé à un peu d'imagination, peut vous réserver de délicieuses surprises pleines de santé : alors, ne dites plus « Il n'y a rien, en hiver ! »

Avocat au jus de citron vert

Couper les avocats en tranche après les avoir épluchés, arrosez-les d'un jus de citron vert. Riches en acide oléique, composant principal de l'huile d'olive, ils sont suffisamment gras, on peut cependant y ajouter un filet d'huile de noix (acides gras poly-insaturés).

Émincé de pamplemousse aux crevettes, sauce aigre-douce

1 pamplemousse pour 2 personnes
crevettes décortiquées (petites) surgelées
sauce aigre-douce (cf. ci-dessus)

Éplucher à vif les pamplemousses, couper en tranches très fines, disposer dans les assiettes, ajouter deux cuillères à soupe de crevettes par assiette, napper de sauce aigre-douce au yoghourt.

Salade d'avocats aux pignons

Mélange heureux de saveurs avec un tonique et très léger parfum de résine.

Par personne : 1 avocat (petit ou moyen), 1 petite pomme
1 c. à café de pignons, 1 c. à café de vinaigre de cidre
1 c. à soupe d'huile d'olive, marjolaine ou basilic
1 pointe de couteau de sel, 1 de sucre

Épluchez délicatement les avocats, coupez-les en tranches après en avoir ôté le noyau, faites de même avec les pommes, arrosez-les de vinaigre, ajoutez pignons, herbes, huile ; mélangez très doucement pour ne pas écraser les avocats, servez frais.

Les avocats peuvent être servis aussi coupés en deux, avec pignons à l'intérieur et vinaigrette aigre-douce aux herbes.

Salade de cabillaud aux fruits d'hiver
filet de cabillaud froid cuit vapeur
avocat
pomme golden
concombre
quelques lamelles de chou blanc
quelques branches de persil à feuilles plates
citron, épices : cinq baies, huile d'olive

Coupez pomme et avocat en morceaux, le concombre en dés, arrosez de jus de citron, sel et épices, remuez délicatement, puis ajoutez votre chou, le cabillaud émietté déposé au centre, parsemez de persil coupé aux ciseaux et nappez d'huile d'olive ; ne remuez qu'à table au moment de servir.

Salade de céleri, pommes et raisins frais à la tomme de brebis
4 ou 5 belles pommes
2 ou 3 belles branches de céleri
1 poignée de gros raisins frais
1 tranche de tomme de brebis
2 c. à soupe d'huile de noix
1 c. à soupe de vinaigre de pomme, sel, poivre

Lavez, coupez les pommes dans un saladier, les branches de céleri après en avoir ôté les feuilles (elles vous serviront pour un potage ou un bouillon aux herbes), coupez la tomme en dés par-dessus, ajoutez l'huile, sel, poivre ou 5 baies, vinaigre. Mélangez juste avant de servir.

Salade de chou rouge aux pommes et noix
1/2 chou rouge
2 ou 3 pommes
1 tasse de cerneaux de noix
sel, poivre, vinaigre de cidre, huile de noix ou d'olive

Lavez, coupez le chou en lamelles avec un grand couteau très affûté ; lavez et coupez les pommes, ajoutez-y les cerneaux de noix dans un grand saladier, assaisonnez et mélangez.

Salade de chou blanc à l'orange et aux raisins
(frais ou gonflés à la vapeur)
1 chou blanc
1 orange épluchée et coupée en 1/2 tranches
1 grappe de raisins blancs frais, ou une poignée de raisins secs blonds passés à la vapeur (5 à 10 mn)
sel, poivre, origan
1 c. à soupe de vinaigre de cidre
4 c. à soupe d'huile d'olive

Lavez votre chou, enlevez les feuilles abîmées, coupez-le en deux puis, sur une planche, en lamelles fines avec un grand couteau de boucher bien tranchant ; versez dans un saladier, ajoutez raisin et tranches d'orange, assaisonnez, mélangez doucement avant de servir en entrée.

Salade de concombre au yoghourt
1 concombre moyen
1 yoghourt de brebis
1 c. à soupe de ciboulette
1 c. à soupe de persil
1 pointe d'ail
sel, poivre, 1 c. à café de vinaigre de cidre
1 c. à soupe d'huile d'olive

Éplucher, couper en dés le concombre puis le saupoudrer de sel afin qu'il dégorge quelques minutes : dans un saladier mélanger le yoghourt, les herbes et l'ail, assaisonner, puis ajouter le concombre égoutté : mélanger doucement et servir frais, arrosé d'huile d'olive.

Salade d'endives aux pistaches fraîches
4 ou 5 endives
une poignée de pistaches fraîches
une poignée de raisins blonds vapeur
vinaigre de cidre, huile de noix ou d'olive
quelques dés de poivron rouge

Lavez vos endives, effeuillez-les dans un saladier en les coupant à la base en ne gardant du centre que le cœur de l'endive, coupez les plus grandes en deux ; parsemez de poivron, raisins et pistaches ; assaisonnez avec 1 c. de vinaigre, 3 c. d'huile, sel. Servez.

Salade d'endives bergère
4 endives
100 g de fromage de chèvre (tomme, pélardon, bûche ou frais) ou de brebis
1 poignée de cerneaux de noix
2 ou 3 figues fraîches ou sèches moelleuses

Préparez vos endives comme ci-dessus.

Coupez 100 g de fromage de chèvre en petits dés ou émietté, ajoutez les cerneaux de noix et les figues coupées en lamelles ; assaisonnez avec 1 c. de vinaigre de cidre et 3 c. d'huile d'olive ou de noix, une pincée de sel et quelques feuilles de thym frais.

Salade d'épinards frais aux champignons
150 g de jeunes feuilles d'épinards frais
200 g de champignons de Paris très frais
100 g de crevettes décortiquées
huile d'olive, vinaigre ou jus de citron, sel, poivre

Lavez délicatement les feuilles d'épinards, lavez et coupez les champignons de Paris, mettez le tout dans un saladier, parsemez de crevettes décortiquées, assaisonnez et mélangez juste avant de servir.

Salade d'épinards frais aux chèvres chauds
150 g de jeunes feuilles d'épinards
2 petits chèvres frais par personne
origan, sel, huile d'olive, citron

Disposer sur un plat creux les feuilles d'épinards soigneusement lavés ; passer les chèvres 2 mn à la vapeur sur une soucoupe, faites glisser sur les feuilles d'épinard, saler et parsemer d'origan, puis arroser d'un filet d'huile d'olive et de quelques gouttes de citron.

Salade de fenouil au cumin
1 ou 2 bulbes de fenouil bien serrés, laver, fendre en deux dans la longueur, puis couper en tranches fines avec une lame bien aiguisée ; saler, arroser d'un jus de citron, d'1 c. à café de cumin et de 2 c. à soupe d'huile d'olive.

Salade grecque
Quatre ou cinq tomates
1/2 concombre
1/2 poivron

quelques lamelles d'oignon doux
olives grecques cassées naturelles (ou noires)
1 tranche de feta
origan, sel, huile d'olive fruitée.

Lavez et coupez les tomates en quartiers, épluchez et coupez le concombre en dés, le poivron en lamelles ainsi que l'oignon, parsemez de dés de feta puis d'origan et d'olives, salez, arrosez d'huile ; servez avec du pain « pita ».

Salade d'hiver aux agrumes
100 g de germes de soja
2 pamplemousses
1 cœur de scarole
3 clémentines coupées en tranches
huile d'olive, origan, persil et sel.

Lavez et essorez la scarole, mettez-la dans un saladier avec les germes de soja rincés et égouttés, les pamplemousses coupés en quart de tranches, assaisonnez et garnissez avec les tranches de clémentines.

Salades marinées

Elles se font avec des aubergines, ou des courgettes, ou du chou crus, au citron ou vinaigre de cidre, miel ou framboise, et mélangés de cébettes, origan, basilic, persil, huile d'olive : en tranches fines ou râpées très gros : à préparer une heure à l'avance pour laisser un peu cuire le légume dans son assaisonnement.

Salade de melon à la catalane
1 melon vert d'Espagne ou cantalou
100 g de pissenlit (dent de lion)
150 g de chiffonnade de jambon serrano
2 cébettes coupées fin (avec le vert)
huile d'olive ou de noix, 2 c. à soupe

Coupez le melon en dés, ajoutez les feuilles de pissenlit lavées et coupées en 2, le jambon en lamelles et les cébettes, le sel, l'huile, quelques gouttes de vinaigre balsamique. Mélangez et servez.

Salade de melon au saumon
1 melon d'Espagne, vert ou jaune
6 tranches de saumon fumé
1 paquet de mâche, ou feuilles d'épinards jeunes
2 cébettes coupées fin

2 c. à soupe de basilic frais ou surgelé
le jus d'un citron, 2 c. à soupe d'huile d'olive

Procédez comme pour la précédente, assaisonnez et servez.

Salade de pamplemousse au basilic
2 ou 3 pamplemousses roses
un bouquet de basilic frais
sel, 1 c. à soupe d'huile d'olive

Éplucher soigneusement les pamplemousses, en prenant soin de ne pas laisser de blanc, partager en deux pour enlever le centre, puis en quatre, enlever le centre, couper en tranches larges chacun des quartiers, mettre dans un saladier; couper aux ciseaux les feuilles de basilic sur les pamplemousses, saler, huiler, et remuer doucement.

Salade de persil, tomate et thon
1 gros bouquet de persil
4 ou 5 tomates en tranches
1 morceau de tranche de thon frais
1 gros oignon
sel, poivre, 1 c. à soupe de vinaigre et 3 d'huile

Après avoir cuit à la vapeur thon et légumes (en commençant par l'oignon coupé en lamelles, puis les tomates et le thon 5 mn après, et le tout pendant 10 mn encore, laisser tiédir; émietter ensuite le thon dans un saladier, couper les tomates en morceaux sur le thon, ajouter l'oignon, le persil en feuilles coupé aux ciseaux, assaisonner.

Salade de persil à l'émietté de poisson frais
1 gros bouquet de persil à feuilles plates très frais
2 ou 3 filets de merlan ou de colin frais cuits à la vapeur douce
100 g de champignons de Paris frais coupés en lamelles
citron, huile d'olive, sel, poivre

Lavez et effeuillez avec des ciseaux votre persil dans un saladier (laissez les feuilles entières sans utiliser les queues), émiettez votre poisson, ajoutez les champignons lavés et coupés, arrosez de jus de citron, salez, poivrez, ajoutez 3 c. à soupe d'huile, mélangez sans écraser.

Salade de poisson au fenouil
1 fenouil frais
200 g de poisson blanc cuit vapeur
2 pommes
persil

Dans un saladier, coupez le fenouil en fines lamelles, ajoutez le poisson froid émincé, les pommes coupées en morceaux, persil, sel, citron, huile d'olive ; mélangez, servez.

Salade de poulet aux herbes
100 g de blanc de poulet par personne (ou dinde)
un bouquet de cébettes ou oignons frais (avec feuilles)
quelques branches de basilic
persil, ciboulette
huile d'olive, vinaigre de cidre, sel

Cuire les blancs de poulet (après les avoir laissés quelques minutes au sel), 10 mn environ à la vapeur, les couper en tranches épaisses dans un saladier, saler, poivrer, arroser de 2 c. à soupe de vinaigre de cidre et d'huile d'olive ; laisser tiédir un moment, puis ajouter toutes les herbes coupées finement aux ciseaux, arroser encore de 2 c. à soupe d'huile d'olive.

Pamplemousse aux noix
1 pamplemousse pour 2 personnes
1 poignée de cerneaux de noix
ciboulette, sel, huile de noix

Coupez les pamplemousse en tranches, assaisonnez, parsemez de noix.

Poivrons cuits en salade méditerranéenne
1 kg de poivrons verts et rouges
500 g d'oignons émincés
3 c. à soupe d'huile d'olive, sel, 1 gousse d'ail
1 c. à café de vinaigre

Cuire à la vapeur les oignons 10 mn env. ; dès qu'ils sont transparents, les laisser refroidir avec sel et 1 c. à soupe d'huile d'olive. Cuire de même les poivrons entiers pendant 20 mn env., les laisser reposer quelques heures dans une boîte fermée au frais : la peau s'enlève plus facilement. Les éplucher par lambeaux, les séparer en lanières. Mélanger poivrons, oignons et ail, assaisonner, servir très frais.

Salade de pommes et mâche au chèvre frais
3 ou 4 pommes golden
un paquet de mâche
quelques petits chèvres frais
sel, poivre, vinaigre de pomme, huile d'olive

Lavez bien ou épluchez vos pommes, coupez-les en morceaux dans un saladier, assaisonnez avec 1 c. à soupe de vinaigre et 4 d'huile, mélangez ; lavez et égouttez la mâche et effeuillez-la sur les pommes, salez, poivrez, et déposez les petits chèvres sur la salade. Parsemez d'origan ou de persil avant de servir.

Salade de pommes et avocats à l'estragon
4 ou 5 pommes
2 beaux avocats (3 petits)
2 ou 3 branches d'estragon frais
sel, 5 baies, 1 c. à soupe de vinaigre de cidre
3 c. à soupe d'huile d'olive

Lavez et coupez les pommes dans un saladier, puis épluchez et coupez les avocats en tranches, effeuillez l'estragon par-dessus, assaisonnez et mélangez, laissez les parfums se mêler avant de servir.

Salade de scarole (ou frisée) aux mandarines
scarole (ou frisée)
4 mandarines ou clémentines
persil plat
sel, poivre, huile d'olive

Lavez et essorez scarole et persil, coupez les feuilles dans un saladier, épluchez et coupez en tranches 3 mandarines ou clémentines, déposez-les sur la salade, salez, assaisonnez avec le jus de la dernière clémentine et 3 c. à soupe d'huile d'olive.

Salade Soleil Levant
soja en germes (50 g/pers.)
carotte râpée (50 g/pers.)
quelques feuilles d'épinards tendres
champignons de Paris frais en lamelles
petites crevettes décortiquées, ou lamelles de poulet
une c. à soupe de ciboulette coupée
sel, poivre, sauce poisson (ou nuoc-mâm)
2 c. à soupe d'huile d'olive

Lavez et égouttez le soja, mettez-le dans un saladier avec la carotte râpée, les épinards et les champignons de Paris lavés et coupés ; assaisonnez, remuez et garnissez avec les crevettes avant de servir.

Salade de verdure au saumon
1 barquette de mâche
quelques feuilles tendres d'épinards frais
1 cœur de scarole
1 endive
persil plat en feuilles
200 g de saumon frais cuit vapeur émietté

Préparez et lavez vos salades et votre persil, essorez-les, déposez-les dans un saladier, garnissez le centre avec le saumon frais, puis parsemez de persil, préparez à part un assaisonnement à base du jus d'1 orange, 1 c. à soupe de vinaigre de cidre, 3 c. à soupe d'huile d'olive, sel. Assaisonnez seulement au moment de servir.

Taboulé (Liban)
50 à 100 g de boulgour
4 tomates
1/2 oignon
1/2 concombre
1/2 poivron vert et 1/2 rouge
1 carotte râpée gros
1/2 courgette
1 bouquet de persil
1 bouquet de menthe
4 citrons, huile d'olive, sel, olives

Dans un grand saladier versez le boulgour ; arrosez-le du jus des citrons, puis ajoutez tous vos légumes coupés en morceaux, ou râpés pour les carottes ou courgette. Ajoutez persil et menthe coupés aux ciseaux, salez, mélangez, et couvrez pour mettre au frais pendant 4 heures au minimum, en mélangeant toutes les heures. Avant de servir, remuez, ajoutez 3 c. à soupe d'huile d'olive et garnissez d'olives vertes et noires. Servez frais, délicieux plat d'été.

Tomates à la grecque
1 ou 2 tomates par personne
1 tranche de feta
origan, sel, huile d'olive fruitée

Coupez les tomates en huit quartiers, rangez-les dans un plat autour de la feta, saupoudrez d'origan, nappez d'huile d'olive, garnissez de quelques olives cassées grecques au vinaigre.

Terrines

Petites confections délicieuses que vous pourrez préparer à l'avance, et servir dans de jolis plats à vos amis comme entrée d'un repas, ou pour garnir un buffet de fête…

Terrine bergère aux herbes
fromage frais nature (chèvre frais, brousse de brebis, Gervais…), fines herbes fraîches hachées ou surgelées : ciboulette ou cébettes entières hachées, basilic, sel, poivre,
1 c. à café d'huile d'olive.

Écraser le fromage à la fourchette, ajouter tous les ingrédients, mélanger bien, mettre le tout dans une petite terrine à couvercle ; servir avec du pain de seigle, de campagne, ou des petits pains maison (recettes de pain ci-dessous).

Terrine bergère à la mode de Provence
fromage de chèvre frais
100 g d'olives vertes dénoyautées
2 c. à soupe de persil haché
2 c. à soupe de ciboulette
1 brin de fenouil frais, quelques grains d'anis écrasés, ou une pincée de cumin
1 c. à soupe d'huile d'olive
sel, poivre

Dans un hachoir, mettre les herbes et les olives dénoyautées, puis l'huile et les petits chèvres ; assaisonnez, mixez, puis versez dans une petite terrine à couvercle après avoir recouvert le mélange d'une c. d'huile d'olive. Laissez au frais quelques heures avant de servir avec du pain de seigle aux raisins ou aux figues.

Terrine de canette à l'orange
1 canette désossée
1 orange
1/2 verre de vieux Maury
thym, sel, poivre, laurier
1 sachet de gelée

Salez et mettez 20 mn à la vapeur votre canette, hachez ensemble viande, peau (sans restes de plumes), et ce qui reste de graisse ; pendant ce temps, passez à la vapeur 5 mn le zeste de l'orange, et l'orange débarrassée de la partie blanche de la peau ; passez au hachoir comme la viande. Préparez la gelée avec seulement moitié de liquide, le thym et le laurier ; dès le premier bouillon, ajoutez le verre de vieux Maury ; mélangez le tout, salez et poivrez, et versez dans une terrine. Tassez bien, puis garnissez avec les deux feuilles de laurier et une tranche d'orange. Laissez refroidir, puis mettez au frais. À servir avec salade frisée ou scarole, mélangée de tranches d'orange très fines avec leur peau (préalablement passées à la vapeur 3 mn puis essuyées), pain de seigle aux raisins, et… un vieux Maury.

Terrine d'épinards à la grecque
500 g d'épinards
4 à 5 œufs
200 g de feta
origan, sel, poivre, huile d'olive

Cuire les épinards à la vapeur par poignées seulement et très rapidement, mélanger les œufs dans une terrine puis ajouter les épinards, le sel, le poivre, l'origan et une c. à soupe d'huile d'olive, mélanger puis ajouter la feta coupée en petits dés, mélanger doucement, verser dans une terrine à couvercle, ou un moule à soufflé ou à savarin selon la présentation ou la rapidité voulue. Mettre au cuit vapeur pendant 40 minutes environ – il faut que le centre soit bien pris (dans un moule à savarin, le temps de cuisson sera presque diminué de moitié). Servir chaud, ou glacé.

Terrine de foies de lotte au porto
200 ou 300 g de foies de lotte
1 c. à café de thym en feuilles
1 feuille de laurier
sel, quelques tours de moulin de « cinq baies », 1 pointe de sucre, 1 c. à soupe de porto

Salez vos foies de lotte, puis passez-les 10 minutes à la vapeur ; déposez-les dans une petite terrine, salez, ajoutez thym, laurier émietté, cinq baies, sucre, et arrosez avec le porto ; tassez bien les foies après les avoir tournés et retournés dans ce mélange. Couvrez et mettez 30 mn à la vapeur à feu moyen. Mettez quelques heures au frais avant de servir.

Crèmes
(Sauf celle à l'avocat, se préparent à l'avance).

Elles peuvent être servies :

– **Seules en entrée : avec un pain spécial de seigle, complet ou de campagne, aux noix, aux raisins, aux olives…, (Cf. plus loin.)**

– **Ou en accompagnement de crudités (avec des tranches de pommes, de pamplemousse, d'avocat…)**

– **Ou encore pour accompagner des légumes vapeur, des pommes de terre, courgettes, cœurs d'artichauts…**

– **Ou pour accompagner certaines viandes ou poissons.**

Crème de figues au citron (pour magrets ou foie gras de canard)
4 à 6 figues sèches,
le jus d'un citron
1 c. à soupe de sirop de canne à sucre roux « de batterie »
1 c. à soupe d'huile d'olive,
1 pincée de sel

Passer les figues cinq ou dix minutes à la vapeur pour les hydrater, ôter leur queue et les couper en deux, les passer au mixer avec jus de citron, sirop de sucre, sel, réduire en crème et servir avec foie gras, viande de canard, ou fromage de brebis et pains de seigle variés (cf. recettes ci-dessous).

Crème ou caviar d'aubergines
1 kg d'aubergines lavées et coupées en tranches
1 gros oignon émincé
thym, sel, 2 gousses d'ail, 3 c. à soupe d'huile d'olive, 2 citrons, un sucre roux

Passer aubergines, oignon et ail 1/4 d'heure à la vapeur (les légumes doivent avoir atteint une certaine transparence), mixer dans une terrine avec sel, sucre, thym et huile d'olive, et le jus des deux citrons.

Servir frais

Crème d'avocats
3 avocats assez mûrs (choisissez-les souples, mais sans taches noires molles)
1 gros citron ou 2 petits
1 c. à café de cumin,
1 c. à moka de sucre, sel, 1 c. à soupe d'huile d'olive.

Videz et écrasez la pulpe des avocats dans un petit saladier, ajoutez le citron, le cumin, etc., Bien mélanger jusqu'à obtenir une crème onctueuse, mettez au frais; servez avec des galettes de maïs à la mexicaine, ou avec des petits pains spéciaux (seigle, noix ou raisins, 5 céréales, etc.), des tranches de concombre et des bâtonnets de carotte…

Crème de chèvre frais aux olives
1 paquet de petits chèvres frais, soit environ 200 g
1 paquet d'olives vertes dénoyautées
1 c. à café d'origan
2 c. à soupe de ciboulette fraîche coupée
sel, poivre, 1 c. à soupe d'huile d'olive

Dans votre hachoir mettez les olives vertes dénoyautées, les petits chèvres, les herbes et l'assaisonnement; broyez le tout ensemble, déposez le mélange dans une petite terrine à couvercle, tassez, décorez de quelques rondelles d'olive ou feuilles de persil, nappez d'une c. d'huile d'olive et mettez au frais.

Servir en entrée avec un pain de seigle aux noix, ou un pain aux olives.

Crème de chèvre frais aux herbes
200 g de chèvres frais
2 c. à soupe de basilic

2 c. à soupe de persil haché
2 c. à soupe de ciboulette coupée
1 c. à café de thym frais en feuilles
1 petite échalote hachée
sel, poivre, huile d'olive

Mettez le tout dans un petit hachoir, mélangez, versez dans une petite terrine à couvercle et couvrez d'une c. d'huile d'olive, refroidir avant de servir.

Crème de crevettes
250 g de crevettes décortiquées
1 pot de yaourt
1/2 c. à café de moutarde
2 c. à soupe de ciboulette
sel, poivre, 1/2 c. à café de paprika
1 pincée de muscade et 1 pincée de sucre
1 c. à café de vinaigre de pomme

Mettez de côté un tiers des crevettes (les plus belles), broyez les autres dans un mixer avec le yaourt et tous les autres ingrédients sauf la ciboulette. Versez dans un bol, ajoutez la ciboulette coupée aux ciseaux et les crevettes, mélangez doucement, servez frais avec des tranches de pamplemousse et d'avocat.

Crème de foies de volailles au muscat ou porto
500 g de foies de poulet
1/2 verre de porto (ou jerez, banyuls, muscat…)
thym, sel, 1 branche de persil

Salez les foies, puis les rincer, après 10 mn, à l'eau claire, les passer 5 mn à la vapeur. Déposez dans un bol mixer ; salez, ajoutez poivre, thym en feuilles, porto, un filet d'huile d'olive, puis mixez jusqu'à obtenir une crème onctueuse. Versez le mélange dans une terrine à couvercle, recouvert de quelques feuilles de persil et d'un filet d'huile d'olive. Servir avec un pain aux raisins chaud (recettes plus loin), ou un pain aux olives

Crème de légumes de Provence
1 poivron vert et 1 rouge, 1 aubergine, 1 courgette
2 oignons doux, 2 gousses d'ail, 2 tomates
thym, marjolaine, sel, 2 c. à soupe d'huile d'olive

Mettez à cuire dans votre cuit vapeur d'abord les oignons, les poivrons, l'ail et les aubergines coupés en lamelles ; après 10 mn, ajoutez les courgettes en tranches et les tomates coupées en deux.

À 20 minutes totales de cuisson, versez vos légumes dans une terrine, ajoutez sel, herbes et huile d'olive, mixez, servez frais.

Crèmes de courgettes, poivrons, …
Pour 1 kg de courgettes, 2 oignons et 1 gros poireau
sel, thym, huile d'olive

Laver et couper les légumes en morceaux, les cuire à la vapeur en commençant par les oignons, puis 5 mn après courgettes et poireaux, laisser 5 mn, verser dans un saladier, ajouter sel, thym (1 c. à café), 3 c. à soupe d'huile d'olive, mixer en purée. Servir chaud avec gruyère râpé ou chèvre chaud.

Même recette avec poivrons.

Mousse du berger
400 g de brousse de brebis fraîche
3 œufs
1 bouquet de ciboulette coupée aux ciseaux
2 c. à soupe de basilic frais coupé aux ciseaux
2 c. à café d'origan
2 c. à soupe d'huile d'olive fruitée
1 c. à café de sel
1/2 gousse d'ail écrasé

Dans un saladier, écraser le fromage à la fourchette, ajouter sel, origan, huile d'olive et les jaunes d'œuf : battez fortement pour rendre le mélange onctueux autant que possible ; mélangez alors doucement les fines herbes.

Battez les blancs en neige très ferme, puis incorporez-les délicatement au mélange. Mettre au réfrigérateur quelques heures et servir très frais avec une fougasse sortant du four ou un pain de figues.

b) Entrées chaudes : Soupes et potages

Votre premier geste sera toujours de mettre à chauffer votre cuit vapeur.

Soupe de légumes
Légumes « du potager » : pommes de terre, carottes, poireau, oignons, 1 branche de céleri, navets…
On peut remplacer les pommes de terre par des pois chiches ou lentilles ou autre légumineuse trempés quelques heures avant.

Épluchez et lavez vos légumes avec soin, coupez-les avec une bonne lame en petits morceaux, mettez-les dans la grille de votre cuit vapeur en pleine ébullition, en commençant par les plus longs à cuire : oignons et pommes de terre, puis 5 mn après carottes et navets, puis 5 mn plus tard, céleri et poireau : au bout d'un quart d'heure, que vous aurez mis à profit pour faire chauffer de l'eau dans un fait-tout, vérifiez leur cuisson à la pointe du couteau, versez-les dans l'eau chaude (éteindre avant ébullition), passez au mixer, assaisonnez avec sel, laurier et thym, Et servez très chaud avec une c. à soupe d'huile d'olive.

Soupe de légumes aux pois chiches, ou autre légumineuse, ou céréale
Une fois la soupe de légumes passée au mixer, on y ajoute une tasse de pois chiches (pois cassés, lentilles, ou riz complet, petit épeautre, graines de sarrasin), réservés et cuits à la vapeur.

Soupe Aurore
1 tranche de potiron
2 ou 3 tomates
1 tasse d'orge perlé
sel, poivre, 2 morceaux de sucre
1 ou 2 jaunes d'œuf

Épluchez et coupez en morceaux le potiron, mettez-le à la vapeur environ dix minutes, jusqu'à ce qu'il se défasse ; à cinq minutes de cuisson, vous aurez ajouté les tomates coupées en quartiers. Mettez le tout dans une cocotte avec 1,5 litre d'eau chaude. Dans l'intervalle, vous aurez mis à cuire à la vapeur dans un petit saladier en inox, une tasse d'orge perlé recouverte d'1,5 volume d'eau chaude. Laissez cuire jusqu'à transparence.

Entre-temps, mixez le contenu de la cocotte, ajoutez sel, poivre, sucre et chauffez à feu doux pour ajouter, au premier bouillon, le jaune d'œuf délayé dans un peu de soupe pour épaissir et lier cette dernière. On peut aussi mettre l'œuf entier, et le mélanger d'un coup de mixer. Lorsque l'orge perlé est cuit, ajoutez-le et servez bien chaud.

Soupe campagnarde, potée, garbure.

Base : légumes frais de saison : pommes de terre, carottes, navets, poireaux, oignons, et une poignée de petits pois, haricots blancs, ou flageolets, bien frais.

Garniture : soit lard frais ou fumé, soit poitrine ou palette de porc dessalée, ou saucisse fraîche, soit jambonneau ou talon de jambon… Ajouter un bon bouquet garni.

Mettre la garniture au cuit vapeur, 10 à 20 mn pour la cuire et la dégraisser (jambon, jambonneau, lard ou poitrine fumés…). Dans l'intervalle, mettre dans une grande marmite, à chauffer, l'eau suffisante pour couvrir légumes et garniture, ajouter sel et bouquet garni, et mettez-y votre garniture coupée en morceaux à feu très réduit (pas d'ébullition) pendant 10 à 20 mn.

Préparer et cuire à la vapeur les légumes en commençant par les plus longs à cuire (cf. « cuisson des légumes »).

Les ajouter à la préparation et les laisser frémir 3 à 5 mn sans bouillir, puis couper le feu et couvrir. Servir très chaud avec du pain de campagne ou de seigle (repas complet).

Soupe d'épeautre

Procéder comme pour les potées et soupes campagnardes, et ajouter une tasse de petit épeautre trempé depuis la veille, cuit à la vapeur dans un petit plat (cf. cuisson des céréales), thym, ciboulette ou cébettes coupés aux ciseaux, ail, basilic, huile d'olive…

Chorba ou soupe du Maghreb

2 carottes
2 tomates
1 courgette
1 poivron rouge
1 poivron vert

1 petit poireau
2 oignons
100 g de poitrine d'agneau
1 poignée de pois chiches trempés la veille
sel, cumin, cannelle, paprika, piment de Cayenne

Coupez en dés et salez votre viande, mettez-la sur la grille du cuit vapeur et laissez cuire pendant 25 mn à la vapeur. Mettez 1 litre d'eau à chauffer dans une casserole ; épluchez, lavez vos légumes, coupez-les en petits morceaux dans des assiettes différentes (les temps de cuisson ne sont pas les mêmes). À 25 mn, ajoutez vos légumes en commençant par les plus longs à cuire : oignons et poivrons, pois chiches ; à 30 mn, carottes et tomates coupées en 8 ; à 35 mn, la courgette et le poireau en morceaux : à 40 mn, versez tout le contenu du cuit vapeur dans une cocotte ; salez, ajoutez 1 c. à soupe de cumin, 1 c. à café de paprika, 1 de cannelle, 1 pincée de Cayenne, 2 c. à soupe d'huile d'olive, laissez frémir encore quelques minutes, couvrez et arrêtez le feu. Servez très chaud, accompagné d'une galette à la semoule de blé dur (kesra, p. 313).

Soupe de soja et tofu aux crevettes
200 g de germes de soja
100 g (un morceau) de tofu
100 g de crevettes décortiquées
2 c. à soupe de ciboulette, ou vert tendre de poireau
1 œuf entier battu
Soy sauce ou tamari, 5 épices, huile de sésame, sel
Facultatif: 1 c. à soupe d'algues séchées

Passer 5 mn à la vapeur les germes de soja et le morceau de tofu ; faire chauffer 1,5 litre d'eau dans une grande casserole ou marmite, ajouter 2 ou 3 c. à soupe de soy sauce ou tamari, les épices, quelques gouttes d'huile de sésame, puis les germes de soja, le tofu coupé en petits cubes, la ciboulette ; dès le premier bouillon, couper le feu et aussitôt faire couler tout en tournant doucement la soupe, l'œuf battu en filet. Servir très chaud dans des bols chinois, après avoir ajouté du sel si besoin est.

Potage aux herbes
1 poignée de feuilles d'épinards ou de laitue
3 grosses feuilles de chou vert
le vert d'un poireau
2 ou 3 gousses d'ail
1 grosse pomme de terre ou 2 moyennes

3 feuilles de laurier
1 petit bouquet de persil
1 c. à café d'origan
sel, poivre, 2 c. à soupe d'huile d'olive

Mettre dans le cuit vapeur successivement : les pommes de terre épluchées et coupées en morceaux, puis ajouter 5 mn après : le poireau, le chou, l'ail coupés fin, et enfin les épinards et, 2 mn après le persil seulement pour 3 mn ; retirer le tout. Dans l'intervalle, vous aurez fait chauffer dans une marmite 1,5 litre d'eau avec sel, poivre, origan et feuilles de laurier ; stopper à ébullition, et ajouter les « herbes » après avoir retiré le laurier ; passer au mixer, puis terminer l'assaisonnement avec l'huile d'olive et un morceau de sucre roux.

Potage indien aux pommes
2 pommes
2 échalotes
1 c. à soupe de farine de riz (ou de maïzena)
1 à 2 c. à café de curry
1 c. à soupe d'huile d'olive
1 c. à café de vinaigre de cidre
sel, poivre, 2 morceaux de sucre roux

Lavez, coupez les pommes en tout petits dés, épluchez les échalotes et émincez-les en fines lamelles, mettez à chauffer 1 litre d'eau. Faites cuire vos échalotes à la vapeur, ajoutez les dés de pomme 5 mn après, enlevez au bout de 4 à 5 mn; mettez dans l'eau, dès qu'elle bout, le sel, les épices, le sucre, le vinaigre et l'huile, remuez et laissez frémir ; délayez la farine de riz dans un peu d'eau, ajoutez au mélange en remuant sans cesse avec un fouet, l'huile, les échalotes et les pommes, laissez frémir 5 mn puis coupez le feu, couvrez ; servez chaud.

Potage de tomate aux œufs filés
Pour 4 personnes : 4 à 6 tomates
1 oignon, ou un blanc de poireau, 1 gousse d'ail, 1 litre d'eau
1 œuf
2 c. à soupe d'huile d'olive
thym, origan, laurier, sel, poivre, 1 morceau de sucre

Faites cuire à la vapeur l'oignon ou le poireau et l'ail coupés en lamelles, les tomates en moitié, puis faites revenir à feu très doux avec huile d'olive et herbes, passez au mixer ; ajoutez eau, sel, herbes, sucre, puis battez un œuf dans une tasse, et dans votre potage frémissant laissez couler l'œuf battu en un filet tout en tournant rapidement... Lorsque c'est fini, coupez le feu et servez très chaud.

Potage rapide à la tomate
1 kg de tomates bien mûres
1 ou 2 oignons selon taille
quelques feuilles de céleri
thym, romarin, sarriette, origan
sel, poivre, huile d'olive

Mettez au cuit vapeur les oignons 5 mn, ajoutez les tomates (10 mn de plus) et enfin le céleri (5 mn de plus). Dans l'intervalle, faites chauffer 1 litre d'eau dans une casserole, assaisonnez, versez-y les légumes et donnez quelques coups de mixer sans pulvériser complètement. Peut être servi avec croûtons et fromage râpé (gruyère, tomme de brebis ou parmesan).

Soupe campagnarde à l'espagnole
2 tomates
1 gros oignon et une gousse d'ail
1 carotte
quelques haricots verts
1 tasse de petits pois écossés
1 tasse de riz complet
100 g de crevettes décortiquées
1 bol de moules fraîches
épices paella (« Spigol », ou mélange safran paprika...)
bouquet garni
1 c. à soupe de concentré de tomates

Préparez et faites cuire à la vapeur les légumes (coupés en petits dés) en commençant par les plus longs à cuire (oignon et ail 5 mn, puis carotte et tomates +5 mn, enfin petits pois et haricots +5 mn = total 15 mn.

Dans le même temps, mettez à chauffer dans une marmite 2 c. à soupe d'huile d'olive, le thym, jetez-y les moules, remuez rapidement, puis versez 1 litre d'eau chaude, salez, montez à ébullition : jetez alors la poignée de riz ; laissez cuire 15 mn à feu très réduit, puis ajoutez : le concentré de tomates et les épices, puis le bouquet garni, l'ail écrasé, les légumes, les crevettes, laissez mijoter 5 mn à sous-ébullition, couvrez, et coupez le feu. Servir bien chaud, en plat principal avec salade, fromage et fruits.

Soupe aux pois cassés
1/2 paquet de pois cassés trempés 2 à 3 heures avant
1 gros oignon ou 2 petits
1 poireau
1 litre d'eau
sel, poivre, 1 c. à café de sucre roux
1 c. à soupe d'huile d'olive

Mettre à cuire à la vapeur les oignons coupés éparpillés sur la grille, les pois cassée trempés par-dessus, pendant 5 mn, ajouter le poireau coupé en rondelles pour 5 mn de plus. Pendant ce temps, mettre l'eau à chauffer dans une marmite, sans aller jusqu'à ébullition, ajouter sel, poivre, sucre, thym. Lorsque les légumes sont cuits (10 mn en tout), les verser dans la marmite, amener jusqu'à frémissement, puis couper et mixer : la soupe doit être d'un beau vert tendre. Poivrer et ajouter le sucre et la c. à soupe d'huile d'olive, remuer, servir.

Velouté de poireaux printanier
2 jeunes poireaux (blanc et vert sont totalement utilisés)
1 c. à soupe de farine de riz, fécule ou Maïzena
sel, poivre, thym, muscade ou 5 baies
5 c. à soupe d'huile d'olive
1 sucre roux

Couper les racines du poireau, le fendre avec un bon couteau bien aiguisé, le rincer pour ôter sable ou terre et le couper en rondelles, le cuire 5 mn à la vapeur, le réduire en purée au hachoir ou avec un mixer et un peu d'eau. Mettre 1,5 litre d'eau à chauffer dans une casserole, ajouter sel, thym et épices. Dans un bol, diluer la Maïzena avec un peu d'eau froide, et verser dans l'eau de la casserole, dès qu'elle approche de l'ébullition, en remuant avec un fouet. Ajouter alors, toujours en remuant, le poireau haché, le morceau de sucre, l'huile d'olive ; laisser frémir quelques secondes et couper le feu. Couvrir et servir très chaud.

Velouté de potimarron
1 potimarron de taille moyenne
1 gros oignon blanc
1 c. à café de thym
2 c. à soupe d'huile d'olive
sel, poivre

Faire cuire le potimarron coupé en morceaux (avec la peau, sans graines) à la vapeur douce, avec l'oignon émincé, 10 mn environ.

Verser dans une cocotte, ajouter les herbes, le sel, et couvrir d'eau chaude. Réduire en purée au mixer tout en ajoutant l'huile, ce qui va rendre le mélange plus onctueux, diluer avec de l'eau en gardant une bonne épaisseur ; monter la température presque à ébullition : au premier bouillon, coupez le feu, poivrer, et garder chaud au bain-marie sans faire recuire, avant de servir.

Velouté de saumon au pistou
150 g de saumon frais légèrement cuit vapeur
2 échalotes cuites vapeur
1 gros oignon blanc cuit vapeur
1 bouquet de pistou (basilic)
1 jaune d'œuf
sel, poivre, un à deux sucres roux
1 c. à soupe d'huile d'olive

Dans une casserole, écrasez finement le saumon cuit ; mixez en crème oignon et échalote, mélangez doucement en ajoutant le saumon, puis ajoutez petit à petit 1 bon litre d'eau bouillante en remuant avec un fouet, salez, poivrez, ajoutez le sucre pour réchauffer le goût ; maintenez au chaud à feu très doux. Dans un hachoir, hachez le basilic avec l'huile d'olive et le jaune d'œuf, ajoutez en remuant doucement. Coupez le feu. Servez bien chaud.

c) Entrées chaudes : Salades chaudes

– ***Légumes :*** Les légumes cuits à la vapeur peuvent être servis chauds en entrée sous la forme de salades, tels les haricots verts, pommes de terre nouvelles entières ou en morceaux, mais aussi brocoli, potiron, poivrons, oignons et poireaux qui feront un excellent liant, assaisonnés avec huile d'olive, citron ou vinaigre, sel, et une poignée de fines herbes comme persil, basilic, ciboulette, oseille…

– ***Céréales :*** Les légumes cuits à la vapeur peuvent aussi être mélangés à des céréales complètes ou graines (sarrasin, quinoa...) cuites à la vapeur[1] et assaisonnées de même.

Tartes aux légumes :

Sur un fond de pâte feuilletée cuit à four moyen, vous pouvez créer toute une variété de tartes sans manières et très légères grâce à des mélanges de légumes vapeur simplement agrémentés de sel, herbes, et huile d'olive, voire d'un peu de gruyère râpé, champignons et poireaux, oignons, poivrons, tomates, potiron, etc.

– ***Quiches aux légumes*** (pâte simple à tartes)

Faites une pâte à base de 300 g environ de farine bise ou complète biologique, ou de petit épeautre, ou de sarrasin, et eau, sel, huile d'olive (1/2 vol. pour 1 vol. d'eau), rapide sans la travailler. Étalez à la main dans un moule, piquez et cuisez à four moyen sans laisser la pâte se colorer (excès de cuisson), environ 10 à 15 mn ; couvrez de légumes, et arrosez d'un mélange de deux œufs et d'un yoghourt de brebis ou de soja, sel, poivre et muscade. Remettez au four 10 mn.

– ***Quiches aux thon ou saumon*** :

Même chose en écrasant thon ou saumon frais à la fourchette, avec le mélange : 2 œufs + 2 yoghourts de brebis, thym, sel + oignon ou poireau vapeur.

– ***Pizzas aux légumes***

La même pâte avec de la levure et reposée si nécessaire (levure de boulangerie), sera étalée à la main avec une certaine épaisseur, et recouverte de tranches fines de tomate, oignons, origan ou thym, ou variantes à votre gré (tranches d'aubergine, courgette, poivron, à la place de la tomate...), et parsemées de parmesan, emmenthal, tomme de chèvre ou brebis râpée... Cuire au four à feu moyen (180°) sans que les légumes changent de couleur : 15 à 20 mn, avec un plat d'eau au fond du four[2].

---

1. Cf. Cuisson des céréales, chap. IV.
2. Cf. chap. IV, Conseils pour une cuisson plus écologique : cuisson au four.

B – Plats à base de légumes

Aubergines farcies
1 ou 1/2 aubergine par personne selon taille, coupée en 2
1 gros oignon, 1 échalote
60 g de farce par personne[3]
thym, laurier en poudre, persil
sel, poivre, 1 c. à soupe d'huile d'olive

Évider les aubergines coupées en deux, les cuire 15 mn à la vapeur, les mettre dans un plat.

Précuire la farce 10 mn à la vapeur après l'avoir séparée en morceaux, cuire en même temps oignon et échalote coupés en deux ou quatre, puis hacher tout ensemble avec la chair des aubergines, l'huile d'olive et le persil ;

Emplir les aubergines de ce mélange, puis les mettre à four très doux 15 mn ; servir avec un riz vapeur.

Aubergines à la provençale
1 aubergine moyenne par personne, ou 1/2 grosse
1 à 2 gousses d'ail
quelques branches de persil
sel, poivre, thym, huile d'olive, origan

Procédez comme pour les tomates à la provençale, mais laissez 2 fois plus longtemps les aubergines à la vapeur, avant de les garnir et les laisser fondre à four doux. Servir comme ou avec les tomates à la provençale.

---

3. Farce au canard. Cf. terrine de canette à l'orange, p. 253.

(Fonds d') artichauts garnis
un ou deux artichauts par personne
une tranche épaisse de mousse de foie de canard ou foie gras
un verre de muscat, huile d'olive
thym, poivre du moulin
une grappe de raisins muscat blanc

Cuisez à la vapeur le fond des artichauts jusqu'à ce que la pointe du couteau y pénètre aisément (environ dix minutes) ; disposez-les sur un grand plat rond que vous poserez sur le dessus du cuit vapeur, garnissez de mousse ou foie gras, parsemez de feuilles de thym, poivrez, couvrez avec le dôme de votre cuit vapeur ou un saladier inox retourné, décorez avec les grains de raisin et arrosez de muscat et d'un filet d'huile juste avant de servir.

Céleri-rave aux raisins blonds
1 céleri-rave
100 g de raisins blonds secs ou frais
origan, sel, vinaigre de cidre, huile d'olive

Couper le céleri en petits dés, déposer dans la grille de votre cuit vapeur les raisins avec le céleri (les passer seulement 3 mn avant la fin de la cuisson s'ils sont frais), laisser cuire 5 à 10 mn selon grosseur, verser dans un saladier épais, assaisonner et mélanger. Servir comme accompagnement avec viande blanche, volaille, gibier ou filets de saumon.

Chou vert aux raisins
1/2 chou vert
1 poignée de raisins secs
sel, thym, huile d'olive

Coupez votre chou en lamelles fines, mettez sur la grille de votre cuit vapeur les raisins, puis le chou, 5 mn à pleine vapeur ; versez dans un plat, ajoutez immédiatement thym, sel, huile d'olive, mélangez et servez avec pommes vapeur, saucisse fraîche ou agneau (vapeur).

Courgettes farcies aux œufs
1 grosse courgette par personne
1 œuf pour 2 courgettes
1 bouquet de persil frais
1 c. à café de moutarde
sel, poivre, huile d'olive

Cuisez les courgettes entières et les œufs à la vapeur pendant 8 mn, coupez les courgettes en deux dans la longueur, creusez-les légèrement en surface avec le bout d'une cuillère à café ; mettez la chair ainsi prélevée dans un petit saladier, et ajoutez-y les œufs et le persil hachés, l'huile, le sel et la moutarde : mélangez sans écraser, et garnissez les courgettes ; servez chaud.

Courgettes (ou aubergines) farcies au fromage
1 courgette ou 2 par personne selon grosseur
1 à 2 oignons ; emmenthal râpé
sel, poivre, thym en feuilles, huile d'olive

Couper l'oignon en lamelles, cuire 10 minutes à la vapeur (transparence), mettre à part. Cuire les courgettes coupées en deux pendant 5 mn, prélever en partie la chair de leur centre sans trop les creuser, hacher cette chair avec les oignons, ajouter sel, poivre, thym, emmenthal râpé et une c. à soupe d'huile d'olive ; emplir les courgettes de ce mélange ; déposer dans un plat, saupoudrer d'emmenthal, et garder au chaud à four tiède jusqu'au moment de servir.

Courgettes farcies à l'agneau
1/2 ou 1 courgette ronde par personne
environ 50 g d'agneau par personne (restes de gigot froid par ex.)
1/2 poivron rouge
1 oignon moyen
1 petite tomate
1 c. à café de cumin
1/2 gousse d'ail
1 c. à soupe d'huile d'olive
sel, poivre, thym

Coupez les courgettes en deux si elles sont grosses, ou laissez-les entières et mettez-les à cuire 10 mn à la vapeur, avec l'oignon coupé en quatre, l'ail et le poivron ; la viande pourra être jointe à la même cuisson si elle n'est pas déjà cuite, après avoir été salée (s'il s'agit de gigot froid, passez-le seulement quelques minutes à la vapeur pour le réchauffer) ; ajoutez 5 mn plus tard la tomate coupée en deux.

Évidez sans excès les courgettes, disposez-les dans un plat à four et réservez leur chair. Dans un hachoir, mettez viande, oignon, poivron, chair de courgette et tomate, ail, sel et huile d'olive, et le cumin pour une note orientale.

Emplissez les courgettes de ce mélange et tenez au chaud sans recuire (four tiède, ou le plat posé sur une casserole d'eau chaude et couvert) jusqu'au moment de servir.

La même farce peut être utilisée pour des tomates, des aubergines ou des poivrons, et les légumes farcis servis avec un riz vapeur blanc ou complet, ou avec un couscous ou boulgour vapeur à l'orientale.

Crème de courgettes
1 kg de courgettes fraîches
2 oignons et 1 poireau
2 gousses d'ail

Déposer successivement dans le cuit vapeur les oignons en tranches, 5 mn après les courgettes coupées en morceaux et l'ail effilé ; à 10 mn de cuisson totale, verser l'ensemble dans une terrine, ajouter thym, sel, huile d'olive, passer au mixer pour obtenir une crème onctueuse délicieuse pour accompagner céréales, sarrasin ou quinoa, et toute viande ou poisson blanc, saumon, etc.

Épinards à la grecque
Pour 500 g d'épinards frais
100 g de feta
sel, poivre, origan, 2 c. à soupe d'huile d'olive

Lavez puis cuisez par moyennes quantités vos épinards à la vapeur (3 mn chaque fois), assaisonnez avec sel, poivre, origan (1 c. à café), huile d'olive, ajoutez la feta en petits cubes, remuez et mettez dans un plat à gratin à four doux avec plat d'eau au fond. La feta va fondre et ajouter aux épinards un ton chaud. Vous pouvez utiliser ce mélange sur un fond de pâte feuilletée pour une tarte au goût chaleureux.

Fantaisie de pommes champêtres nouvelles
Pommes de terre nouvelles diverses : roseval, charlotte, ratte…, betteraves crues, quelques échalotes assez grosses.

Cuire ensemble à la vapeur, en commençant par les betteraves si elles sont les plus grosses (10 mn avant).

Servir dans une grande terrine, décorées de bouquets de persil, avec mayonnaise au basilic, sauce yoghourt aux herbes, flacon d'huile d'olive…

Légumes entiers à la campagnarde
Composez un plat de légumes variés de votre choix, selon la saison et les ressources de votre environnement, épluchez-les et lavez-les soigneusement, puis déposez-les dans votre cuit vapeur. Si vous devez les cuire ensemble, n'oubliez pas de commencer par ceux qui doivent cuire le plus longtemps, puis ajoutez les autres chacun à leur tour (ex : oignons, pommes de terre, carottes, puis courgettes, tomates, poireaux)…

Servez avec huile d'olive, sauce au herbes, ou mayonnaise.

Flan aux épinards
500 g d'épinards
3 œufs
1 yoghourt de brebis ou soja
1 petit oignon
fromage de chèvre ou brebis

Cuire les épinards comme ci-dessus, mélanger avec le yoghourt, 3 œufs, 4 c. à soupe de chèvre ou feta émiettés), saler, poivrer, thym ou origan, garnir de minces tranches d'oignon et mettre à la vapeur douce recouvert d'une assiette renversée, 30 à 40 mn selon épaisseur du plat.

Autres flans : Flans aux légumes

Tout légume peut se prêter plus ou moins à ce genre de préparation, à base d'un ou plusieurs légumes cuits à la vapeur et d'un flan composé de lait frais ou yoghourt, ou lait de soja, amandes, etc. selon les tolérances ou les besoins de chacun, d'œufs (3 à 4 pour 1/2 litre de lait, ou 1 par yoghourt), d'épices et herbes, avec ou sans fromage.

Dans un plat pouvant entrer dans votre cuit vapeur, (saladier inox ou porcelaine, plat à soufflé ou à gratin...), déposez vos légumes en morceaux ou en purée, assaisonnez puis arrosez du mélange œufs + lait ou yoghourt, ajoutez s'il y a lieu fromage ou lardons préalablement dégraissés à la vapeur, mettez au cuit vapeur le plat recouvert d'une assiette renversée. Laissez cuire 30 à 45 mn selon l'épaisseur du plat et le volume de la préparation.

Exemples : poireaux-jambon
Courgettes-poireaux (ou oignons)-(lardons ou crevettes)
Saumon-poireau-fenouil (ou aneth)
Carottes-basilic-gruyère
Tomates-oignon-fromage (au choix)-herbes
brocoli (ou haricots verts coupés)-poireaux-crevettes
et toutes sortes de purées, céleri, carottes, haricots verts, etc.

Lorsqu'un légume rend de l'eau, il faut soit ajouter un œuf, soit réduire l'apport de laitage.

Pommes de terre nouvelles rissolées au thym
1 kg de charlotte
2 c. à café de thym
huile d'olive, sel

Bien lavées et brossées, faites cuire vos pommes de terre à la vapeur, puis sans enlever leur peau, coupez-les en rondelles épaisses ;

mettez-les dans une sauteuse avec thym, huile d'olive (environ 4 c. à soupe). Laissez-les rissoler doucement, à petit feu, sans faire fumer l'huile, en prenant votre temps (1/2 h à l'avance : lorsqu'elles seront légèrement dorées, servez-les avec sel et persil...).

Potimarron à la fondue de poireaux

1 potimarron moyen
2 gros poireaux
1 gros oignon doux, 2 gousses d'ail
3 c. à soupe d'huile d'olive, sel, thym, 1 c. à café de cassonade

Couper en deux le potimarron, enlever les graines, couper en gros dés sans ôter la peau, le passer 10 mn maximum à la vapeur douce (il doit rester ferme). Mettre au chaud dans une soupière à couvercle.

Pendant la cuisson du potimarron, épluchez et coupez en lamelles votre oignon, vos gousses d'ail ; lavez et coupez vos poireaux, enlevez les parties trop vertes (à conserver pour la soupe), coupez en tranches ; mettez à cuire oignons, ail et poireaux 5 mn, versez dans un petit saladier, assaisonnez, mixez en crème, et servez en même temps que le potimarron, accompagné d'un bol de riz ou de petit épeautre cuit à la vapeur.

Purées de légumes

La plupart des légumes peuvent être servis en purée, grâce à l'efficacité de tous les appareils mis au point pour nos cuisines, et en un temps record. Il conviendra cependant de les assaisonner suffisamment pour que leur caractère soit bien révélé, en ayant soin bien sûr de les cuire à la vapeur, juste le temps nécessaire.

Les purées de légumes sont de délicieux accompagnements pour les viandes et les volailles.

Vous pouvez faire des purées de légumes seuls, plus raffinées (carottes, céleri, brocoli, potiron, haricots verts, patates douces, pois cassés...), mais aussi agrémenter et colorer vos purées de pommes de terres avec l'une ou l'autre purée de légumes, ou faire de délicieuses purées de légumes mélangés, relevées d'oignon, poireau et huile d'olive.

Ratatouilles

Méditerranéennes par excellence, elles s'accommodent très bien d'une cuisson à la vapeur, qui permet de moduler les temps de cuisson dans un premier temps, selon la nature de chaque légume, puis de les « terminer » en douceur en les laissant fondre dans l'huile d'olive à feu très réduit.

*On peut associer, sur un fond indispensable d'*oignon fondu et d'huile d'olive :

poivrons vert et rouge + oignon + ail + herbes de Provence
aubergine + oignon + ail + herbes de Provence
tomates + poivrons + oignon + ail + herbes de Provence
courgettes + oignon + ail + herbes de Provence
tomates + poivrons + aubergine + oignon + ail + herbes de Provence
tomates + oignon + ail + herbes de Provence

Tomates farcies

2 tomates par personne
1 gros oignon, 1 échalote
60 g de farce par personne[4]
thym, laurier en poudre, persil
sel, poivre, 1 c. à soupe d'huile d'olive

Évider les tomates en gardant leur sommet, les cuire 10 mn à la vapeur, les mettre dans un plat.

Précuire la farce 10 mn à la vapeur après l'avoir séparée en morceaux, cuire en même temps oignon et échalote coupés en deux ou quatre, puis hacher tout ensemble avec la chair des tomates, l'huile d'olive et le persil.

Emplir les tomates de ce mélange, les recouvrir de leur chapeau puis les mettre à four très doux 15 mn ; servir avec un riz vapeur.

Tomates à la provençale

2 belles tomates par personne
1 ou 2 gousses d'ail selon taille
quelques branches de persil
sel, poivre, huile d'olive, thym, origan ou marjolaine

Dans votre cuit vapeur, mettez l'ail coupé en deux ou trois, les tomates coupées en deux ; laissez cuire 10 mn, puis sortez les tomates pour les ranger dans un plat à four.

Dans un petit hachoir électrique à couteau bien aiguisé, ail, persil et thym seront mélangés sans trop insister ; salez et poivrez les tomates, saupoudrez-les d'origan, puis arrosez-les d'huile d'olive ; laissez fondre à four doux, jusqu'au moment de servir parsemé de persillade, (avec du riz vapeur, blanc ou complet, et/ou en plat combiné avec des aubergines).

---

4. Cf. aubergines : voir recette « terrine de canette à l'orange », p. 253, pour une farce au canard.

C – Plats à base de céréales

Les céréales sont meilleures complètes, mais il faut les prendre bio car pesticides et engrais chimiques se retrouvent dans l'enveloppe du grain, ont prouvé les études scientifiques (Étude ABARAC). Trempées quelques heures, leur cuisson est accélérée. À la vapeur, elles seront cuite dans un plat inox ou supportant la cuisson, à fond étroit, déposé sur la grille, avec un volume et demi d'eau, 20 à 30 mn.

La cuisson des graines comme quinoa et sarrasin se fera de même façon, 15 mn seulement pour le quinoa.

Elles peuvent être consommées nature, arrosée d'huile d'olive et parfumées d'herbes, ou accompagnées d'un ou plusieurs légumes. (Cf. assaisonnements, ci-dessus.)

Couronne aux trois riz
1/3 riz complet
1/3 riz sauvage
1/3 riz basmati (ou chinois parfumé, ou thaï)

Mélangez les trois riz ou disposez-les en couches dans un moule en couronne, puis mettez au cuit vapeur avec 1 volume 1/2 d'eau pendant 30 mn. Renversez sur un plat rond : vous pouvez décorer de toutes sortes de couleurs de légumes tout autour, et garnir l'intérieur de la couronne avec légumes, sauces, viandes préparées, etc.

Couscous ou boulgour sucré aux raisins
Pour 500 g de graine :
3 oignons, 100 g de raisins blonds
sel, poivre, 1 c. à café de cannelle, cassonade
beurre ou huile d'olive

Coupez les oignons en lamelles, cuisez-les 10 mn à la vapeur, ajoutez les raisins pour 5 mn de plus, versez dans un grand bol avec sel, poivre, cannelle. Mélangez bien puis ajoutez 3 c. d'huile, mélangez encore. Dans un saladier inox ou un moule à soufflé, versez le couscous ou boulgour, couvrez-le d'eau très chaude (1,5 vol. environ), salez, et laissez cuire et gonfler à la vapeur pendant 10 mn, détachez et aérez les grains, laissez encore gonfler 5 mn à la vapeur, puis beurrez ou ajoutez 2 c. à soupe d'huile d'olive, et servez saupoudré de cannelle et de cassonade, et nappé des raisins et oignons.

Gratin de boulgour (ou pilpil)
300 g de boulgour gros
3 œufs
1 litre de lait frais (ou lait végétal)
(100 g d'emmenthal râpé ou tomme de brebis ou chèvre)
(ou 100 g de raisins et 2 oignons émincés)
sel, poivre, basilic ou origan

Cuire le boulgour avec 1 fois 1/2 d'eau chaude dans un saladier à la vapeur, 5 mn ; étalez dans un plat à gratin, assaisonnez, battez œufs et lait et versez sur le boulgour, ajoutez les herbes, et le fromage, ou les oignons et raisins passés 5 mn à la vapeur, mettez à four moyen 30 mn avec un plat d'eau au fond du four ; ou dans un plat à soufflé couvert d'une assiette, dans votre cuit vapeur.

Mendiant de riz complet aux pommes
300 g de riz complet
3 oignons
100 g de raisins de Corinthe
3 pommes

Rincez, mettez dans un plat avec 1 vol. 1/2 d'eau, et dans le cuit vapeur le riz complet pour 30 mn ; pelez et coupez les oignons en lamelles ; quand le riz est cuit, mettez les oignons à la vapeur. 10 mn après, ajoutez les raisins, 5 mn après les pommes en quartiers, et enlevez le tout 5 mn plus tard. Versez riz, oignons, raisins et pommes dans un saladier, avec du thym, 2 c. à soupe de vinaigre de cidre, sel, 4 c. à soupe d'huile d'olive, mélangez et servez chaud.

Riz à la cantonaise
500 g de riz parfumé chinois
2 œufs
1/2 poireau
100 g de petits pois frais ou surgelés

100 g de crevettes décortiquées
1 poignée de cacahuètes
2 tranches de lard fumé
4 c. à soupe de sauce poisson
5 épices (mélange chinois), huile de sésame
4 c. à soupe d'huile d'olive

Cuire le riz à la chinoise dans un saladier avec 1 fois 1/2 son volume d'eau, à la vapeur, 25 mn environ.

Entre-temps, laver et couper le poireau en rondelles, couper le lard en petits morceaux, préparer les œufs en omelette dans un petit récipient, rincer petits pois et crevettes

Lorsque le riz est cuit, remplacez-le dans le cuit vapeur par le bol d'omelette, et versez-le dans un grand saladier épais (pour mieux garder la chaleur), assaisonnez avec la sauce de poisson, les épices, quelques gouttes d'huile de sésame, l'huile d'olive, et ajoutez le poireau, les lardons et les petits pois cuits 5 mn à la vapeur, puis les cacahuètes et l'omelette coupée en dés, mélangez bien, couvrez jusqu'au moment de servir.

Salade chaude de riz complet aux légumes
300 g de riz complet,
1 beau poireau
2 oignons
2 courgettes
1 poivron rouge
1 bouquet de persil
1 bouquet de ciboulette
1 bouquet de basilic
sel, poivre, thym, huile d'olive, 1 c. à soupe de vinaigre de cidre

Rincez le riz complet, mettez-le à cuire à la vapeur dans un plat (inox, pyrex ou porcelaine), avec 1 fois 1/2 son volume d'eau, pendant 30 mn. Ce qui vous donne le temps de nettoyer et couper vos légumes en dés (poivron et courgettes) ou en lamelles (oignons et poireau), et de laver et couper finement vos herbes.

Lorsque le riz est cuit, remplacez-le dans le cuit vapeur par les légumes dans l'ordre suivant: oignon et poivron, puis 5 mn après ajoutez les courgettes et le poireau pour 5 mn de plus; versez-les dans un grand saladier avec les fines herbes, sel, poivre, thym, vinaigre de cidre et 4 c. à soupe d'huile d'olive, mélangez bien puis ajoutez le riz complet, mélangez encore et servez bien chaud.

Salade de sarrasin ou riz complet aux poireaux et raisins blonds
300 g de sarrasin en grains (ou riz complet) bio
3 jeunes poireaux avec blanc et vert
1 belle grappe de raisins blancs frais (Italia, muscat…)
sel, poivre, huile d'olive

Cuire le sarrasin ou le riz à la vapeur comme ci-dessus, 20 à 30 mn. Laver et couper les poireaux en rondelles, laver le raisin et égrener ; lorsque le sarrasin est cuit, retirez-le, mettez raisins et poireau à la vapeur 5 mn. Verser le tout dans une grande terrine, assaisonner, huiler, mélanger, servir.

D – Plats de légumes secs

Trempage et cuisson des légumes secs :

Le trempage peut avoir deux objectifs :

– Trempage simple de courte (pois cassés, lentilles) ou moyenne durée (autres légumineuses), destiné à réhydrater ces légumes (4 à 6 h) avant de les cuire. Dans le cas des pois cassés ou des lentilles, il n'est pas indispensable mais permet d'accélérer la cuisson.

– Trempage prolongé, destiné à permettre la consommation des légumineuses crues, après germination, pour bénéficier de la multiplication des vitamines obtenue à ce stade du développement des graines.

La cuisson des légumineuses se fait :

– soit directement dans la grille du cuit vapeur, comme pour les pois chiches, haricots secs… dont le diamètre est assez important, et on les arrose d'un petit verre d'eau chaude à la fin de la cuisson ;

– soit dans un bol inox ou autres à fond étroit, en recouvrant d'eau ou en mettant le double du volume en eau s'ils ne sont pas déjà gonflés (lentilles et pois cassés).

Les légumineuses constituent un plat complet avec protéines, minéraux, et vitamines, surtout associé à des fruits ou crudités, et de l'huile d'olive.

Haricots blancs en cassoulet

Le cassoulet (cassolette) est un plat régional qui ramène à des habitudes alimentaires ancestrales. Il s'agit de haricots blancs cuisinés pour en faire un plat solide et reconstituant.

Riche en protéines végétales, minéraux, vitamines B, il se suffit à lui-même et n'a pas besoin de toutes les viandes et graisses[5] qu'on y ajoute, et sera délicieux parfumé de thym, d'ail, d'oignons et d'huile d'olive. Ses protéines restent à accompagner d'une céréale complète.

1 paquet de haricots blancs
2 oignons
2 gousses d'ail
sel, poivre, thym, huile d'olive

Faites cuire les haricots, une fois trempés, directement dans la grille du cuit vapeur, 30 mn : à 20 mn de cuisson, ajoutez les oignons et l'ail. Versez dans une terrine ou un plat à soufflé entrant dans le cuit vapeur en ajoutant 2 verres d'eau, sel, poivre, thym, et 3 c. à soupe d'huile d'olive, et terminez la cuisson à vapeur douce pendant 15 minutes. Vous pouvez aussi la terminer dans une cocotte à fond épais ou au bain-marie, à tout petit feu.

Variante à la mexicaine : Cassolette de haricots rouges aux piments

Même recette que la précédente, en ajoutant deux poivrons rouges ou verts cuits en même temps que les oignons et une pointe de piment de Cayenne.

Lentilles du Puy aux alliacées

1 paquet de lentilles vertes
1 oignon paille, 1 oignon rouge, 1 poireau, 2 échalotes,
2 gousses d'ail
thym, sel, huile d'olive

---

5. On fera une concession à la graisse d'oie ou de canard, riche en acides gras poly-insaturés, de préférence « mi-cuite » et en fin de cuisson.

Couvrir les lentilles de leur double d'eau, (on peut les laisser tremper deux heures ou la veille, elles cuiront plus vite), les mettre au cuit vapeur 20 mn environ, couper les poireau, oignons et échalotes en lamelles et les cuire 6 à 8 mn à la vapeur ; mélanger lentilles et oignons dans un plat avec thym, sel, huile d'olive et l'ail pressé frais ou cuit en même temps que les oignons. Mélanger et servir bien chaud.

Pois chiches en salade chaude
1 paquet de pois chiches
2 oignons blancs
1 bouquet de cébettes, ou de ciboulette
sel, citron, huile d'olive

Faites gonfler les pois chiches la veille, puis mettez-les 30 mn à la vapeur. Ajoutez les oignons émincés pendant pendant 5 mn, versez dans une terrine, assaisonnez, ajoutez les cébettes coupées finement ou un bouquet de ciboulette, le jus de citron, 1/2 verre d'eau très chaude, 3 ou 4 c. à soupe d'huile d'olive, mélangez bien et couvrez jusqu'au moment de servir.

Purée de pois cassés
1 paquet de pois cassés, trempés 2 à 3 h auparavant
1 gros oignon ou 2 petits
1 poireau
sel, poivre, 1 c. à café de sucre roux
2 c. à soupe d'huile d'olive

Dans un saladier mettre à cuire à la vapeur les pois cassés trempés et recouverts d'eau pendant 20 mn, puis les oignons coupés éparpillés sur la grille, pendant 5 mn avec le poireau coupé en rondelles. Lorsque les légumes sont cuits (bien verts et un peu craquants), les ajouter aux pois avec sel, thym, huile d'olive ; mixer en ajoutant de l'eau si nécessaire : la purée doit être d'un beau vert tendre. Poivrer et ajouter le sucre, remuer, servir.

Purée de pois chiches
1 paquet de pois chiches
2 oignons
2 gousses d'ail
jus de 2 citrons
sel, thym, huile d'olive

Les pois chiches étant trempés depuis la veille et cuits 30 mn à la vapeur, ajoutez les oignons en fin de cuisson 5 mn, versez le tout dans une cocotte avec sel, thym, 1/4 de litre d'eau. Réduisez en purée au mixer en ajoutant 3 c. d'huile d'olive, le citron, l'ail écrasé, et de l'eau si nécessaire, jusqu'à obtenir une purée onctueuse et parfumée à consommer froide, ou chaude et sans citron.

E – Poissons

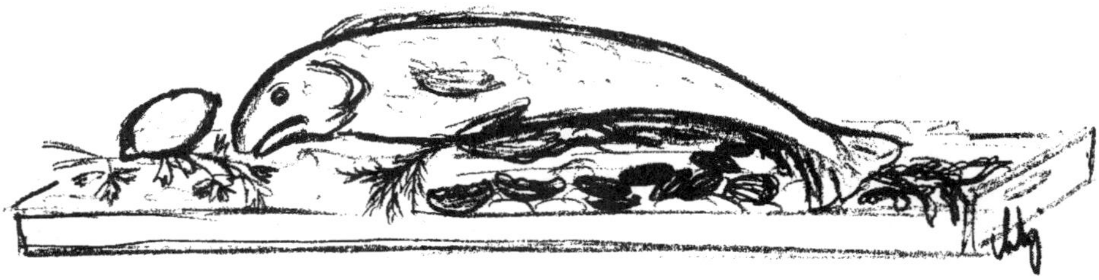

Rappelons que la cuisson des poissons à la vapeur est plus délicate à réaliser : en effet, si le feu est trop vif, l'eau, chargée de ce que le poisson rejette sous l'action de la vapeur, mousse et déborde dans le compartiment supérieur du cuit vapeur, et le poisson est alors bouilli, fibreux et sans goût. Il convient donc de baisser le feu et de maintenir une ébullition très douce. (Cf. « Cuisson des poissons », chap. IV.)

Bourride de petites lottes à l'ail nouveau
1 bon kg de queues de petites lottes du marché
1 tête d'ail nouveau
2 bottes de cébettes, ou oignons frais avec leurs queues
1 botte de persil plat bien frais
huile d'olive fruitée
sel, poivre
riz thaï ou chinois

Mettez à cuire dans un moule à savarin, 1/2 kg de riz recouvert d'1 fois 1/2 son volume d'eau, au cuit vapeur pendant 20 mn ; renversez le moule sur un grand plat et laissez au chaud sur une casserole que vous aurez remplie d'eau bouillante, jusqu'au moment de servir : parsemez de persil et arrosez d'huile d'olive.

Lavez les queues de lotte à grande eau, puis mettez-les au cuit vapeur préalablement monté à ébullition, en réduisant le feu (petits bouillons), pendant cinq à dix minutes selon grosseur. Lorsqu'elles commencent à se détacher de l'arête, versez-les dans un plat, et détachez la chair du poisson de l'arête.

Nettoyez l'ail et les oignons, ôtez les peaux, feuilles et extrémités abîmées, coupez l'ail en lamelles et les cébettes en petits morceaux, passez le tout à la vapeur pendant trois minutes, sortez et versez sur la lotte ; assaisonnez avec thym, sel, poivre, et arrosez largement d'huile d'olive. Mélangez de persil coupé aux ciseaux, remuez doucement et mettez dans un plat creux couvert et posé sur un récipient plein d'eau bien chaude. Ne pas recuire.

Cabillaud frais à l'oseille
1 queue de cabillaud de 5 à 600 g
1 bouquet d'oseille fraîche
citron, sel, sucre, huile d'olive

Fendez le poisson en deux le long de son arête et ôtez-la, salez, déposez délicatement les deux moitiés sur la grille de votre cuit vapeur, et laissez cuire à vapeur très douce (petite ébullition) jusqu'à ce que leur chair commence à se détacher légèrement (se baser sur les parties les plus charnues), les déposer aussitôt sur un plat et les recouvrir d'un saladier ou plat creux. Pressez le jus d'un citron dans un petit saladier, le couper de deux fois son volume d'eau très chaude, assaisonnez d'un demi-sucre roux, d'un peu de sel, et de 2 c. à soupe d'huile d'olive, y couper finement aux ciseaux 2 branches d'oseille, mélangez.

Servir le poisson nappé de cette sauce avec un riz long basmati vapeur.

Filets de loup à l'aneth ou au fenouil
5 à 600 g de filets de loup
1 bouquet d'aneth ou de pousses fraîches de fenouil
huile d'olive, fleur de sel, poivre, citron

Après les avoir rincés à l'eau claire et salés, déposez vos filets de poisson sur la grille du cuit vapeur, laissez cuire à vapeur très douce (petite ébullition) en vérifiant la cuisson à la pointe du couteau, la chair du loup doit blanchir sans devenir trop fibreuse, et rester ferme ; déposez sur un plat et couvrez d'un saladier. Coupez l'aneth ou le fenouil aux ciseaux en petits brins ; saupoudrez votre poisson de sel, puis arrosez d'huile d'olive. Retournez votre poisson dans son jus pour qu'il s'imprègne le plus largement possible de ces senteurs, arrosez d'un jus de citron, servez avec de petites pommes de terre nouvelles cuites à la vapeur avec leur peau, parsemées de persil et de graines de fenouil.

Filets de saumon vapeur au thym et muscat
150 g de saumon par personne en filets
5 ou 6 échalotes émincées
1 c. à soupe de thym frais en feuilles
sel, poivre, 3 c. à soupe d'huile d'olive
1/2 verre de muscat

Faites cuire vos échalotes à la vapeur, mettez-les dans un bol et écrasez-les avec le thym, sel, poivre et de l'huile (1 c.). Mettez le bol à infuser au cuit vapeur 5 mn ; préparez vos filets de saumon : rincés, salés ; puis baissez l'ébullition du cuit vapeur, sortez le bol de sauce, que vous terminerez en y ajoutant muscat et huile d'olive. Placez les filets de saumon sur la grille, et laissez-les cuire très doucement, jusqu'à ce qu'ils commencent à se détacher, mais sans dépasser un certain stade de cuisson, il faut qu'ils restent un peu sous-cuits et rouges pour garder tout leur moelleux. Faites-les alors glisser sur un plat et nappez-les de sauce, garnissez de gros raisins, servez avec un riz basmati.

Filets de turbot au vert (ou rascasse)
1 ou 2 gros filets de turbot (150 g par personne), ou de rascasse
1 bouquet d'aneth, une c. à café de thym
vinaigre de cidre, sel, huile d'olive, cassonade
2 courgettes, 1 poireau, 1 bouquet de brocoli

Préparation : la veille, faites mariner le poisson dans une boîte hermétique après l'avoir saupoudré de sel, d'aneth effeuillé, badigeonné de vinaigre de cidre et d'huile d'olive. Laissez reposer au frais pendant dix ou douze heures, en le retournant plusieurs fois dans sa marinade.

Cuisson : 30 mn avant de servir, faites cuire à la vapeur d'abord vos légumes coupés en lamelles (poireau), en biseau (courgettes) ou en petits bouquets (brocoli), tous ensemble pendant 5 mn : ils doivent rester croquants et très verts. Mettez-les dans une terrine préalablement chauffée avec sel, thym et huile d'olive, mélangez et couvrez pour maintenir au chaud.

Découpez votre filet de poisson en autant de portions que de convives, et déposez-les sur la grille de votre cuit vapeur après avoir réduit le feu (ébullition moyenne), laissez cuire doucement en veillant à ce que la chair reste encore assez ferme pour ne pas s'effriter. Pendant ce temps, préparez une sauce aigre-douce dans un bol avec : 2 c. à soupe de vinaigre de cidre, 1 pointe de couteau de sel, 1 c. à café de cassonade, 4 c. à soupe d'huile ; ajoutez à cette sauce la marinade du poisson et la moitié du bouquet d'aneth cisaillé très fin.

Disposez sur un grand plat chaud les morceaux de turbot, garnissez avec les légumes verts, et servez le tout avec une couronne de riz thaï (cuite auparavant à la vapeur dans un moule à savarin) garnie elle aussi de légumes verts, et avec la sauce aigre-douce à l'aneth. Utilisez l'aneth restant en dispersion sur les deux plats. Servir avec un vin blanc fruité.

Fruits de mer en sauce aigre-douce
par personne :
100 g de crevettes ou moules décortiquées
ou noix de pétoncle ou de Saint-Jacques
(ou 100 g de fruits de mer mélangés)
1 branche de basilic, 1 de persil, et 1 d'aneth
1 blanc de poireau en rondelles, cuit vapeur
2 c. à soupe de vinaigre de cidre
2 c. à soupe d'huile d'olive très fruitée
sel, poivre, 1/2 sucre pour adoucir le vinaigre

Rincez vos fruits de mer à l'eau claire et passez-les rapidement à la vapeur s'ils sont frais (3 à 5 mn), ou décongelez-les sous l'eau tiède s'ils sont congelés, mettez-les dans un saladier, coupez les herbes aux ciseaux finement, assaisonnez-les, remuez doucement, couvrez et laissez mariner au frais 1/2 à quelques heures avant de servir.

Marinades de poisson

Environ 100 g de filet de poisson frais par personne, émincé ou coupé en tranches très fines.

Marinade : citron vert (1 à 2), ou citron jaune (1), ou vinaigre (de framboise, de cidre, ...), avec herbes, sel.

Huile d'olive...

Après l'avoir soigneusement lavé à l'eau courante, placez, dans un plat creux, ou mieux une boîte hermétique à couvercle, votre poisson par couches successives en alternant poisson, marinade et assaisonnement, puis de nouveau poisson, marinade et assaisonnement, etc. Lorsque tout le poisson est ainsi traité, arrosez de jus de citron ou de vinaigre ou autre marinade de manière à recouvrir le poisson après l'avoir un peu tassé pour aplatir le dessus. Couvrir et laisser mariner au réfrigérateur quelques heures. Si la boîte est vraiment hermétique, il doit être possible de la retourner toutes les quatre heures environ pour mieux répartir l'action de la marinade. Égoutter et servir sur un plat décoré de feuilles de mâche, tiges d'aneth, estragon, ou de basilic ; arroser d'un filet d'huile d'olive...

Variantes :

Jeune thon mariné au citron vert :

Thon frais avec sel et jus de citron vert, servir à l'exotique avec des tranches de fruits (ananas, pamplemousse, banane...) et du riz thaï ou basmati cuit vapeur et arrosé d'un filet d'huile d'olive.

Filets de rascasse en marinade aux agrumes et basilic :

Marinade associant sel, citron et pamplemousse avec des feuilles de basilic.

Servir avec des tranches de pamplemousse.

Filets d'anchois marinés au citron :

Anchois frais vidés, séparés en filets et marinés dans du citron et du sel. Servir égouttés et nappés d'huile d'olive, avec des tranches de citron frais, des languettes de poivron rouge, concombre, oignons doux.... La même chose peut se faire avec des sardines fraîches.

Marinade de filets de loup à la méditerranéenne :

Marinade de vinaigre de cidre, sel, huile d'olive, fenouil, ciboulette et herbes de Provence ; servir entouré de tomates et cébettes.

Saumon frais mariné à l'aneth :

Saumon découpé en fines tranches (carpaccio).

Marinade de vinaigre de cidre sucré et salé parfumé à l'aneth.

Alternez le saumon en couches avec 1 ou 2 cuillères de marinade, dans une boîte ronde. Fermer le couvercle hermétique, mettre au frais et retourner plusieurs fois, pendant une heure ou deux.

Disposer sur un plat coloré avec garniture de feuilles ou tiges d'herbes, et arroser d'un léger filet d'huile d'olive.

Tartares de poisson :

Opérer de la même manière, en utilisant le poisson coupé en petits dés et mélangé d'épices ou d'herbes (baies rouges, graines de coriandre, fenouil, anis...) selon le poisson ou vos préférences, bien mélanger à la marinade, et servir après 1/2 heure ou plus, mais consommer rapidement.

Sardines fraîches à l'« escabèche »

2 à 3 sardines de Méditerranée fraîches par personne
thym, sel, poivre, oignon émincé ou ciboulette
3 c. à soupe de vinaigre et 3 à 4 d'huile

Nettoyez et videz les sardines en leur ôtant la tête, salez-les et mettez-les 5 mn à la vapeur, puis déposez-les dans une terrine en couches alternées avec les échalotes émincées cuites à la vapeur en même temps : assaisonnez chaque étage avec sel, poivre, thym, oignon émincé ou ciboulette, et un peu de vinaigre. Arrosez d'huile d'olive après avoir tassé doucement les sardines du plat avec une fourchette. Couvrez et mettez au frais pour servir en entrée, ou consommez tiède avec des pommes de terre vapeur.

Saumon farci aux asperges
1 beau saumon (1,5 à 2 kg)
2 bottes de petites asperges vertes ou sauvages
sel, poivre
Sauce : 2 c. à soupe de vinaigre de cidre
quelques pointes d'asperge
4 c. à soupe d'huile d'olive

Faites enlever, ou enlevez vous-même, à l'aide d'un petit couteau de cuisine très aiguisé, l'arête principale du poisson, sans l'ouvrir complètement (il doit rester entier) ; après avoir nettoyé et coupé au ras de leur partie verte les asperges, cuisez-les 5 mn à la vapeur. Ouvrez le poisson, salez et poivrez largement, farcissez-le avec les petites asperges, et refermez avec du fil de cuisine. Déposez avec soin en rond et sur le dos, et laissez cuire à feu très doux pendant 20 à 30 mn selon grosseur. Posez sur la passoire du cuit vapeur un grand plat rond, et retournez pour faire passer le poisson dessus.

Servir entouré de petites pommes de terre nouvelles, avec un semis de persil, et quelques asperges, et le tout arrosé d'un filet d'huile d'olive.

Salade chaude aux trois poissons
150 g de filet de rascasse
150 g de filet de saumon ou de truite de mer
150 g de filet de cabillaud, loup ou flétan
1 oignon, 1 poireau, 1 courgette
fines herbes fraîches : persil, aneth, ciboulette
2 c. à soupe de vinaigre de cidre ou citron
3 c. à soupe d'huile d'olive
sel, thym, laurier

Faites cuire à la vapeur l'oignon coupé en tranches 10 mn, puis ajoutez le poireau coupé en rondelles et la courgette en dés, 5 mn, versez le tout dans un saladier avec sel, thym, laurier en poudre, huile d'olive.

Après les avoir rincés et salés, pochez vos filets à vapeur très légère (ébullition très basse) jusqu'à ce qu'ils blanchissent et commencent à se détacher. En les émiettant délicatement, ajoutez-les au thym, à l'oignon et au poireau ; parsemez-les de ciboulette, persil, aneth, salez et arrosez de citron ou de vinaigre additionné d'un peu de sucre, et d'huile d'olive. Mélangez doucement sans écraser.

Variante : l'aneth peut être remplacé par 1 c. à café de cumin en poudre, des pousses de fenouil...

Terrine de saumon au basilic
500 g de filets de saumon
3 œufs
1 yoghourt ou caillé de brebis nature (100 g environ)
2 courgettes, 1 oignon doux
1 bouquet de basilic
1 gousse d'ail
sel, poivre, 2 c. à soupe d'huile d'olive

Cuire les légumes à la vapeur en ajoutant dans l'ordre : oignon, ail, 5 mn ; courgettes 5 mn ; verser dans un moule à soufflé et écraser à la fourchette en ajoutant thym, sel, poivre, huile d'olive, le laitage de brebis ; dans l'intervalle mettre le saumon à cuire 5 mn à la vapeur, coupé en gros morceaux ; ajouter les œufs dans le mélange, battre le tout. Ajouter les morceaux de saumon après 5 mn de cuisson, écraser légèrement et mélanger, en ajoutant le basilic coupé aux ciseaux. Mettre le moule à la vapeur en le couvrant d'une assiette renversée pendant 30 mn, couper le feu et laisser au chaud jusqu'au moment de servir, avec une couronne de riz complet ou sarrasin, et avec une mayonnaise au basilic (cf. sauces p. 240).

Terrine de saumon au vert
300 g de saumon froid mi-cuit vapeur
4 œufs frais
1 beau poireau
2 bulbes de fenouil
1 bouquet de ciboulette
1/2 bouquet de persil plat
1/2 c. à café de thym, sel, poivre
Sauce : 2 c. à soupe de vinaigre de cidre
2 yoghourts de brebis
sel, 1/2 c. à café de sucre roux
1 bouquet de pousses d'aneth

Faites cuire votre poireau nettoyé et coupé en morceaux et vos bulbes de fenouil coupés en tranches fines, à la vapeur 4 mn maximum ; dans un plat à tarte allant sur la table (porcelaine, pyrex, céramique…), émiettez votre saumon, ajoutez le poireau, le fenouil salé et haché, le thym, la ciboulette et le persil coupés aux ciseaux, salez et poivrez ; battez ensemble œufs et yoghourts, et versez ce mélange sur le contenu du plat. Mêlez doucement tous les ingrédients et faites prendre à la vapeur, ou à four doux au bain-marie, sans laisser dorer. Lorsque le mélange est pris, laissez refroidir puis déposez votre plat recouvert d'un film protecteur ou d'un autre plat, en bas du réfrigérateur.

Dans une saucière, versez 2 c. à soupe de vinaigre, 1/2 c. à café de sucre roux, 2 pincées de sel, 2 c. à soupe d'aneth coupé aux ciseaux, et 2 yoghourts de brebis ; mélangez bien et laissez reposer.

Au moment de servir (très frais), nappez le dessus du plat de 3 ou 4 c. à soupe de la sauce, qui sera servie à table en même temps.

Fruits de mer

Les fruits de mer sont un apport très important pour notre organisme. La cuisson vapeur peut ouvrir de nouvelles perspectives…

– Les moules

Tout le monde sait cuire les moules : un peu d'huile d'olive au fond d'une cocotte, ail, oignon, des herbes, des moules (attention à la bonne saison et provenance) bien nettoyées jetées, tournées, cocotte fermée, 10 mn de cuisson et un grand moment de délices, les doigts dans le plat et dans la bouche…

Mais si vous avez de grosses moules, mettez-les 5 mn dans votre cuit vapeur en marche, et elles sortiront ouvertes, moelleuses ; arrosez-les d'un mélange de ciboulette, vinaigre de cidre et huile d'olive, un délice de naturel.

– Les huîtres

Les huîtres ne font pas l'unanimité crues : un passage de 5 mn au cuit vapeur les fait s'ouvrir seules et prendre une consistance tendre et moelleuse qui satisfera nombre d'entre vous, et permettra de changer de registre les lendemains de fête lorsque tout le plat ne sera pas consommé (si elles sont ouvertes, mettez-les au congélateur sans attendre et ressortez-les au moment de les cuire, ce sera plus sûr). Servez comme les moules ci-dessus, avec un mélange de ciboulette, vinaigre de cidre et huile d'olive, et un bon petit vin blanc frais.

F – Viandes

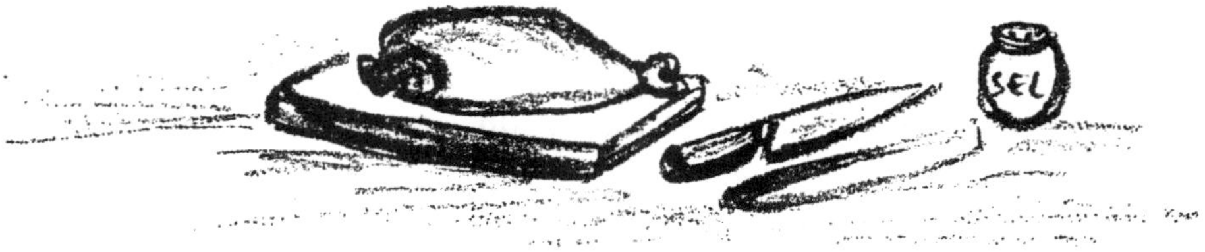

a) Agneau

Côtes d'agneau à la vapeur
1 à 2 côtelettes d'agneau par personne
2 échalotes par personne, thym, sel, ail, huile d'olive

Après avoir salé la viande, passer 3 mn à la vapeur, retourner, encore 3 mn, sortir, parsemer de thym, disposer sur un plat allant au four ; pendant ce temps, mettre à la vapeur les échalotes coupées très fin, 5 mn, avec l'ail frais en lamelles ou en poudre ; une fois cuits, mettre dans un bol, écraser avec sel et huile d'olive ; passer rapidement au gril les côtelettes pour les dorer légèrement si vous avez des invités, sinon vous pouvez les consommer telles quelles, et nappées de la sauce préparée.

Servir avec riz et crème de courgettes ou d'aubergines, et tomates vapeur en décoration.

Épaule d'agneau rôtie au chou vert
1 épaule d'agneau
250 g de petits oignons blancs frais
1/2 chou vert coupé en lamelles
1 grappe de raisin type Italia ou muscat blanc
thym, sel, poivre, huile d'olive,
1 verre de vin muscat

Enlevez – ou faites enlever par votre boucher – l'os plat de l'épaule, salez, saupoudrez de thym et de poivre l'intérieur de la partie désossée, roulez l'épaule et attachez-la comme un gigot. Salez l'extérieur et mettez à la vapeur 20 mn ; déposez ensuite dans un plat à four, assaisonnez avec sel, poivre, thym et un filet d'huile d'olive, mettez à four moyen pendant 10 mn pour finir la cuisson et dorer légèrement. Entre-temps, faites cuire les petits oignons 10 mn et ajoutez-les autour de l'épaule, assaisonnés de la même manière, remettez au four que vous baissez au minimum. Faites cuire rapidement le chou à la vapeur 6 à 8 mn en le remuant à mi-temps, ajoutez les raisins 1 mn pour les chauffer et retirez le tout, versez dans une sauteuse que vous aurez mise sur le feu avec 2 c. à soupe d'huile d'olive, assaisonnez comme pour l'épaule et les oignons, remuez rapidement et coupez le feu, couvrez. Au moment de servir, déglacez votre plat avec le verre de muscat, arrosez l'agneau avec la sauce ainsi obtenue, et servez-le découpé sur un grand plat, nappé de sauce, entouré du chou et des raisins, le tout parsemé de petits oignons.

Tajine d'agneau aux légumes frais
600 g d'épaule ou de poitrine d'agneau coupés en morceaux (4 personnes env.)
4 tomates, 2 courgettes, 1 gros oignon, 2 carottes, 1 navet,
2 cœurs d'artichaut ou 1 branche de cardon
1 poignée de pois chiches trempés la veille
quelques pois gourmands ou 1 poignée de petits pois
ail, thym, laurier, sel, huile d'olive, 1 c. à soupe de cumin

Remplissez votre cuit vapeur à moitié d'eau. Salez la viande et laissez-la attendre quelques minutes.

Pendant que l'eau chauffe dans votre cuit vapeur, épluchez vos légumes et coupez-les en morceaux. Dès que la vapeur s'échappe, mettez la viande à cuire 20 à 25 mn ; ensuite, ajoutez successivement : oignons et pois chiches ; 5 mn après : carottes, navet et artichaut ou cardon, pois ; 5 mn après, les courgettes pour 4 à 5 mn.

Versez alors le tout dans une marmite que vous aurez préalablement fait chauffer avec un verre d'eau, 1/2 c. à soupe de sel, les herbes, et 2 c. à soupe d'huile d'olive ; mélangez doucement, laissez infuser à feu très doux pendant 10 mn, sans bouillir. Ajoutez le cumin, mélangez à nouveau, couvrez et éteignez le feu.

Servir avec un riz thaï ou complet cuit à la vapeur, un bol de raisins gonflés 5 mn à la vapeur, et une kesra (galette de semoule de blé dur, cf. « pains »).

Blanquette d'agneau (ou de dinde)
600 g d'épaule ou de poitrine d'agneau (ou de cuisse de dinde) coupés en morceaux (4 personnes env.)
1 gros oignon, 2 carottes, 1 tasse d'olives vertes dénoyautées
ail, thym, laurier, sel, huile d'olive, 1 jus de citron, 1 jaune d'œuf

Remplissez votre cuit vapeur à moitié d'eau, mettez à chauffer. Salez la viande et laissez-la attendre quelques minutes. Dès que la vapeur s'échappe, mettez la viande à cuire 20 à 25 mn ; ensuite, ajoutez successivement : oignons, olives (5 mn), puis carottes, 5 mn ; après versez dans une cocotte que vous aurez mise à chauffer avec 1/2 litre d'eau, les herbes, le sel, l'huile ; montez presque à ébullition, puis baissez, laissez frémir deux minutes et coupez le feu ; délayez le jaune d'œuf et le jus de citron, mélangez avec un peu de bouillon puis versez dans la cocotte et mélangez. Couvrir, et servir avec un riz thaï ou chinois blanc ou complet cuit vapeur.

Gigot d'agneau aux herbes
1 gigot d'agneau raccourci et désarticulé, env. 1 kilo
ail, thym, laurier, sel, huile d'olive
1 bouquet de persil et 1 de basilicn, petites pommes charlotte

Salez le gigot et truffez-le de quelques gousses d'ail ; mettez votre cuit vapeur à chauffer à demi rempli d'eau : dès que la vapeur s'échappe, mettez la viande à cuire (10 mn par livre). 10 mn avant la fin de la cuisson, ajoutez autour les petites pommes charlotte lavées, avec peau.

Lorsque le gigot est presque cuit, sortez-le et mettez-le dans un plat rond : saupoudrez de thym, laurier, arrosez-le de 2 c. à soupe d'huile d'olive. Coupez aux ciseaux persil et basilic, enrobez-en votre gigot en le retournant plusieurs fois dans le mélange, posez votre plat sur le cuit vapeur éteint en couvrant le gigot avec son couvercle. Servir entouré des petites pommes de terre arrosées d'un filet d'huile d'olive.

Gigot en croûte à la provençale
1 gigot d'agneau raccourci et désarticulé, env. 1 kilo
ail, thym, laurier, sel, huile d'olive, 2 feuilles de pâte feuilletée

Préchauffez votre four (thermostat 6).

Salez le gigot et truffez-le de quelques gousses d'ail ; mettez votre cuit vapeur à chauffer à demi rempli d'eau : dès que la vapeur s'échappe, mettez le gigot à cuire 15 à 20 mn ; sortez-le et sur une plaque huilée enveloppez-le complètement de pâte feuilletée, utilisez les chutes de pâte pour décorer de feuilles ; mettez au four 10 mn, le temps de dorer légèrement et cuire la pâte ; servir avec un plat de petits pois frais et oignons doux.

b) Viandes blanches

(accompagnement : purées douces, compotes ou fruits cuits)

Rôti (veau ou porc ou dinde) en fondue d'oignons
1 rôti de 1 kg environ, de préférence bio
4 gros oignons, 1 pomme

huile d'olive, thym, sel, poivre,
1 sucre roux, vinaigre de cidre

Après l'avoir salé, cuisez votre rôti 30 mn à la vapeur ; coupez les oignons en quatre et cuisez-les 15 mn à côté du rôti, puis sortez-les et passez-les au mixer avec sel, thym, poivre, 1 c. à café de vinaigre de cidre, 1 sucre roux et 3 c. à soupe d'huile d'olive ; laissez en attente.

Lorsque le rôti est cuit, terminez-le doucement dans une cocotte ouverte avec très peu d'huile d'olive et du thym, à feu très réduit, afin qu'il soit légèrement doré. Servez-le dans un plat creux sur la fondue d'oignon, et nappez le tout avec le jus du rôti déglacé ; accompagnez d'un riz surinam ou thaï cuit à la vapeur, décoré de tranches de pomme passées 5 mn à la vapeur.

Lapin vendangeur
un beau lapin fermier, coupé en morceaux
2 oignons paille
6 figues fraîches (à défaut, sèches)
1 poignée de raisins muscat noirs
sel, poivre, thym, huile d'olive
1 jaune d'œuf
1 verre de porto ou de Maury

Salez les morceaux de lapin, laissez 5 mn en attente ; pendant que le cuit vapeur chauffe, épluchez et coupez les oignons en lamelles ; quand la vapeur s'échappe, mettez le lapin à cuire 15 mn, puis ajoutez les oignons, laissez 5 mn de plus, ajoutez le raisin, les figues si elles sont sèches, coupées en tranches, 5 mn de plus. Puis versez dans une cocotte, assaisonnez avec sel, poivre, thym, 3 c. à soupe d'huile d'olive, mélangez, arrosez d'un verre de porto ou de Maury, diluez d'1/2 verre d'eau : chauffez ; au premier bouillon, coupez et délayez un jaune d'œuf pour épaissir la sauce. Servez avec des petites pommes de terre charlotte en robe des champs, vapeur.

c) Volailles

Œufs à l'honneur

L'œuf ne doit pas être négligé dans notre alimentation mais plutôt salué comme un élément important et qui doit être de bonne qualité, si possible fermier ou mieux, bio.

À la coque il fait un bon apport pour les enfants en croissance, y compris au petit déjeuner: pas de limitation ils peuvent en avoir un ou deux par jour. À cuire 4 mn à la vapeur.

Mollet, 7 mn à la vapeur: on peut les couper dans leur longueur d'un coup de couteau de cuisine à scie, et les présenter dans leur coque Autour d'un plat de légumes vapeur ou de salade variée.

Œufs mollets aux petits légumes
poireau, cébettes coupées en rondelles
courgette émincée,
fleurs de brocoli
1 poignée ou 2 de petits pois
jeunes carottes en rondelles
huile d'olive, thym, sel, persil

Cuire les légumes coupés en petits morceaux 5 mn à la vapeur, verser dans une sauteuse avec huile d'olive, thym et sel, cuire les œufs mollets 7 mn à la vapeur, disposer les légumes dans un plat creux chaud et les œufs mollets coupés avec leur coque (1 à 2 par personne). Autour, parsemer de persil coupé aux ciseaux. Ce plat est très léger, appétissant, et encore plus décoratif.

Omelette basquaise
œufs : 2 par personne
1 poivron vert et 1 rouge
2 oignons
2 ou 3 tomates
1 gousse d'ail
100 g de chutes de jambon de montagne
huile d'olive fruitée, thym

Passer tous les légumes à la vapeur 5 mn, verser dans une poêle chauffée avec huile d'olive (ne pas brûler), battre rapidement les œufs et les verser pour faire l'omelette, remuer par-dessous avec discernement, laisser encore baveuse et servir tout de suite, recouverte de lamelles de jambon de montagne.

Poulet ou pintade à la vapeur

On peut cuire une volaille entière dans un cuit vapeur pourvu que la grille soit profonde et le couvercle en dôme. Il suffit de mettre la volaille préalablement salée dans le cuit vapeur pendant 20 à 30 mn selon grosseur et qualité (poulets de ferme et bio sont plus charnus, donc plus longs à cuire, tester au couteau, mais leur chair reste toujours un peu rosée) ; il est important de ne pas trop prolonger la cuisson pour éviter que leur chair ne devienne sèche et fibreuse.

Pintade aux pommes, sauce échalote
1 pintade fermière de 1,5 kg environ
4 pommes reinettes
6 ou 8 échalotes selon grosseur
sel, poivre, thym
huile d'olive, vinaigre de cidre ou de miel

Cuire en entier au cuit vapeur (10 à 12 mn par livre) la pintade préparée et salée, en réservant le foie. Ajouter sur la grille autour de la pintade les échalotes coupées en long à 20 mn de cuisson, et retirer la pintade à 30 mn, la déposer dans une cocotte préalablement chauffée, couvrir ; ajouter les pommes en quartier et le foie aux échalotes 5 mn puis retirer le tout, et verser les pommes autour de la pintade ; hacher le foie et mélanger avec échalotes, thym, sel, poivre, vinaigre et huile, et 1 c. à soupe d'eau ; arroser la pintade avec ce mélange et servir avec du sarrasin ou des patates douces.

Poulet au cumin
Pour 6 personnes :

6 blancs ou 6 cuisses de poulet
2 oignons
1 poireau
1 tasse de pignons
1 tasse de raisins secs
1 c. à soupe de cumin
sel, poivre, thym, huile d'olive, vinaigre de cidre

Pendant que votre cuit vapeur chauffe, coupez les cuisses de poulet avec des ciseaux à volailles, salez, mettez de côté ; épluchez, nettoyez oignons, poireau, coupez-les en lamelles et rondelles. Mettez le poulet à cuire 5 mn, puis ajoutez successivement dans le cuit vapeur : l'oignon, puis 3 mn après : le poireau, les raisins et les pignons ; laissez encore 5 mn, retirez le tout et versez dans une cocotte. Assaisonnez avec sel, poivre, thym, 2 c. à soupe d'huile d'olive, remuez, laissez 5 mn à petit feu, ajoutez le cumin, mélangez, coupez le feu.

Servez avec un riz basmati ou complet cuit à la vapeur.

Salade de poulet aux herbes
Pour 6 personnes :

6 filets de poulet ou de dinde
2 cébettes, 1 courgette, 1 tasse de petits pois surgelés
1 bouquet de basilic, 1 bouquet de ciboulette,
2 c. à soupe de persil haché
sel, poivre, thym, huile d'olive, vinaigre de cidre

Salez les filets de poulet 5 mn avant cuisson, passez-les à la vapeur 10 à 15 mn selon épaisseur, ils doivent être juste cuits pour rester tendres. Déposez-les dans un saladier, assaisonnez-les avec sel, poivre, thym, ajoutez 1 c. à soupe de vinaigre de cidre et 3 d'huile d'olive. Passez la courgette coupée en dés et les petits pois 5 mn à la vapeur, ajoutez-les au poulet ; coupez aux ciseaux les cébettes et les fines herbes, mélangez, couvrez et servez tiède.

Magrets de canard à l'orange
2 ou 3 magrets de canard
1 orange entière et le jus de 2 oranges
3 échalotes
vinaigre de cidre
2 sucres roux
riz parfumé chinois ou thaï : 1 tasse par personne
sel, poivre, thym

Salez les magrets, mettez-les à part. Pendant que le cuit vapeur chauffe, épluchez les échalotes, coupez-les en long et mettez-les à cuire ; prélevez la peau de l'orange et passez-la 5 mn à la vapeur, retirez-la.

Versez le riz dans un moule à savarin, en couronne, rincez et couvrez d'une fois et demi d'eau, mettez au cuit vapeur 15 à 20 mn, retirez et renversez sur un plat rond, en laissant recouvert du moule ; gardez au chaud sur une casserole d'eau chaude.

Dans une petite casserole, mettez à chauffer 2 c. à soupe de vinaigre de cidre, 2 d'huile d'olive, sel, poivre, thym, ajoutez doucement le jus d'orange, le sucre et la peau coupée en lamelles ; au premier bouillon ajoutez les échalotes, coupez le feu.

Cinq minutes avant de servir, mettez les magrets à la vapeur, et après 5 mn (ou huit selon goût) sortez-les, disposez-les sur un plat en les coupant en tranches, entourés des tranches de l'orange épluchée, nappez avec la sauce. Servez avec le riz en couronne.

Magrets de canard d'automne
2 ou 3 magrets de canard
3 échalotes
1 grappe de raisins blanc sucrés (muscat, Italia...)
sel, poivre, thym, huile d'olive
1 verre de muscat de Rivesaltes
riz complet (1 tasse par personne)

Salez les magrets, mettez-les à part pendant que le cuit vapeur chauffe ; épluchez les échalotes, coupez-les en long et mettez-les à cuire ; ajoutez les grains de raisin fendus et épépinés au bout de 5 mn, laissez cuire 5 mn puis versez dans une sauteuse, sur feu très doux ; ajoutez sel, poivre, thym, et 1 c. à soupe d'huile d'olive, écrasez un peu les échalotes dans l'huile puis ajoutez doucement le muscat en remuant sans écraser les raisins.

Mettez le riz dans un bol inox, rincez et couvrez d'une fois et demi d'eau chaude, mettez au cuit vapeur 25 mn, retirez et couvrez.

Cinq minutes avant de servir, mettez les magrets à la vapeur, et après 5 mn de cuisson (ou 8 selon goût), sortez-les, coupez en tranches, déposez-les dans la sauteuse, couvrez, et servez avec le riz complet décoré de grains de raisin.

Foie gras (oie ou canard), pour un repas de fête

La cuisson du foie gras est très délicate :

Les meilleurs procédés sont les plus rapides : il donne alors le meilleur de lui-même,

– soit grillé légèrement et rapidement à la poêle au moment de servir, 1 à 2 mn de chaque côté selon l'épaisseur,

– soit cuit (mi-cuit : 10 mn par livre) dans une terrine ou un plat à soufflé couvert dans le cuit vapeur, avec sel, poivre, et éventuellement un peu de thym, on peut le relever d'un peu de muscat de Frontignan, bien fruité, et le servir entouré des raisins qui lui correspondent, le tout accompagné de pain de seigle aux raisins, ou de pain d'épices.

Il ne faut pas le déposer directement dans le cuit vapeur, il perdrait ses graisses qui sont de bons acides gras (oies fermières).

Rôti de dindonneau aux alliacés
1 rôti de dinde (600 g env., 4/5 personnes)
2 oignons, 2 poireaux, 2 échalotes
4 gousses d'ail
sel, poivre, thym, huile d'olive

Faites chauffer votre cuit vapeur, salez le rôti et mettez-le à cuire 20 mn ; pendant ce temps, épluchez, lavez et coupez les légumes assez finement ; à 20 mn, ajoutez les oignons, échalotes et les gousses d'ail coupées en deux, autour du rôti, laissez cuire 5 mn de plus, ajoutez les poireaux coupés, laissez 5 mn, pendant lesquelles vous mettez une cocotte à feu doux avec 2 c. à soupe d'huile d'olive. Mettez-y le rôti, entourez-le des alliacés, saupoudrez de sel, poivre, thym, mêlez un peu, couvrez et coupez le feu.

Servez avec riz ou graines de sarrasin, et garni de quelques quartiers de pommes reinettes passées 5 mn à la vapeur ; vous pouvez habiller d'une gelée de groseilles ou de coings.

Gigot de dinde aux poireaux

1 gigot de dinde (600 g env., 4 personnes)
2 beaux poireaux
sel, poivre, thym, huile d'olive
ail (2 gousses)

Chauffez le cuit vapeur, salez la viande, piquez-la de demi-gousses d'ail ; quand l'eau bout, mettez-la à cuire 15 mn sur la grille, lavez et coupez les poireaux en rondelles. Les 15 mn passées, sortez le gigot, mettez-le sur un plat chaud, saupoudrez de sel, poivre, thym, arrosez d'un filet d'huile d'olive, couvrez.

Les poireaux seront cuits 5 mn à la vapeur, puis versés dans un récipient, avec sel, thym et huile d'olive, le tout mélangé et versé autour du gigot.

Servir avec de petites pommes vapeur.

Blanquette de dindonneau

1 kg de viande de dinde coupée en morceaux (6 personnes)
2 gros oignons
1 paquet d'olives vertes dénoyautées
2 carottes
1 jaune d'œuf, jus d'1/2 citron
sel, poivre, thym, huile d'olive

Salez la viande pendant que le cuit vapeur chauffe, et épluchez oignons et carottes. Mettez à cuire la viande 10 mn, ajoutez les oignons, carottes, et olives égouttées, 5 minutes de plus. Versez dans une cocotte avec un litre d'eau chaude, sur feu doux. Ajoutez sel, poivre, thym, un filet d'huile d'olive, laissez infuser jusqu'à ce que le liquide frémisse, coupez le feu, couvrez. Ajoutez le jaune d'œuf délayé dans le citron, remuez.

Servez avec un riz blanc long cuit vapeur.

Escalopes de dinde aux pommes
1 escalope de dinde par personne
1 à 2 oignons rouges (doux)
1 pomme reinette par personne
sel, poivre, thym, huile d'olive

Mettez à chauffer votre cuit vapeur. Épluchez et coupez en lamelles les oignons ; lavez, épépinez et coupez les pommes en tranches. Après les avoir salées, passez les escalopes 5 à 10 mn à la vapeur (plus ou moins selon épaisseur, tester à la pointe du couteau).

Déposez les escalopes nappées d'une c. à soupe d'huile d'olive dans une sauteuse légèrement chauffée. Passez les oignons et les pommes 5 mn à la vapeur, versez-les sur les escalopes, ainsi que sel, poivre, thym, et arrosez d'un filet d'huile d'olive. Remuez légèrement, couvrez, servez avec un plat de graines de sarrasin ou de quinoa cuites à la vapeur.

Escalopes de poulet (dinde) aux graines de moutarde
1 escalope de poulet ou de dinde par personne
1 yoghourt bifidus ou de brebis
moutarde en grains
1 c. à soupe d'huile d'olive

Après les avoir salées, passez les escalopes 5 à 10 mn (plus ou moins selon épaisseur, tester à la pointe du couteau) à la vapeur.

Faites légèrement chauffer une sauteuse, versez-y 1 c. à soupe d'huile d'olive,

Déposez-y les escalopes, baissez le feu au maximum : ajoutez 1 c. à soupe de moutarde en grains, puis le yoghourt, en remuant rapidement sans cuire pour garder l'onctuosité ; salez et délayez doucement sans laisser trop chauffer et fondre le yoghourt : 5 mn, le temps de réchauffer la sauce. Coupez le feu et couvrez.

Servir avec un riz blanc ou rouge long (thaï, basmati…) cuit vapeur.

d) Charcuterie

Saucisse fraîche vapeur

Les saucisses fraîches (chipolatas, saucisse à griller, etc.) sont rendues beaucoup plus digestes par la cuisson vapeur qui évacue leurs graisses et évite de les brûler.

Cuire de 15 à 20 mn selon grosseur, après l'avoir piquée.

Servir saupoudrée de thym et avec un filet d'huile d'olive, accompagnée de chou vert vapeur ou d'une purée de courgettes et oignons, ou de pommes de terre (sans lait) à l'huile d'olive et au thym.

G – Recettes végétariennes

Parmi les recettes végétariennes il faut compter toutes celles de légumineuses et céréales complètes, ainsi que les flans aux légumes ou céréales.

Ragoût du berger
(Pour 6 personnes)
12 petits chèvres frais, 3 oignons, 1 ou 2 jeunes poireaux, 1 poignée de raisins blonds.

Épluchez et coupez les oignons en tranches fines, mettez-les 10 mn à la vapeur, puis nettoyez et coupez en rondelles les poireaux. Mettez à cuire à la vapeur d'abord les oignons, puis 10 mn après, les poireaux et les raisins : laissez 5 mn de plus, puis versez dans une sauteuse que vous aurez mise à chauffer quelques minutes avec 1 c. à soupe d'huile d'olive et du thym frais en feuilles (1 c. à café pleine). Sel, poivre, un peu de marjolaine : laissez chauffer à feu très doux quelques minutes en remuant doucement, puis déposez délicatement les petits chèvres un par un sans qu'ils se touchent : couvrez, laissez chauffer 3 à 4 mn, puis coupez le feu. Servez rapidement avec un riz complet ou des pommes vapeur.

Pommes chevrettes farcies
12 petits chèvres frais
4 pommes reinettes

1 ou 2 jeunes poireaux
1 tasse de petit épeautre
sel, poivre, huile d'olive

Faire cuire le petit épeautre à la vapeur dans un bol inox 15 mn, écraser à la fourchette rapidement ; nettoyer les poireaux, couper en tranches ; évider les pommes, passer la chair et le poireau à la vapeur 5 mn, puis mélanger avec le petit épeautre, et sel, poivre, 1 c. à soupe d'huile d'olive, et 4 petits chèvres coupés en morceaux ; remplir les pommes et les disposer dans un plat rond, remettre dans le cuit vapeur 5 mn, puis ouvrir, déposer sur chacune 2 petits chèvres empilés, refermer le couvercle, couper le feu et laisser au chaud.

Chèvres aux pruneaux
200 g de pruneaux dénoyautés
2 blancs de poireau
1 oignon rouge
100 g de lardons
2 petits chèvres par personne

Épluchez et coupez poireaux et oignon, passez au cuit vapeur successivement : les pruneaux 5 mn, puis ajoutez aux pruneaux les oignons, et enfin les poireaux, versez dans une sauteuse, ajoutez sel, poivre, thym, 3 c. à soupe d'huile d'olive. Mélangez doucement, puis déposez en rond les chèvres, couvrez et laissez 5 mn à feu très doux, coupez le feu, servez avec des pommes vapeur ou des châtaignes nature.

Plats à base de tofu :

Le tofu est une source de protéines végétales[6] très appréciable pour une alternance végétarienne (deux à trois jours par semaine) ou pour éviter les graisses animales. Plutôt fade employé seul, il devient délicieux accompagné de divers légumes ou assaisonnements, auxquels il s'accordera parfaitement en leur offrant tout son moelleux, dont la texture est plus proche de la cervelle que du fromage. Prenez du bio de préférence.

Préparez d'abord vos légumes et cuisez-les « al dente » à la vapeur, puis réchauffez votre tofu en tranches 5 mn à la vapeur, coupez-le en dés dans une sauteuse, ajoutez vos légumes (ou autres), huile d'olive, sel, assaisonnement…

---

6. Voir : « Phytohormones », chap. I, et « Légumineuses », chap. II.

Quelques suggestions d'accompagnement : Oignon/poireau, Champignons, Crevettes, Provençale (Poivron, Tomate, Oignon), Aubergines, Olives, Courgettes/poireau…

Salade tiède de persil au tofu
1 bouquet de persil entier
tofu (100 g par personne)
1 pomme golden
1 jus de citron, sel, huile d'olive (2 c. à soupe)

Faites chauffer le tofu doucement à vapeur moyenne environ 1/4 d'heure pendant ce temps coupez votre pomme en petits morceaux dans une terrine préalablement chauffée (passée à l'eau chaude et séchée), cisaillez votre persil, puis ajoutez les dés de tofu ; assaisonnez avec citron, sel et huile d'olive. Mélangez délicatement et servez chaud.

H – DESSERTS

Les meilleurs sont faits de fruits frais : entiers ou coupés et agrémentés d'amandes ou noisettes effilées, de pignons ou sésame, avec miel ou sucre brun et citron ; les salades de fruits peuvent adopter différents thèmes

Ils peuvent être faits de préparations à base de laitages et œufs, ou même pâtissières (ne pas abuser), mais aussi de fruits cuits seuls (pommes, poires, bananes, patates douces, rhubarbe…) ou inclus dans d'autres compositions.

Cuits à la vapeur jusqu'à ce que la lame d'un couteau s'y enfonce sans résistance, il suffit de les écraser à la fourchette dans un saladier, puis de les assaisonner à votre goût : vous pourrez également les servir en compote salée et légèrement beurrée, ou additionnée d'1 c. d'huile d'olive, d'un filet de vinaigre, de sel et légèrement adoucie d'un peu de sucre pour accompagner vos gibiers, viandes blanches ou volailles…

1. Salades de fruits frais

Les fruits frais sont les meilleurs desserts, en étant prudent sur les fruits trop acides ; ils seront juste relevés d'un peu de jus de citron au dernier moment et de sucre complet ou miel, ou d'un peu de muscat pour une salade de fête. Privilégier les fruits de saison, et bien sûr le moins traités possible, sinon bio : les bien laver est impératif.

Salade de fruits

Mélanger des fruits différents est une agréable façon de varier les apports en vitamines et minéraux. Ajouter jus de citron et peu de sucre, brun.

Salade de pêches au vin muscat

Couper 2 pêches par personne en tranches, arroser d'un verre de muscat de Rivesaltes pour les blanches, Frontignan pour les jaunes, ou à votre goût, mélanger et servir frais.

Salade d'oranges

Oranges épluchées à vif en tranches
Miel, amandes effilées

Salade planteur

papaye, mangue, ananas, banane,
citron vert, rhum et cassonade ou mieux sirop « batterie » ou sucre complet

2. Compotes et fruits cuits

Compote de pommes

1 kg de pommes reinettes (ou grises du Canada ou à cuire)
1 tasse de cassonade, 1 sachet de sucre vanillé

Éplucher et couper en morceaux, mettre à cuire dans la grille de votre cuit vapeur ; lorsque les pommes gonflent en mousse, les verser dans un saladier, assaisonner de sucre et vanille, bien mélanger ; servir chaud ou froid, avec biscuits, yoghourt bifidus, raisins secs gonflés à la vapeur ou sur un fond de pâte brisée.

Compote de potiron Louisiane
1 grosse tranche de potiron frais ou de courge
1 tasse de sucre roux ou complet
2 pincées de sel
1 sachet de sucre vanillé

Éplucher et couper en morceaux la courge ou le potiron ; les cuire à la vapeur jusqu'à ce que les fibres se séparent ; mettre dans un saladier, ajouter sucre roux et sucre vanillé (1 sachet), le sel ; écraser et mélanger, servir chaud avec caillé de brebis et sucre brun, ou sur un fond de pâte brisée.

Compotes diverses

Selon les saisons ou vos propres envies, vous pourrez mettre en compote poires, pommes, bananes, rhubarbe, marrons, patates douces, prunes, pêches, nectarines ou abricots, mais aussi mangues, fraises, framboises… n'oubliez pas de les assaisonner avec sucre roux, vanille, jus de citron ou d'orange selon les fruits. Pour un goût de beurre : sirop d'érable.

Pommes à la cannelle et/ou à la vanille
(pour 6 personnes)
4 à 6 pommes reinettes selon grosseur
1 grosse poignée de raisins secs
sucre roux ou sirop d'érable
cannelle, sucre vanillé

Lavez soigneusement et coupez en quartiers les pommes. Disposez dans la grille de votre cuit vapeur successivement : les raisins, puis les quartiers de pommes (la peau sur le dessus). Lorsque les pommes sont cuites (10 à 15 mn : testez à la pointe du couteau, et ne les laissez pas trop gonfler et mousser, elles se réduiraient en compote), posez un plat rond à l'envers sur le dessus, retournez plat et grille ensemble et enlevez la grille ; saupoudrez de cannelle, de sucre vanillé et de cassonade, et servez très chaud.

Fruits vapeur « glacés » au sucre complet ou roux

Cuire rapidement les fruits lavés, dénoyautés, et éventuellement coupés en morceaux, au cuit vapeur, laisser refroidir dans un saladier, saupoudrer de sucre complet ou roux (modérément) au dernier moment, remuer rapidement et servir avec un gâteau ou un pain spécial, un caillé de brebis,…

Bananes vapeur à l'antillaise

Éplucher des bananes de taille moyenne, les cuire 15 mn à la vapeur, disposer dans un plat ; presser le jus d'un citron de préférence vert, ou jaune, ajouter 1 c. à soupe ou 2 de sirop de canne à sucre « batterie » (non raffiné), et 1 c. à soupe de rhum brun ; mélanger, napper les fruits, servir.

Pâte de coings
Pour 1 kg de coings cuits :
1 kg de sucre (roux !)
1 jus de citron
2 pincées de sel

Couper en petits morceaux les coings (habituellement on les épluche mais ce n'est pas obligé), les cuire 10 mn à la vapeur, verser dans une cocotte, mixer ou passer à la moulinette; mélanger au sucre en remuant, sur feu doux, jusqu'à ce que la pâte devienne rose, ajouter le citron et le sel. Ne pas trop cuire pour lui laisser le meilleur de son goût et de ses qualités nutritives.

Bons goûters sur des galettes de sarrasin ou de petit épeautre, et avec de la tomme de brebis de montagne !

3. Flans, soufflés et mousses

Crème renversée
Pour 4 personnes :
1/2 l de lait (frais ou végétal[7])
3 gros œufs ou 4 petits
4 c. à soupe de sucre roux
2 sachets de sucre vanillé
2 pincées de sel

Faire chauffer le lait dans une casserole, battre les œufs, le sel, le sucre vanillé et le sucre roux jusqu'à ce que le mélange blanchisse, puis verser dessus en remuant le lait bouillant ; transvaser dans un plat à tarte épais (en porcelaine ou en grès, terre cuite…), et mettre à four moyen ; lorsque le flan est pris, allumer le gril de votre four et faites légèrement dorer en surface juste avant de servir chaud.

---

7. Soja, amande, noisette, riz, avoine...

Flans aux fruits

Procéder comme ci-dessus pour le flan, avec un œuf de plus pour des fruits juteux, puis éplucher et couper vos fruits ou les laver ; si vous utilisez des fruits secs (raisins, pruneaux, abricots...), faites-les gonfler préalablement à la vapeur : 5 à 15 mn selon grosseur ou degré de séchage. Les déposer ensuite dans un plat à gratin épais, verser le flan, et mettre à four moyen jusqu'à ce que le flan soit pris. Servez chaud, ou très frais en été.

Soufflés aux fruits

1/2 kg de fruits en purée (cf. préparation des compotes)
4 œufs (ou 6 petits)
1/2 tasse de cassonade
1 pincée de sel

Mélanger les jaunes et le sucre jusqu'à les faire blanchir, puis ajouter la compote, et incorporer les blancs battus en neige ; verser dans un moule à soufflés, déposer dans le compartiment supérieur du cuit vapeur, en couvrant d'un saladier en pyrex de même diamètre que le moule si possible, laisser cuire 35 minutes environ avant de servir (surveiller, sans trop soulever le couvercle, une cuisson qui est normalement plus rapide qu'au four) ; servir *immédiatement* avant qu'il ne retombe, le soufflé se mange *très chaud.*

Tout soufflé traditionnel peut être cuit à la vapeur.

Mousse de brebis frais à la corse

500 g de brousse de brebis frais
3 œufs
4 c. à soupe de cassonade
1/2 verre de muscat
le zeste d'un citron entier
1 sachet de sucre vanillé
1/2 c. à café de sel
1 c. à café d'anis en poudre

Dans une terrine, battre ensemble jaunes d'œuf, sucre roux et vanillé, zeste, anis et sel, puis le muscat, enfin ajoutez en battant le brousse de brebis ; le mélange doit être onctueux et un peu granuleux.

À part, battez les œuf en neige, et incorporez-les délicatement au mélange. Servir très frais.

4. Tartes

Pâte simple à tartes :

300 g de farine : bise complète, mélangée (sarrasin, petit épeautre)
1/2 verre huile d'olive
1/2 à 1 verre d'eau selon besoin
sel, levure pour pâtes levées

Dans une terrine, mélanger farine, levure, sel, avec l'huile et ajouter l'eau peu à peu et rapidement jusqu'à obtenir une pâte souple, peu travaillée. Étaler sans attendre (rapidement) dans un moule, piquer, cuire à demi et garnir.

Comme pour les tartes salées, vous pouvez cuire vos fonds de tarte (simple, feuilletée ou brisée) seuls pour qu'ils aient plus de craquant, et les garnir ensuite avec des fruits soit cuits vapeur en morceaux ou en compote, soit frais, arrosés d'un jus de citron. Saupoudrées de cassonade, relevées d'un peu de cannelle ou de sucre vanillé, voire de miel, d'eau de fleur d'oranger… vos tartes seront légères, délicieuses, et très personnalisées.

Bastela d'abricots aux pignons
600 g d'abricots assez mûrs
6 feuilles de brick
1 tasse 1/2 de pignons
1 tasse de cassonade
1 pincée de sel

Dénoyauter et cuire les abricots 5 mn à la vapeur, puis écrasez-les en compote avec 3/4 de tasse de cassonade et 1 pincée de sel.

Dans un moule à tarte graissé à l'huile d'olive, déposez deux feuilles de brick, de la compote étalée, une poignée de pignons, puis de nouveau deux feuilles de brick, compote, pignons, et de même encore une fois ; terminez en couvrant avec deux feuilles de plus, passez-les légèrement à l'huile d'olive puis saupoudrez avec la cassonade restante mêlée de pignons.

Mettre à four moyen jusqu'à obtenir un doré léger. Servir chaud.

5. Gâteaux au four ou à la vapeur

Des gâteaux cuits à la vapeur ? Aussi bien qu'au four, et plus vite !

Pourquoi pas ? Les Chinois l'ont fait avant nous, et si nous apprécions plus le moelleux d'une pâte parfumée qu'une croûte craquante et dorée, il ne faut pas hésiter à cuire quatre-quarts, gâteaux au yaourt ou cakes aux fruits, aux raisins ou aux noix, et *a fortiori* clafoutis, brioches.

Vous pouvez très bien utiliser vos recettes préférées de gâteaux, et les cuire à la vapeur dans un moule recouvert d'une assiette renversée (utiliser des moules à bord haut, genre moule à soufflé, pour éviter que le gâteau ne colle en gonflant). ou dans un moule à savarin (cuisson très rapide, 15 mn + ou – selon volume), ou dans votre four à température baissée d'1/3 ou 1/2 selon vos habitudes de cuisson, et en disposant un plat chaud rempli d'eau au fond ; pour alléger vos préparations, diminuez de moitié les quantités de beurre, ou mieux remplacez-les par de l'huile d'olive, son goût mêlé aux autres saveurs (vanille, noisette, amande, fleur d'oranger, parfum de gâteau cuit…) est méconnaissable, et vous serez surpris de ses possibilités pâtissières et de la très grande digestibilité du résultat.

L'utilisation fréquente de la farine de sarrasin est intéressante parce qu'elle n'est pas impliquée dans les nombreuses intolérances et allergies imputées aux céréales (blé surtout, avoine, orge, seigle, grand épeautre…), le riz et le petit épeautre ne le sont pas non plus ; en outre, elle est riche en minéraux, surtout en magnésium.

Boulettes au sésame et aux pignons (gâteau chinois)
Pâte : 2 tasses de farine de riz, 1 tasse de farine de blé
1/2 tasse de lait, 1/2 tasse d'eau, 1 tasse de sucre roux
1/2 tasse d'huile (h. olive +1 c. café h. sésame)
Farce : 1 tasse de graines de sésame, 1 tasse de pignons hachés
1/2 tasse de sucre
1/2 tasse de noix de coco râpée

Dans un saladier en inox de taille moyenne, mélanger les farines, le sucre et l'huile, ajouter eau et lait, et mettre à cuire à la vapeur 35 mn dans le vitaliseur (45 mn pour un autre cuit vapeur) ; le mélange doit être gélatineux, un peu translucide ; mélanger pour la farce le sésame et les pignons hachés.

Prendre 1 c. de pâte, la mettre en boule, appuyer du pouce au milieu pour y pratiquer un cratère dans lequel on déposera 1 c. à moka de farce ; fermer et travailler légèrement en boule, rouler dans la noix de coco râpée. Mettre toutes les boules ainsi faites sur la grille du cuit vapeur et cuire pendant 4 minutes.

Cake de petit épeautre aux raisins
1 tasse de sucre brun
3 œufs moyens (2 gros)
3 tasses de farine de petit épeautre
1 c. à café de levure boulangère
3/4 de tasse d'huile d'olive
1 pincée de sel
1 yoghourt de brebis ou soja
1 tasse d'amandes pilées
1 tasse de raisins de corinthe
1 c. à soupe d'eau de fleur d'oranger ou sucre vanillé

Dans une terrine, mélanger œufs, sucre brun, huile, amandes, pour faire blanchir, ajouter yoghourt, sel, farine, levure, fleur d'oranger, mélanger doucement pour faire une pâte onctueuse, puis ajouter les raisins avant de mettre dans le moule au cuit vapeur ; laisser gonfler 2 h à température tiède. Cuire 1/2 h puis vérifier au couteau si la pâte est bien prise. Servir tiède ou froid. Ce gâteau très léger ne pèsera à personne.

Gâteaux aux fruits
2 yoghourts
2 œufs
2 tasses de farine
1 tasse 1/2 de sucre roux
1/2 tasse d'huile d'olive
1 sachet de sucre vanillé
2 pincées de sel
1/2 sachet de levure.
Fruits : pommes, poires, bananes, ananas, pêches, abricots, pruneaux, etc.

Mélangez activement sucres et œufs, puis yoghourt, huile, farine et levure, sel… Votre pâte doit être très onctueuse et un peu mousseuse. Lavez, épluchez, coupez vos fruits, puis passez-les 5 mn à la vapeur, disposez-les dans un moule et recouvrez-les de la pâte ; mettez à cuire à four moyen ou à la vapeur comme expliqué ci-dessus. Servez chaud, éventuellement saupoudré de sucre glace en neige pour une présentation de fête. Prévoir large, ce gâteau rend très gourmand.

Fondant aux amandes
1 verre d'amandes pilées
2 œufs
1 yoghourt soja ou brebis
1 verre de sucre roux
3/4 verres d'huile d'olive
2 verres de farine de petit épeautre
1/2 paquet de levure de boulangerie
1 paquet de sucre vanillé
1/2 c. à moka de sel

Battre œufs, sucres, yoghourt et huile quelques minutes, ajouter amandes, sel, puis petit épeautre et levure, mélanger et laisser gonfler 2 h ; verser dans un moule à savarin pour cuire à la vapeur ou au four (cf. ci-dessus).

Fondant aux noisettes
3 œufs
1 tasse de noisettes pilées
1 tasse de sucre roux
3/4 de tasse de farine de sarrasin
1 tasse de farine de petit épeautre
1 tasse d'huile d'olive
1 yoghourt bifidus (ou brebis ou soja)
1/2 sachet de levure de boulanger
1 sachet de sucre vanillé naturel

Dans une terrine, battez ensemble œufs et sucres jusqu'à les faire blanchir, ajoutez tout en remuant l'huile, le yoghourt, les noisettes puis ensemble les farines et la levure, ajoutez une bonne pincée de sel. Laisser lever 2h en atmosphère tiède. Verser dans un moule à cake ou dans un moule à savarin, cuire à la vapeur pendant 15 mn (ou mettez à four moyen/doux avec un plat d'eau au fond pendant une demi-heure).

Pour un dîner fin, napper de chocolat noir ou de sucre glace.

Fondant de noix et châtaignes au petit épeautre
1 tasse de cerneaux de noix à peine hachés
1 tasse de farine de petit épeautre
1 tasse de farine de châtaigne
1 c. à café de levure de boulanger
1 pincée de sel
3/4 de tasse de sucre roux

1/2 tasse d'huile d'olive
2 œufs, 1 yoghourt de brebis ou soja

Mélanger sucre, yoghourt, œufs, huile, puis les noix, puis farines avec levure, sel ; laisser lever au tiède 2 h. Verser dans un moule à cake ou dans un moule à savarin, cuire à la vapeur pendant 15 mn (ou à four moyen/doux avec un plat d'eau au fond pendant une demi-heure).

Pour un dîner fin, napper de chocolat noir ou de sucre glace.

Moelleux au sarrasin et sésame
3 œufs
2 yoghourts
1 tasse de sucre roux
1 sachet de sucre vanillé naturel
1 tasse d'huile d'olive
1 tasse de farine de sarrasin
1 tasse de farine de petit épeautre
1/2 sachet de levure de boulanger
1/2 tasse de graines de sésame, sel

Battre ensemble œufs, sucre roux et vanillé, en mousse, puis ajouter progressivement yoghourts, huile, farines et levure, et enfin le sésame. Laisser lever dans un endroit tiède 1 à 2 h. Verser dans un moule à savarin, saupoudrer de graines de sésame, cuire à la vapeur 15 mn (ou à four moyen/doux (3-4) pendant 30 mn env., avec un plat d'eau au fond du four).

Très riche en minéraux en particulier magnésium, et donc excellent en période de stress, examens, croissance, et pour le petit déjeuner. À conserver au frais.

Variante : Moelleux au sarrasin et pommes : on peut aussi faire le même gâteau en y ajoutant des pommes reinettes en dés, il sera délicieux servi chaud, saupoudré de sucre glace, accompagné de quelques cuillerées de yoghourt ou de fromage blanc frais léger, lait caillé frais, surtout de brebis…

Mousseline d'amandes à la fleur d'oranger
(À servir en dés pour accompagner un thé à la menthe)

500 g d'amandes émondées hachées
4 œufs
1 tasse de sucre
200 g de miel liquide
2 c. à soupe d'huile d'olive

1 tasse 1/2 de farine de petit épeautre
1/2 sachet de levure
1/2 c. à café de sel
4 c. à soupe d'eau de fleur d'oranger

Mélanger amandes, sucre, sel, miel, eau de fleur d'oranger, huile, œufs, battre un moment, ajouter farine et levure, mélanger bien et verser sur une plaque huilée, cuire à four moyen 10 à 15 mn environ. Laisser refroidir et couper en carrés, servir sur une assiette avec le thé.

Gâteau aux noisettes et châtaignes
200 g de noisettes pilées
1/2 tasse de farine de châtaigne
1 tasse 1/2 de farine de sarrasin
1/2 tasse de farine bise ou semi-complète bio ou petit épeautre
1 tasse de sucre roux
1 tasse d'huile d'olive
2 yoghourts de brebis ou de soja
2 œufs
1 sachet de levure, 2 de sucre vanillé
1/2 c. à café de sel

Mélanger sucre, œufs, huile, noisettes pilées, sel, yoghourts, battre 5 mn, puis ajouter les farines de châtaigne, sarrasin et bise avec la levure, mélanger, verser dans un moule à génoise pour mettre à four moyen avec eau dans un plat au fond, ou à savarin pour cuire à la vapeur.

Gâteau aux trois farines et aux fruits secs
3 œufs
1 tasse d'huile d'olive
1 tasse de farine de petit épeautre
1 tasse de farine de seigle
1 tasse de farine de sarrasin
1 c. à café de levure
2 pincées de sel
1/2 tasse de miel et 1/2 tasse de sucre roux
1/2 tasse de graines de sésame
1/2 tasse de graines de tournesol
1/4 tasse de graines de lin
1/2 tasse d'amandes pilées gros
1 tasse de raisins secs préalablement passés à la vapeur (5 mn)

Fouetter œufs, miel, huile, sucre roux, ajouter amandes et graines, mélanger ; ajouter farines, sel, levure, 1 ou 2 c. à soupe d'eau, et en dernier les raisins ; si la pâte est trop sèche (elle doit être assez compacte), ajouter un peu d'eau. Laisser lever dans un endroit tiède env. 2 h. Verser dans un moule et cuire à four doux (180° max. thermostat 3 à 4) avec plat d'eau au fond, 30 mn – ou dans votre cuit vapeur 20 mn.

Gâteau du petit épeautre
200 g de farine de petit épeautre
50 g de farine de châtaigne
1 sachet de levure
2 yoghourts de brebis
2 gros œufs (3 petits)
100 g d'amandes pilées
1 tasse de sucre brun
3/4 de tasse d'huile d'olive
1 sachet de sucre vanillé
2 pincées de sel

Mélanger sucres, sel, huile, œufs, en battant bien, ajouter les yoghourts puis les farines, la levure et les amandes en les incorporant doucement. Verser dans un moule à savarin, ou à cake de dimensions adaptées au cuit vapeur, mettre à la vapeur (ou au four avec plat d'eau au fond) pendant 20 à 30 minutes selon l'épaisseur du gâteau (vérifier avec un couteau). Retourner sur un plat et servir avec fruits cuits vapeur (pommes reinettes, poires, rhubarbe, coing…) et sucre brun ou miel.

Gâteau de graines à l'épeautre
2 tasses de petit épeautre
2 œufs
1 c. à café de levure boulangère (ou chimique)
1/2 tasse d'huile d'olive
1/2 tasse de sucre roux
4 c. à soupe de lait d'amandes en poudre
1/2 tasse d'eau
1/4 c. à café de sel gris
1 tasse mélangée de graines de tournesol, courge, sésame et lin
1 sachet de sucre vanillé (facultatif)

Mélanger farine, levure, sucres, sel, lait en poudre, puis ajouter huile, œufs, eau, mélanger bien ; ajouter les graines en tournant doucement, couvrir et laisser reposer dans un endroit tiède. Après 3 ou 4 h, verser dans un moule et cuire 30 mn à la vapeur douce.

Pain d'épices
250 g de farine de seigle
250 g de miel
1 écorce d'orange passée à la vapeur, puis hachée
1 c. à café de cannelle
3 grains d'anis étoilé
1 clou de girofle pilé
1 c. à café de levure de boulanger
1 tasse d'eau chaude

Délayer le miel, l'écorce d'orange hachée, anis, cannelle, girofle pilé, avec l'eau chaude, ajouter progressivement 1/3 de la farine, puis la levure délayée dans un peu d'eau tiède, puis la farine restante ; mettre dans un moule légèrement huilé, cuire à la vapeur 3/4 h, ou à four moyen avec plat d'eau au fond 1 heure.

Laisser lever dans un endroit tiède environ 2 heures.

I – Des pains à volonté

Pour accompagner vos plats de fête, de vacances, ou à votre fantaisie, faites du pain ou des galettes :

Galettes de sarrasin et/ou de petit épeautre :
250 g de farine (150 de chaque pour le mélange)
1/2 paquet de levure
2 tasses d'eau
1 œuf s'il s'agit de galettes de petit épeautre
1 c. à soupe d'huile d'olive
2 pincées de sel

Mélanger farine et levure, sel, huile, œuf si nécessaire, avec l'eau, bien délayer et laisser reposer 30 mn.

Cuire à la poêle par demi-louches en laissant la pâte s'étaler seule pour obtenir des galettes épaisses, déposer sur un plat en piles et recouvrir d'un saladier pour garder au chaud ; accompagne desserts, goûters, mai aussi terrines, foie gras, plats fins de fête…

Pâte à pain maison

Un verre d'eau tiède légèrement sucrée, un peu de levure[8] de boulanger en cube ou en sachet, délayez, laissez gonfler une minute ou deux, puis ajoutez à votre farine additionnée de sel, et d'1 c. à soupe d'huile d'holive ; pétrissez longuement pour bien répartir la levure en dosant eau ou farine pour que la pâte soit bien élastique et forme une boule, laissez gonfler, couvert d'un linge propre dans un endroit tiède 2 h env., repétrissez et formez à loisir vos pains d'amateur éclairé… fougasses vite faites à la provençale, petits pains de seigle au raisin, pains moelleux à souhait ou pains d'exception, tous sont à portée de vos compétences. Bon appétit ! (Cuire à four chaud, avec un plat d'eau au fond, après avoir encore laissé gonfler, ou au cuit vapeur.)

Petits pains briochés

3 tasses de farine
2 œufs
2 pincées de sel
1 paquet de levure de boulanger
3 c. à soupe de sucre roux
2 c. à soupe d'huile d'olive

Mélanger soigneusement en pâte tous les ingrédients, laisser gonfler 1 h au bain-marie tiède, puis former des boules. Cuire à la vapeur comme précédemment. Délicieux chauds.

Pain de petit épeautre

Si l'on ne trouve pas de farine de petit épeautre il est toujours possible de pulvériser les grains à l'aide d'un appareil type moulin à café, hachoir électrique ou moulin à grain (il en existe). Ensuite, procéder comme pour du pain normal.

Pain de seigle

Même recette, avec de la farine de seigle.

---

8. Faire sa propre levure : gardez un peu de pâte à pain additionnée d'eau et de sucre (pâte molle) à l'air ambiant, et laissez-la fermenter et gonfler seule dans un endroit tiède, pendant quelques jours. C'est du levain, que vous pouvez utiliser comme celui de votre boulanger.

Pain de seigle aux raisins ou aux noix (ou petit épeautre et sarrasin mélangés)
250 g de farine de seigle
levure de boulanger, sel
2 c. à soupe d'huile d'olive
1 verre d'eau environ
150 g de raisins secs passés à la vapeur
ou/et 100 g de noix décortiquées et brisées

Faites une pâte avec le seigle, la levure et le sel dans lesquels vous ajouterez progressivement en remuant avec une spatule, l'huile puis l'eau jusqu'à obtention d'une pâte compacte que vous pétrirez longuement. Ajoutez ensuite raisins ou/et noix, pétrissez encore en repliant la pâte plusieurs fois sur elle-même pour bien les répartir, farinez et laissez lever dans un endroit tiède env. 2 heures sous un linge si vous utilisez du levain, ou mettez à four moyen tout de suite en formant un pain allongé. Cuisson : 30 mn environ, à vérifier : le seigle est long à cuir (surtout si les pains sont gros) :

Pain aux graines (seigle, petit épeautre, farine complète ou bise…)
250 g de farine (au choix)
levure de boulanger, sel
1 c. à soupe d'huile d'olive, eau
1/2 tasse de graines de tournesol
1/4 tasse de graines de sésame
2 c. à soupe de graines de lin

Mélanger farine et graines, ajouter sel et levure délayée dans un peu d'eau tiède sucrée, huile et eau petit à petit en remuant, jusqu'à obtenir une pâte souple, fariner, rouler en boule ; laisser gonfler 1 à 2 h au tiède. Former un pain en retravaillant la pâte, déposer sur une plaque et cuire à four moyen avec plat d'eau au fond du four, 1/2 h, ou sur la grille du cuit vapeur 20 à 30 minutes.

Pain aux fruits (seigle, ou petit épeautre et sarrasin mélangés)
250 g de farine de seigle
levure de boulanger, sel
1 c. à soupe d'huile d'olive, eau
1/2 tasse de raisins secs
1/4 tasse de noisettes, 1/4 de tasse d'amandes
4 ou 5 figues sèches coupées en morceaux

Mélanger farine et sel, ajouter la levure délayée dans un peu d'eau tiède sucrée, l'huile et l'eau petit à petit en remuant, jusqu'à obtenir une pâte souple, incorporer les fruits secs en pétrissant, fariner, rouler en boule ; laisser gonfler 1 à 2 h au tiède. Former un pain en retravaillant la pâte, déposer sur une plaque et cuire à four moyen avec plat d'eau au fond du four, 45 mn, ou sur la grille du cuit vapeur 30 minutes environ.

Servir avec des plats de fête, pour accompagner foie gras ou fromages fins de chèvre ou de brebis.

Pain de figues (seigle, ou petit épeautre et sarrasin mélangés)

1 paquet de figues sèches
500 g de farine de seigle
4 c. à soupe d'huile d'olive
sel, levure de boulanger

Mettre les figues coupées en morceaux et équeutées dans un petit saladier, couvrir d'eau et laisser tremper au moins 24 heures à température ambiante ; lorsqu'elles sont bien réhydratées, ajouter *en gardant leur eau* huile, sel, farine et levain progressivement, tout en mélangeant la pâte ; pétrir longuement et laisser reposer 1/2 journée ou une nuit, toujours à température ambiante et plutôt tiède.

Former en deux pains sans trop étirer, ou dans deux moules à cake, puis mettre à four moyennement chaud, avec un plat d'eau au fond du four, pendant environ 40 mn (vérifier la cuisson avec une lame de couteau). Servir avec gibiers, terrines, crèmes de volailles ou foies gras, et surtout fromages de chèvre ou de brebis, tommes, ou gruyère de Comté.

Galette de semoule ou kesra

1 paquet de semoule moyenne de blé dur (250 g)
3 c. à soupe d'huile d'olive
eau, sel

Dans une terrine, mélanger semoule, sel, et huile, ajouter petit à petit de l'eau tiède en pétrissant jusqu'à obtention d'une pâte souple comme une pâte à tarte : former une boule que vous aplatirez en galette ronde de 1 à 1,5 cm environ.

Faire chauffer à feu doux une poêle à fond épais, y déposer la galette que l'on retournera toutes les 5 mn environ pour éviter qu'elle ne brûle, jusqu'à ce qu'elle soit dorée. (Pour la retourner sans la briser, on peut la renverser sur une plaque dont on aura recouvert la poêle, puis la faire glisser à nouveau sur la poêle.)

Servir chaud comme pain avec une chorba (soupe du Maghreb.)

Conclusion

Une alimentation des Quatre Saisons

Nos habitudes alimentaires varient normalement avec les produits des saisons. Sait-on suffisamment que les besoins de l'organisme varient avec la température et le climat ? Nous sommes capables de nous adapter aux excès de température dans un sens ou dans l'autre. Et l'alimentation joue le rôle énergétique interne à notre corps qui est demandé aux vêtements pour protéger notre enveloppe externe.

En plein hiver, le besoin de chaleur dans nos pays tempérés nous oriente vers les aliments caloriques (*tous légumes secs à cuire doucement et servir bien chauds avec herbes, alliacés, huile d'olive, graines oléagineuses*) et les vitamines (C) et minéraux (soufre) du froid : *ceux que l'on trouve dans les légumes (choux divers, radis, oignons variés, persil, poireaux et aulx, pommes de terre)*, et dans les fruits (*agrumes, kiwis*) de nos celliers.

En plein été, à l'inverse la chaleur qui nous entoure augmente les besoins liquides, car nous évaporons davantage : *alors il faut faire de nos repas une fête de salades autour de nos viandes ou poissons à peine grillés ou cuits à la vapeur et refroidis, de nos marinades, ou de nos fromages de chèvre ou de brebis associés aux fruits et légumes de l'été riches tant en eau qu'en vitamines que nous devons stocker* pour préparer les saisons plus froides...

À l'automne, les couleurs qui nous entourent influencent nos choix alimentaires et culinaires : *noix fraîches et châtaignes réchauffent nos promenades tardives, pommes et poires juste cueillies juteuses et sucrées* que l'on marie aux tommes fermières avec figues et raisins muscat : c'est le temps des gourmandises et des paresses d'arrière-saison avant de se mettre pour de bon à la cuisine d'hiver.

Au printemps, l'explosion de la nature, les bourgeons qui s'épanouissent... *des parfums délicats aident à nous rendre le goût du naturel avec douceur en transition : les asperges, fenouils et artichauts nouveaux reposent nos palais fatigués et s'enrichissent des chaudes saveurs de l'huile d'olive associée aux fines herbes et oignons nouveaux.*

C'est toute cette vitalité que nous attendons de nos aliments,
et que *seuls* nos bons choix,
gestes et techniques de cuisson
préserveront

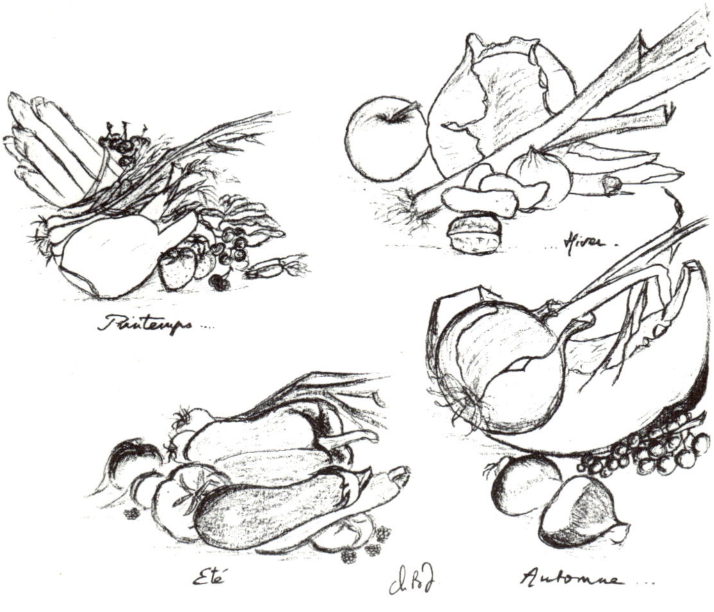

Index

Achevé d'imprimer en octobre 2004 par la Nouvelle Imprimerie Laballery – 58500 Clamecy
Dépôt légal : octobre 2004 *Imprimé en France* Numéro d'impression : 409193

GUIDE PRATIQUE
DE
GASTRONOMIE FAMILIALE,

ART et PLAISIR

pour

la SANTÉ